KB160384

힘이 부족하면
배를 빌려
저 언덕에 이르라

원효 나를 찾아가는 여행

힘이 부족하면
배를 빌려
저 언덕에 이르라

원효 나를 찾아가는 여행

박상주

이담 Books

원효대사 진영(眞影)

오늘날 지구촌 전체가 하나의 운명 속에 움직일 때,
바로 원효의 일심사상(一心思想)에 바탕을 둔
화쟁사상(和諍思想)이야말로 인류를 구원하는 근본이론이 됩니다.
다시 말해서 '원효사상이 다시 살아나야 나라가 살고 인류가 산다'는 것입니다.

원효대사 약전(約傳)

원효대사(元曉大師)는 신라 진평왕 39년, 서기 617년 지금의 경북 경산군 자인면 일대인 불지촌 밤나무 아래서 태어났다. 아버지는 지방 무관(武官)이었던 설이금(薛伊琴)이고 어머니는 포함 조씨(浦含 趙氏)였다. 속명은 서당(誓幢)이고 보명(譜名)은 사(思)이며 호는 소성거사(小姓居士) 혹은 복성거사(卜性居士)이고 출가 후 법명은 원효(元曉)이다.

한때 중국의 불교 신이론(新理論)을 배우기 위해 당나라로 가던 도중 무덤 속 해골 물의 기연(奇緣)으로 '심생즉종종법생 심멸즉종종법멸(心生則種種法生 心滅則種種法滅)', 즉 '마음이 생기면 모든 법이 일어나고 마음이 멸하면 모든 법이 사라진다.'는 유식(唯識)의 도리를 철저히 깨닫고 다시 금성으로 돌아와 많은 저술활동과 민중교화에 힘썼다.

세속적으로는 당시 진골(眞骨)세력의 중심인 김춘추와 패망한 가락국의 왕손 후예인 무장세력 김유신을 도와 왕위 교체 및 왕위 세습 제도를 확립하여 신라 웅비의 토대를 마련하고 나아가 삼국통일 전쟁의 사상적 기반과 전략을 제공했다.

사상적으로는 현묘지도(玄妙之道)의 민족 고유사상과 화엄학 및 유식학 등을 바탕으로 일심사상(一心思想)을 전개하여 당시 여러 갈래로 분분(紛紛)하던 각 유파의 불법이론(佛法異論)들을 일미(一味)의 불법대해(佛法大海)로 귀일화쟁

(歸一和諍)시켰다.

나아가 정토염불사상(淨土念佛思想)을 토대로 나라 안 구석구석을 다니면서 무애가(無愛歌)와 무애무(無愛舞)로 불법대중화 운동을 대대적으로 전개하여 국민 의식수준을 한 단계 끌어올렸다.

신문왕 6년, 서기 686년에 경주 남산 일대로 추정되는 혈사(穴寺)에서 세수 70세로 입적하였다. 가족으로는 부인 요석공주 김아유타와 아들 설총이 있었다. 주요 저서로는 『대승기신론소』, 『금강삼매경론』, 『화엄경소』, 『십문화쟁론』, 『유심안락도』 등이 있다.

차 례

첫 번째 여행   수행의 자세

두 번째 여행   수행의 마음자리

여섯 번째 여행 수행의 장애

일곱 번째 여행 수행의 지혜

머리말

우리 민족 최대의 고승, 원효 성사에 관한 책들은 수없이 많습니다.

그러나 어떤 종류의 책들은 작가의 지나친 상상으로 먼 하늘 뜬구름을 그리는 데 그쳤고, 어떤 종류의 책들은 지나친 학술용어들을 남발하여 몇몇 전문가들의 지적 유희로 끝나버렸고, 어떤 종류의 책들은 번역은 하였으나 한자(漢字)의 끈에 묶여 15세기 고문 풍을 벗어나지 못했습니다.

다시 말해서 어떤 책은 원효의 그림자를 형용하는 데 그쳤고, 어떤 책은 원효의 벗어던진 옷이나 분석하는 데 그쳤고, 어떤 책은 원효의 피부껍질을 그리는 데 그쳤습니다. 그러나 아직도 원효의 골수를 파헤치고 한 걸음 더 나아가 원효의 심원(心源)으로 독자를 인도하는 책은 나오지 않았습니다.

본서는 이러한 연유로 독자들로 하여금 원효의 저서 원문의 바다로 곧바로 뛰어들게 하여 스스로 원효의 심원을 맛보게 하고자 의도되었습니다. 원래 원효의 심원은 논리를 초월하고 문자를 떠나 있습니다. 그러나 일상생활에서 올바른 눈과 귀로 원효의 수행이 깃든 문장을 직접 보고 듣고 몸소 실천해 가며, 아울러 논리와 문자를 벗어난 자리는 청정한 믿음과 기도로써 극복해 간다면 필연코 원효의 심원은 드러날 것입니다. 왜냐하면 원래 우리 중생의 심(心)이나 원효의 심이나 부처의 심은 일심(一心)의 불법대해(佛法大海)에서 서로 하나로 만나기 때문입니다.

세간에서는 '너'가 죽어야 '내'가 산다는 상극(相剋)의 논리를 전개하는 사람이 많습니다. 그러나 '너가 죽어야 내가 산다'는 이원론적 논리는 과거 냉전시대의 잘못된 서구의 유산입니다. 오늘날과 같이 지구촌 전체가 하나의 운명 속

에 움직일 때는 '너가 살아야 나도 산다'는 동양의 일원론적 상생(相生)의 원리가 더욱더 요청됩니다. 더구나 인류의 미래를 위협하는 폭력, 테러, 전쟁, 공해, 자연재해로부터 인류를 구원할 수 있는 유일한 방법은 모든 사람의 마음을 변화시키는 일임을 전제한다면 원효의 일심사상을 바탕으로 한 화쟁사상은 곧 인류구원의 근본원리가 됩니다. 다시 말해서 '원효사상이 다시 살아나야 나라가 살고 인류가 산다'는 것입니다.

아무튼 온 사방이 '나'와 '나의 것'이라는 좁은 경계와 소유의 욕망으로 막힌 세상에서 한 걸음 물러나 원효의 법력이 깃든 문장을 통해 마음의 때를 벗겨내며 나를 찾아나서는 여행은 분명 나를 구하고 인류를 구원하는 지혜로운 삶이 될 것입니다. 그리고 이 책 속에 원효의 크고 작은 조언과 더불어 마련되어 있는 열 번의 여행을 끝낼 무렵이면 여러분은 여러분 자신의 밝고 청정한 본모습을 반드시 만나게 될 것입니다.

끝으로 이런 대중적인 책이 세상에 나오기까지 많은 조언과 격려를 아끼지 않으신 고마운 분들께 진심으로 감사드리며, 아울러 해설과 원고정리에 많은 도움을 주신 이성의 시인님, 소영, 신형, 지환에게 원효성사의 따스한 미소를 건넵니다.

기축년(己丑年) 엄광산 자락에서
박상주 삼가 적음

1. 이 책은 현존하고 있는 원효 저서의 모든 분야에서 일상생활에 귀감이 되고 수행의 지침이 될 수 있는 글들만 원문에서 가려 뽑아 수행과정에 맞게 체계적으로 재구성하여 이를 번역 해설하였다.

2. 원문의 번역은 자구(字句)의 번다한 직해에서 벗어나, 중복되는 구절은 생략하고, 필요에 따라 순서를 바꾸는 등, 원문이 담고 있는 뜻의 전달에 중심을 두고 현대어로 과감히 의역(意譯)하였다. 그러나 중요한 전문용어는 원뜻을 살리는 취지에서 그대로 쓰고 해설 부분에서 풀이하였다.

3. 〈원문〉과 〈해설〉 부분을 구별하기 위해 〈원문〉의 종결어미는 "……네."꼴로 통일하고, 〈해설〉의 종결어미는 "……다."꼴로 통일했다.

4. 각 원문의 첫머리 소제목은 독자의 이해를 돕기 위해 필자가 임의로 붙였다.

5. 이 책은 허끝과 붓끝의 유희에서 벗어나 일상생활을 통해 꾸준히 수행해 가는 데 주안점을 두고 구성되었다.

6. 수행의 대체적인 개념과 과정에 대한 큰 틀을 미리 알고 이 책을 독파하기를 원하는 독자는 우선 〈첫 번째 여행〉에서는 **'수레가 온전할 때 앞으로 나아가라'** 부분을 읽고, 〈두 번째 여행〉에서는 **'환에서 깨어나 실상을 직시하라'** 부분을 읽고, 〈세 번째 여행〉에서는 **'유에 막혀 무를 놓치지 말라'** 부분을 읽고, 〈네 번째 여행〉에서는 **'모든 존재를 숲속에 버려진 해골로 보라'** 부분을 읽고, 〈다섯 번째 여행〉에서는 **'솥 안에 자라를 넣고 불을 지펴라'** 부분을 읽고, 〈여섯 번째 여행〉에서는 **'벽을 헐고 청산을 맞아들이라'** 부분을 읽고, 〈일곱 번째 여행〉에서는 **'눈동자의 뒤쪽을 주시하라'** 부분을 읽고, 〈여덟 번째 여행〉에서는 **'연꽃 속에서 진속일여의 묘리를 보라'** 부분을 읽고, 〈아홉 번째 여행〉에서는 **'힘이 부족하면 배를 빌려 저 언덕에 이르라'** 부분을 읽고, 〈열 번째 여행〉에서는 **'바람처럼 그물에서 벗어나라'** 부분을 읽기를 권한다.

첫 번째 여행

수행의 자세

우리는 이 첫 번째 여행에서 원효로부터
여섯 가지의 조언(助言)을 얻음으로써
수행을 위한 굳건한 마음자세를 확립하게 된다.

『발심수행장』

『발심수행장(發心修行章)』은 합천 해인사 간행 장경에 수록되어 있는 책으로, 예부터 보조
국사 지눌스님의 『계초심학인문(誡初心學人文)』과, 야운스님의 『자경문(自警文)』과 더불어
한 책으로 묶어서 『초발심자경문(初發心自警文)』이라는 제명으로 불교 초심자들을 위한 수
행지침서로 널리 애독되었다. 지금도 각종 사찰에서 행자교육의 교재로 사용되고 있다. 『발
심수행장』은 '신심(信心)'을 일으켜 수행의 길을 가는 데 요긴한 글'이라는 뜻이다.

수행을 통해
진정한 즐거움을 얻어라

높은 산과 우뚝 솟은 바위는 지혜로운 사람이 사는 곳이고, 푸른 소나무와 깊은 골짜기는 수행자가 머무르는 곳이네.

배가 고프면 나무열매로 굶주린 창자를 위로하고, 목이 마르면 흘러가는 시냇 물로 갈증을 없애야 하네.

아무리 맛있는 음식으로 이 몸을 보양해도 이 육신은 때가 되면 반드시 허물어 질 것이며, 아무리 부드러운 옷을 입혀 지키고 보호하여도 목숨은 반드시 끝날 때가 있네.

소리가 울리는 바위굴로 염불당을 삼고, 슬피 울며 날아가는 기러기를 벗으로 삼아 무릎이 얼음같이 시리더라도 불 생각이 전혀 없고 배가 고파 창자가 끊어 질지라도 밥을 구하는 마음이 없어야 하네.(발심수행장 1)

• • • 원문

高嶽峨巖 智人所居 碧松深谷 行者所棲 飢飡木果 慰其飢腸 渴飮流水 息其渴情 喫甘愛養 此 身定壞 着柔守護 命必有終 助響巖穴 爲念佛堂 哀鳴鴨鳥 爲歡心友 拜膝如冰 無戀火心 餓腸 如切 無求食

해설

가치의 척도가 물질인 사회에서 물질을 떠난다는 것은 어려운 일이다. 즐거움의 기준이 즉각적인 감각의 만족이나 육체적 안락인 곳에서 감 각의 욕망을 억제하는 일은 쉬운 일이 아니다.

그러나 수행자는 보다 큰 영원한 즐거움을 위해 일시적인 쾌락을 떠난다. 수행자는 보다 큰 긍정과의 만남을 위해 부정해 가고, 진공(眞空)과의 만남을 위해 유(有)를 파괴해 간다.

이같이 수행자가 자신을 비워가는 것은 그 비운 곳을 '하나'로 채우기 위해서이고 그 '하나' 는 곧 일심이며 천지를 가득 채우고 있는 기운이며 불보살의 광명이며 이미 내 속에 잠재해 있던 본각자성의 부화(孵化)이다.

수행자의 가난은 가난이 아니며 그 속에는 맑은 도(道)의 향기가 스며 있고, 수행자의 고행은 고행이 아니며 스스로 짊어진 고행 속에는 극기의 의지가 스며 있고, 본원자리를 응시하는 푸른 눈 속에는 지혜의 광명이 번득이며, 텅 빈 정결한 두 손 안에는 중생 구제를 위한 대자대비의 서원(誓願)이 담겨 있다.

욕심을 버리고
마음의 자유를 얻어라

모든 부처님께서 고요하고 편안한 즐거움을 누리시는 것은 수많은 세월 동안 욕심을 버리시고 고행을 닦으신 덕분이며, 과거, 현재, 미래의 일체 중생들이 불타는 집 속에서 윤회하는 것은 저 수없는 세월을 살아오면서 욕심을 버리지 못했기 때문이네.

아무도 막지 않는 천당에 가는 사람이 적은 것은 욕심내고 성내고 어리석은 짓 하는 것을 자신의 재물로 삼았기 때문이며, 유혹하지도 않는 나쁜 길로 떨어지는 사람이 많은 것은 우리 몸을 구성하는 네 가지 성분인 흙, 물, 불, 바람과 다섯 가지 욕심인 식욕, 성욕, 물욕, 명예욕, 수면욕을 허망하게 마음의 보물로 삼았기 때문이네.

누구든지 산에 들어가 도를 닦고 싶은 마음이야 없겠냐만 그렇게 하지 못하는 것은 애욕과 탐욕에 묶여 있기 때문이네.

그러나 비록 산에 들어가 도를 닦지는 못하더라도 몸과 마음을 다하여 선행을 베푸는 일만은 버리지 말아야 하네.(발심수행장 2)

• • • 원문

夫諸佛諸佛 莊嚴寂滅宮 於多怯海 捨欲苦行 衆生衆生 輪廻火宅門 於無量世 貪慾不捨 無妨天堂 少往之者 三毒煩惱 爲自家財 無誘惡道 多往入者 四蛇五慾 爲妄心寶 人誰不欲歸山修道 而爲不進 愛欲所纏 然而不歸 山藪修心 隨自信力 不捨善行

해설

천당으로 이르는 문은 좁고 지옥으로 통하는 문은 넓은 것이 아니며, 부처가 되는 길은 좁고 중생이 되는 길은 넓은 것이 아니다.

문제는 내 마음이 열리면 길은 넓고, 내 마음이 막히면 길은 좁다.

지옥으로 이르는 문은 누가 있어 유혹하는 것도 아니며, 천당으로 이르는 문은 누가 있어 막는 것도 아니다.

문제는 내 마음이 탐, 진, 치와 오욕에 이끌리면 그것이 곧 지옥으로 이르는 문이 되고, 내 마음이 원래의 청정한 자성광명(自性光明)에 이끌리면 그것이 곧 천당으로 통하는 문이 된다.

그러나 그 길과 그 문은 하루아침에 도달되는 것은 아니다. 일상생활에서 자그마한 선행을 쌓아 가는 일에서부터 한 걸음 한 걸음 접근해 가는 것이다.

그러므로 선행은 아무리 자그마한 것이라도 그만둘 수 없으며, 악행은 아무리 작은 것이라도 행할 수가 없다.

참된 지혜로
정신의 배고픔을 채우라

비록 재주와 학식이 있다고 해도 계율을 지니고 수행하지 않으면 보배가 있는 곳으로 인도해도 가려고 하지 않는 것과 같고, 비록 부지런히 수행해도 지혜가 없으면 동쪽으로 가려 하면서 서쪽으로 가는 것과 다름없네. 지혜를 가지고 수행하는 것은 쌀을 쪄서 밥을 짓는 것과 같고, 지혜가 없이 수행하는 것은 모래를 쪄서 밥을 짓는 것과 같네.

사람들은 밥을 먹으면 굶주린 창자가 위안된다는 것을 알면서도, 부처님 법을 배우면 어리석은 마음이 지혜롭게 된다는 것을 알지 못하네.

지혜와 행(行)은 수레의 두 바퀴와 같고, 자리(自利)와 이타(利他)는 새의 두 날개와 같네. 신도에게 죽을 얻어 부처님께 축원하되 그 죽의 참뜻을 알지 못하면 시주에게 부끄러운 일이며, 밥을 얻어 부처님께 염불하고 노래로 공양해도 그 취지를 알지 못하면 또한 성현에게 부끄러운 일이네.

사람들이 깨끗함과 더러움을 분별 못하는 구더기를 미워하듯이, 성인은 수행

인들이 깨끗하고 더러움을 분별하지 못함을 미워하네.(발심수행장 3)

• • •원문

雖有才學 無戒行者 如寶所導 而不起行 雖有勤行 無智慧者 俗往東方 而向西行 有智人所行
蒸米作飯 無智人所行 蒸沙作飯 共知喫食 而慰飢腸 不知學法 而改疑心 行智具備 如車二輪
自利利他 如鳥兩翼 得粥祝願 不解其意 亦不檀越 應羞恥乎 得食唱唄 不達其趣 亦不賢聖 應
慙愧乎 人惡尾蟲 不辨淨穢 聖憎沙門 不辨淨穢

해설

육체의 배고픔은 누구나 안다. 그러나 정신의 배고픔을 아는 사람은 드물다.

육체의 배고픔을 달래기 위해서는 갖은 노력을 다하지만, 정작 정신의 굶주림을 위해서는 일각의 성찰이나 명상이나 한 줄의 독서를 하는 사람은 드물다.

이렇게 계속 지내다 보면 육체의 배는 점차 커져 마치 공룡처럼 되어 이 비대해진 배를 채우기에 바빠, 더욱더 정신의 굶주림을 채울 틈은 사라진다.

이리하여 사회 대다수의 빈약한 정신을 가진 사람들은 저마다 자신들의 더 커진 배를 채우기 위해 온갖 권모술수를 일삼는다.

더구나 이들은 빈약해진 정신과 더불어 도덕적 의식도 점차 하락한다. 그리하여 마침내 사회는 이런 부류의 사람들이 지배하는 품격 없는 저질사회로 전락되고 만다.

그러나 수행자는 이런 사회의 잘못된 흐름을 당당히 거부하고 물결을 거슬러 진리의 수원지를 향해 힘차게 정진해 자신을 완성하고 나아가 썩어 가는 사회의 소금이 된다.

이때 갖추어야 할 도가 지(知)와 행(行)이고, 스스로를 위하는 자리(自利)와 남을 위하는 이타(利他)이다.

여기서 자리(自利)는 자기 수행으로, 위로 끝없는 진리를 구하는 '상구보리(上求菩提)'를 말하며, 이타(利他)는 사회 교화로, 중생을 바른 길로 이끄는 '하화중생(下化衆生)'을 말한다.

세속에서 벗어나
산으로 가라

잠깐 사이에 한평생이 지나가 버리는데 어찌 부처님 법을 배우지 않으며, 도대체 한평생이 얼마나 되는데 수행을 하지 않고 헛된 세월만 보내는가.

마음 가운데 애욕을 버리면 그 이름이 곧 스님이고, 세속의 명예와 미련을 생각하지 않으면 그 이름이 곧 출가자네.

수행자가 좋은 옷을 걸치는 것은 개가 코끼리 가죽을 둘러쓴 것과 같고, 도를 닦는 수행인이 세속에 미련을 가지고 애착을 느끼는 것은 고슴도치가 쥐구멍에 들어간 것과 같네.

비록 재주와 지혜가 있다 해도 시끄러운 도시에 살게 되면 모든 부처님이 이 사람에 대해 슬퍼하고 염려하며, 설사 도를 행하는 정성이 다소 미흡하더라도 깊은 산 고요한 방에 머무르면 모든 성인들이 이 사람에 대해 기뻐하고 즐거워하네.(발심수행장 4)

• • • 원문
忽至百年 云何不學 一生幾何 不修放逸 離心中愛 是名沙門 不戀世俗 時名出家 行者羅網 狗被象皮 道人戀懷 蝟入鼠宮 雖有才智 居邑家者 諸佛是人 生悲憂心 設無道行 住山室者 衆聖是人 生歡喜心

해설

수행자는 진리와 마주선 사람이다. 죽음마저도 회피하지 않고, 존재의 실상을 있는 그대로 직시하는 사람이다. 더구나 위선 따위는 찾아볼 수가 없다. 그러나 그는 아직 진리의 대해(大海)를 향해 가는 도중에 있기 때문에 여러 가지 유혹에 끌려가기 쉬운 인간적 약점도 지니고 있다.

그래서 진리의 씨앗을 어느 정도 기르기까지는 순조롭고 정제된 환경이 필요하다.

이런 의미에서 자연의 진리가 고스란히 숨 쉬고 있는 산은 수행자에게 더없이 좋은 수행처가 된다.

계행을 통해
마음의 그릇을 깨끗이 지켜라

세속의 시끄러운 삶을 버리고 고요한 천상의 세계에 올라가는 데는 계율보다 더 좋은 사다리가 없네.

그러므로 계율을 파계하고 중생에게 복(福)을 베푸는 터전이 되고자 하는 것은 마치 날개 부러진 새가 거북이를 등에 업고 공중으로 날아오르려는 것과 같네.

먼저 자기 자신의 죄를 벗어나지 못하면 남의 죄를 풀 수가 없네. 그러니 어찌 계율이 없는 수행으로 시주의 공양을 받을 수 있겠는가.

계행이 없는 공허한 몸은 길러 본들 이익이 없고, 무상하고 덧없는 목숨은 애착을 가지고 아껴 본들 오래도록 보존되지 못하네.

용상의 덕을 구하려면 능히 오랜 세월 동안 고통을 참으며 정진해야 하고, 사자좌를 기약하려면 영원히 오욕의 즐거움을 버려야 하네.

수행자의 마음이 청정하면 모든 사람들이 찬탄하고, 수행자가 이성을 생각하면 신선이 그를 떠나네.

흙, 물, 불, 바람의 네 원소로 구성된 인간의 육신은 잠깐 사이에 흩어져 버리고 오랫동안 보존할 수가 없네.

오늘도 벌써 저녁이라 또 아침이 다가오네.

지금 당장 눈앞의 즐거움은 후일의 고통인데도 어찌 세상의 즐거움에 탐착하며, 한 번 참으면 즐거움이 영원한데도 어찌 수행을 하지 않는가.(발심수행장 5)

• • • 원문

棄世間喧 乘空天上 戒爲善梯 是故破戒 爲他福田 如折翼鳥 負龜翔空 自罪未脫 他罪不贖 然豈無戒行 受他供給 無行空身 養無利益 無常浮命 愛惜不保 望龍象德 能忍長苦 期獅子座 永背欲樂 行者心淨 諸天共讚 道人戀色 善神捨離 四大忽散 不保久住 今日夕矣 頗行朝哉 世樂後苦 何貪着哉 一忍長樂 何不修哉

해설

인간은 누구나 구속을 싫어한다. 그래서 모든 것을 자기 뜻대로 행하기를 좋아한다.

그러나 자신이 가장 자유롭다고 느끼며 자기 자신이 하고 싶은 대로 다 하고 있다고 생각할 때도, 자세히 살펴보면 자신의 순수한 뜻대로 행하는 것이 아니라, 여태까지 익혀 온 습관에 따라 움직이고 있다는 것을 알 수 있다. 다시 말해서 그것이 옳든 그르든 자신이 얽어맨 습관의 노예상태임을 알 수 있다.

이런 경우 여태까지 되풀이해 온 습관의 쇠사슬을 끊고 새로운 삶의 지평 속으로 뛰어든다는 것은 여간 어려운 일이 아니다.

이 해묵은 습성을 끊는 데 있어. 무엇보다 강력한 무기가 바로 계율이다.

언뜻 보기에 계율은 자신의 행동을 구속하고 얽어매는 것처럼 보이지만 실상은 보다 큰 생명의 자유를 위해 나아가는 방편이 되고 징검다리가 된다.

그래서 수행자는 목숨을 바쳐서까지 계를 지켜 간다.

수행자의 계율은 절제된 난초의 잎이며, 달마의 눈매이며, 새벽 강물에 세수하고 말끔히 머리 빗고 단정히 정좌하여 아침 해를 맞이하는 단아한 산봉우리다.

이를 두고 계향(戒香)이라 일컫는다.

수레가 온전할 때
앞으로 나아가라

사람들의 탐욕과 애착은 끝이 없네.

탐욕과 애착이 끝이 없으므로 한평생 여기에 매달려 세상사를 벗어나지 못하네.

이리하여 끝내 새로운 삶으로 한 번 나아가지도 못한 채 일생을 허송하고 마네.

오늘 오늘 하면서 미루는 것이 끝이 없으니 죄악은 나날이 늘어만 가고, 내일 내일 하면서 미루는 것이 끝이 없으니 번뇌는 나날이 쌓여만 가고, 내년 내년 하면서 미루는 것이 끝이 없으니 깨달음은 나날이 멀어만 가네.

시간 시간 흘러서 문득 하루가 지나고, 하루 하루 흘러서 달이 지나고, 한 달 한 달 흘러서 눈 깜짝할 사이에 일 년이 지나고, 일 년 일 년 흘러서 곧 죽음의 문턱에 다다르고 마네.

부서진 수레는 앞으로 굴러가지 못하듯이, 늙어 노쇠해지면 수행마저도 어렵게 되네.

자리에 누우면 게으른 생각만 앞서고, 일어나 앉으면 정신만 혼미하네.

목숨이 도대체 몇 개나 되건대 수행하지 않으며, 살면 도대체 얼마나 산다고 이 보잘것없는 몸을 아끼느라 수행하지 않는가?

육신은 반드시 종말이 있는데 죽음에 이르러 닦지 않은 몸으로 어찌 다음 생의 몸을 기대할 수 있겠는가?

아! 이 어찌 바쁘고 급한 일이 아닌가?

아! 이 어찌 바쁘고 급한 일이 아닌가? (발심수행장 6)

• • • 원문

不斷愛着 此事無限 世事不捨 彼謀無際 絶心不起 今日不盡 造惡日多 明日無盡 作善日少 今年不盡 無限煩惱 來年無盡 不盡菩提 時時移移 速經日夜 日日移移 速經月晦 月月移移 忽來年至 年年移移 暫到死門 破車不行 老人不修 臥生懈怠 坐起難識 幾生不修 虛過日夜 幾活空身 一生不修 身必有終 後身何乎 莫速急乎 莫速急乎

해설

오랜 세월 동안 되풀이해 온 습관에 따라 하루하루를 살아간다는 것은 우선 편한 일이다. 그러나 그 길이 진(眞)과 위(僞)가 바뀌고, 주(主)와 객(客)이 뒤바뀐 길이라면 단지 편하다는 이유 하나만으로 한평생 그 뒤바뀐 길을 따라 갈 수는 없는 일이다.

더구나 지금의 삶이 잘못되었다는 사실을 뻔히 알면서도 그저 습관대로 떠밀려가다가 폭포 위에 이르러서야 비로소 정신을 차린다면 이는 이미 때늦은 후회인 것이다.

무상의 세월은 허연 이빨을 드러낸 채 그를 사정없이 삼켜 버리기 때문이다.

그러므로 이 세상에 가장 급한 것은 아직 나의 심신이 건강할 때 부지런히 수행하는 일이다.

세상에 이 수행보다 더 급한 일이 어디 있단 말인가?

참고로 불교는 단적으로 말해서 수행의 종교이다.

그리고 수행의 단계는 우선 눈에 보이는 존재와 세계뿐만 아니라 눈에 보이지 않는 존재와 세계도 동시에 포괄하는 우주실상을 알고(화엄경), 다음 수행에 들어가서 첫 번째 단계는 일상적인 현실상황에 국한하여 윤리규범을 알고 실천하는 단계(아함경)이고, 두 번째 단계는 눈에 보이는 현실세계를 부정하고 비워가는 공(空)의 세계로 진입하는 단계(반야경 금강경)이고, 세 번째 단계는 우주에 가득 찬 불보살의 능력과 가피를 앞서 비운 자기의 몸속으로 받아들이는 단계(천수경)이고, 네 번째 단계는 당당한 대장부로서 대 용맹심을 일으켜 부처와 내가 하나라는 말을 굳게 믿고 오로지 내 안에 내재된 불성의 씨앗에만 집중하여 이를 발아시켜 드디어 부처와 내가 하나의 자리에 오르는 단계(법화경)를 말한다.

그리고 지상에서 수행의 완성이 불가능하면 염불수행을 통해 아미타불이 주재하는 서방극락정토에 일단 왕생하여 거기서 수행을 계속해가는 단계(아미타경 미륵경)로 이어진다.

수행의 마음자리

우리는 이 두 번째 여행에서 원효로부터
다섯 가지의 조언(助言)을 얻음으로써
수행을 위한 청정한 마음자리를 얻게 된다.

『대승육정참회』
『대승육정참회(大乘六情懺悔)』는 비록 짧은 분량의 글이지만 불법을 일상생활에 활용하여
중생들로 하여금 선한 생활을 영위하도록 이끌어 준다. 대부분의 중생들은 눈, 귀, 코, 혀,
몸, 뜻으로 인하여, 모양, 소리, 향기, 맛, 감촉, 법에 이끌리어 갖가지 번뇌식에서 헤어나지
못한다. 중생들이 이 번뇌의 그물에서 벗어나, 원래의 밝은 광명을 되찾도록 도와주기 위해
이 책이 의도되었다.

진리의 청수(淸水)로
마음의 때를 없애라

법계에 의지하여 수행하는 자는 가고 머물고 앉고 눕고 하는 모든 행동거지에서 한 가지도 헛되게 행해서는 아니 되네.

모든 부처님의 불가사의한 공덕을 마음 깊이 새겨서 항상 바른 모습을 생각하여 업장을 녹이고 천상, 인간, 아수라, 축생, 아귀, 지옥의 육도(六度)세계에 있는 한없는 중생을 구제하기 위해 부처님께 귀의해야 하네.

모든 부처님은 서로 다르지도 아니하고 또한 하나도 아니므로, 하나가 곧 모두이며, 모두가 곧 하나이네.

머무르는 바가 없으면서도 머무르지 않음이 없고, 하는 바가 없으면서 하지 않음이 없네.

부처님 몸의 잘생긴 부분 부분과 낱낱의 모공(毛孔)에서 나오는 광명이 모든 법계에 두루 차고, 미래세가 다 하도록 막힘과 걸림이 없고 아무런 차별도 없이 중생을 교화하여 잠시도 쉼이 없네.(대승육정참회 1)

· · · 원문

若依法界始遊行者 於四威儀無一唐遊 念諸佛不思議德 常思實相朽銷業障 普爲六道無邊衆生 歸命十方無量諸佛 諸佛不異而亦非一一卽一切一切卽一 雖無所住而無不住 雖無所爲而無不爲一一相好一一毛孔 遍無邊界盡未來際 無障無礙無有差別 敎化衆生無有休息

해설

수행자는 우선 마음 안을 깨끗이 하고 행동을 바르게 해야 한다.
오직 부처님의 실상(實相)과 크나큰 자비로움만 마음속에 새기고 부처님으로부터 받은 은혜를 중생들에게 되돌려 줄 것을 서원(誓願)하고 묵묵히 한 걸음 한 걸음 흐트림이 없이 나아가야 한다.

이 세상에 부처님 은혜 아닌 것이 없다.
한 톨의 쌀에도 한 올의 천에도 한 숨의 호흡에도 부처님의 은혜는 들어 있다.
그러므로 중생들에게 돌려주어야 할 은혜 또한 무한하다.

부처님의 은혜에 대한 끝없는 감사, 중생 구제를 위한 끝없는 서원, 이것이야말로 참된 수행자의 올바른 마음자세이다.

두 눈을 부릅뜨고
진리의 날개를 보라

지금 이곳 연화장 세계에 노사나불이 연화대에 앉아서 한없는 광명을 드러내어 무량한 중생을 모아 굴릴 것도 없는 대승의 법을 굴리고, 보살 대중들이 허공에 가득 차서 받을 것도 없는 대승의 법락(法樂)을 받고 있네.

그런데도 우리 중생들은 한결같은 불(佛), 법(法), 승(僧) 삼보(三寶)의 실다운 자리에 함께 있으면서도 부처님의 광명을 보지도 못하고 듣지 못함이 마치 장님 같고 귀머거리 같네.

어찌하여 이런 일이 일어나는가?

이는 중생들이 오랜 세월 동안 무명(無明)으로 전도(顚倒)되어 헛되이 바깥경계를 일으켜 나와 내 것에 집착하여 갖가지 업을 짓고 스스로 뒤덮이고 가려져서 실상(實相)을 보지도 듣지도 못하게 된 까닭이네.

이것은 마치 아귀 귀신이 강물을 불로 착각하여 목말라하는 것과 같네.

그러므로 중생들은 부처님 앞에 깊이 부끄러워하고 보리심을 발하여 정성스런 마음으로 참회해야 하네. (대승육정참회 2)

• • • 원문

今於此處蓮花藏界 盧舍那佛坐蓮花臺 放無邊光 集無量衆生 轉無所轉大乘法輪 菩薩大衆遍滿虛空 受無所受大乘法樂 而今我等同在於此一實三寶無過之處 不見不聞如聾如聾如盲 無有佛性何爲如是 無明顚倒妄作外塵 執我我所造種種業 自以覆弊不得見聞 猶如餓鬼臨河見火故金佛前深生臨愧 發菩堤心 誠心懺悔

해설

곳곳에는 부처님의 법음(法音)으로 가득 차 있다.

흘러가는 시냇물 소리에도, 나뭇가지를 흔드는 바람 소리에도, 이름 모를 야생화의 몸짓 속에도, 산새의 울음소리에도, 어부의 뱃노래 소리에도, 공동묘지로 가는 상여소리에도, 부처님의 중생 구제를 위한 설법소리는 깃들어 있다.

그러나 우리 중생은 무명에 가려져, 귀가 있어도 듣지 못하고, 눈이 있어도 보지 못한다.

아귀 귀신은 목이 말라 죽어가면서도 바로 옆에 강물이 있어도 강물이 불바다로 보이기 때문에 한 방울의 강물도 마시지 못한다.

그러므로 바른 눈을 갖추지 못하는 한 진리의 실상을 아무리 보여 주어도 보지 못하고 바른 귀를 갖추지 못하는 한 진리의 실상을 아무리 들려주어도 듣지 못한다.

따라서 진리의 실상을 바로 보고 바로 듣기 위해서는 자신의 눈과 귀를 바로 갖추는 데 있고 자신의 눈과 귀를 바로 갖추기 위해서는 부처님 법에 의한 끊임없는 수행이 필요하다.

스스로
부끄러워할 줄 알아라

나와 중생이 오랜 옛적부터 무명에 가려 지은 죄업이 한량없어서 오역(五逆)과 십악(十惡)의 죄를 짓지 않음이 없네.

자기 스스로 짓고, 남을 시켜 짓고, 남이 짓는 것을 보고 즐겨 하기도 하였네.

이와 같은 많은 죄업은 헤아릴 수 없으니 모든 부처님과 성현들은 익히 이를 알고 있네. 이미 지은 죄업은 깊이 부끄러워하고 아직 짓지 않은 죄는 다시는 짓지 말아야 하네.

그러나 이러한 모든 죄업은 실제로 있는 것이 아니며, 여러 가지 연(緣)이 화합하여 이루어진 것을 일러 업(業)이라 하네.

따라서 연(緣) 자체에 업이 없고 연을 떠나 또한 업은 없네.

안에도 없고 밖에도 없으며 중간에도 없네.

과거는 이미 없어졌고, 미래는 아직 생기지 않았으며, 현재는 머무름이 없네.

그러므로 지은 죄업도 머무름이 없고, 머무름이 없으므로 또한 생겨남도 없
네.(대승육정참회 3)

· · · 원문
我及衆生 無始以來無明所醉 作罪無量五逆十惡 無所不造 自作教他見作隨喜 如是衆罪不可
稱數 諸佛賢聖之所證知 已作之罪深生慚愧 所未作者更不敢作 此諸罪實無所有 衆緣和合假
名爲業 卽緣無業離緣亦無 非內非外不在中間 過去已滅 未來未生 現在無住 故所作以其無住
故亦無生

해설

오역(五逆)은 다섯 가지 중죄로 아버지를 죽이고 어머니를 죽이고 아라
한을 죽이고 종단의 화합을 깨고 부처님 몸에 피를 흘리게 하는 일을 말
하고, 10악(十惡)은 몸과 입과 뜻으로 짓는 10가지 죄악을 말한다.

이런 무거운 죄를 범하고도 중생들은 자신의 행위를 직접 본 사람이 없
다고 거짓 웃음을 띠며 선인(善人)인 체 연기하며 살아간다.

그러나 이 모든 죄는 하늘이 알고 땅이 알고 귀신이 알고 부처님이 알고 무엇보다 자신이 알
고 있다. 따라서 엎드려 백번 참회하고 또 참회해야 한다.

진심으로 참회하면 염오된 마음은 사라지고 염오된 마음이 사라지면 모든 죄의 상도 사라진다.

문제는 자신이 본각자성으로부터 등을 돌린 나머지 자신의 현재의 심이 극히 염해져 있다는
것을 먼저 인정하고 온 목숨을 다 바쳐 참회하는 일이다.

참회하는 것은 무명으로 인해 잠시 잃어버렸던 본각광명의 자리로 되돌아가는 것을 말하며,
사탄의 유혹에 의해 쫓겨났던 낙원으로 다시 되돌아가는 것을 말한다.

한 마음 돌이키면 청정광명이 펼쳐진다. 이를 선문(禪門)에서는 '회두청산(回頭靑山)'이라
일컫는다.

환(幻)에서 깨어나
실상을 직시하라

나와 중생은 시작도 없는 오랜 옛적부터 모든 법(法)이 본래 무생(無生)임을 알
지 못하고, 망령된 생각으로 전도(顚倒)되어 나와 내 것에 집착하여 안으로는
눈, 귀, 코, 혀, 몸, 생각의 육정(六情)을 세워 거기에 의지하여 분별하는 식(識)

을 내고, 밖으로는 육진(六塵)의 경계를 지어 그것을 실유(實有)라고 착각하여 매달려 왔네.

이는 전부 내 마음이 어리석어 지어낸 환(幻)에 불과하네.

이 모든 것은 허깨비 같고 꿈과 같아서 끝내 취할 것이 없는데도, 이 속에서 남자니 여자니 따위의 전도(顚倒)된 망상(妄想)을 내어 모든 번뇌식을 일으켜 스스로를 옭아매고, 마침내 고해(苦海)에 빠져 헤어나지 못하네.(대승육정참회 4)

• • • 원문

我及衆生無始以來 不解諸法本來無生 妄想顚倒計我我所 內立六情依以生識 外作六塵執爲實有 不知皆是自心所作 如幻如夢永無所有 於中橫計男女等相 起諸煩惱自以纏縛長沒苦海不求出要

해설

어떤 과학자가 프랑켄슈타인이란 괴물을 만들어 오히려 그 괴물에 의해 평생 동안 쫓기어 다닌다는 내용의 공상과학소설이 있다.

우리 중생도 마찬가지이다.

저마다 상상 속의 프랑켄슈타인이란 허상을 만들어 그 허상에 의해 도리어 실상이 가려져 번뇌와 고통 속에 묶여 한평생을 허비하고 만다.

『금강경』에서는 중생들이 이같이 여러 가지 허상에 묶여 진리와 등진 삶을 살아가는 것을 경계하기 위해 다음과 같이 설하고 있다.

일체유위법(一切有爲法) 모든 인간이 만든 법은,

여몽환포영(如夢幻泡影) 꿈과 같고 환과 같고 거품과 같고 그림자와 같고,

여로역여전(如露亦如電) 또한 이슬과 같고 번개와 같다.

응작여시관(應作如是觀) 마땅히 이같이 만법을 보아라.

일여(一如)의 평상에 누워
허공을 마셔라

잠을 잘 때, 잠이 마음을 덮어 꿈속에서 자신의 몸이 큰물에 떠내려가는 것을 보고 이것이 꿈속의 일인지 알지 못하고 실제로 물에 빠진 양 크게 두려워하며 아

직 깨어나지 않은 상태에서 다시 다른 꿈을 꾸면서 혼미한 상태로 더욱 빠지네.

원래 마음의 참 성품은 총명하여 꿈속에서도 꿈인 줄 알고 물속에 빠진 것을 겁내지 않네. 그러나 허망한 마음은 자기의 몸이 물속이 아니라 침상에 누워 있는 줄을 깨닫지 못하고 머리를 움직이고 손을 흔들며 아우성치네.

이윽고 꿈에서 깨어나 보면 물과 떠내려간 몸이 모두 존재하지 않은 환(幻)이며 본 몸은 여전히 원래의 침상 위에 고요히 누워 있음을 알게 되네.

인생의 긴 꿈도 또한 이러하니 무명(無明)이 마음을 덮어 망령되이 육도(六道)를 짓고, 팔고(八苦) 속을 헤매다가, 마침내 안으로 부처님의 부사의(不思議)한 힘을 얻고 밖으로 부처님의 대비원력(大悲願力)에 의지하여 수행의 시작인 신해(信解)의 단계에 이르게 되네.

나와 중생이 오직 긴 꿈에 빠져 남녀의 경계와 육진(六塵)의 경계가 참다운 것으로 착각하여 여기에 매달리나 사실은 이 모든 것은 내가 만든 꿈이요 환(幻)에 불과하네.

그러므로 무엇을 기뻐하고 탐욕하며 성낼 것인가?

거듭 이와 같이 관하여 닦아 가면 여몽삼매(如夢三昧)를 얻게 되네.

이 삼매로 말미암아 무생인(無生忍)을 얻게 되고 마침내 긴 꿈으로부터 홀연히 깨어나면 여태까지의 육진(六塵)은 본래 없고 다만 이 한 마음(一心)이 일여(一如)의 자리에 누워 있음을 알게 되네.

이같이 인생의 긴 꿈에서 벗어나기를 거듭거듭 사유해 가면 더 이상 바깥 육진에 반연된 것을 참다운 것으로 착각하지 않고 번뇌와 부끄러운 행동에 스스로 놀아나지 않게 되네.

이를 일러 대승육정참회(大乘六情懺悔)라 하네. (대승육정참회 5)

• • • 원문

　猶如眠時睡蓋覆心 妄見其身大水所漂 不知但是夢心所作 爲實流漢生大怖慄 未覺之時更作異

夢 謂我所見是夢非實 心性聰故夢內知夢 卽於其漢不生其懅 而未能知身臥床上 動頭搖手勤
求永覺 永覺之時追緣前夢 水與流身皆無所有 唯見本來靜臥於床 長夢亦爾 無明覆心妄作六
道 流轉八苦 內因諸佛不思議薰 外依諸佛大悲願力 『信解 我及衆生 唯寢長夢妄計爲實 違順
六塵男女二相 並是我夢 永無實事 何無憂喜何所貪瞋 數數思惟 如是夢觀 漸漸修得如夢三昧
由此三昧得無生忍 終於長夢豁然而覺 卽知本來永無流轉 但是一心臥一如床 苦離能如是 數
數思惟 雖緣六塵不以爲實 煩惱羞愧不能自逸 是名大乘六情懺悔

해설

침대에 누워 온갖 꿈을 다 꾸면서 꿈속에서조차 기뻐하고 슬퍼하고 두
려워하다가 문득 꿈에서 깨어나면 꿈속의 모든 공간과 시간과 군상과
사건들은 다 사라지고 오직 침대 위에 원래 모습 그대로 누워 있는 자신
의 모습을 보게 된다.

우리의 현실도 마찬가지다. 무명으로 인하여 갖가지 망상을 지으면서 희로애락(喜怒哀樂)에
빠져 있다가 문득 자성본각을 깨닫고 나면 이 모든 것이 하나의 헛된 망상이고 꿈이었음을 알
게 된다.

꿈속에서 헤매면 중생의 삶이요, 꿈에서 깨어나면 곧 부처의 삶이다.

세 번째 여행

수행의 계율

우리는 이 세 번째 여행에서 원효로부터
스물두 가지의 조언(助言)을 얻음으로써
수행을 위해 필요한 계율을 몸으로 직접 익히게 된다.

『보살계본지범요기』

『보살계본지범요기(菩薩戒本持犯要記)』는 『보살지지경(菩薩地持經)』 속에 들어 있는 「달마계본(達摩戒本)」을 중심으로 서술한 책으로 원효의 계율사상이 가장 자유롭게 펼쳐져 있다. 원효는 이 책 속에서 불법을 수단으로 생활하면서도 오히려 불법을 파괴하는 불교인들을 마치 사자의 몸속에서 나온 벌레가 사자의 몸을 먹어치우는 데 비유하여 이들의 소행을 꾸짖고 있다. 이들의 어리석은 행동은 자신의 수행은 물론 타인의 수행까지 방해하는 불법의 대적이 된다고 경고하고 있다.

『법망경보살계본사기』

『법망경보살계본사기(法網經菩薩戒本私記)』는 『법망경』 중 하권의 모든 보살이 지켜야 할 10중대계(十重大戒)와 48경계(四十八輕戒)를 따로 택출하여 엮은 책인 『보살계본』을 해설한 책을 말한다. 참고로 10중대계는 아래의 10가지 계율을 말한다. 첫째, 살생하지 말 것, 둘째, 도둑질하지 말 것, 셋째, 음행하지 말 것, 넷째, 거짓말하지 말 것, 다섯째, 술을 먹거나 팔거나 권하지 말 것, 여섯째, 남의 허물을 말하지 말 것, 일곱째, 자신을 칭찬하고 남은 비방하지 말 것, 여덟째, 제 것을 아끼고 남의 것을 탐하지 말 것, 아홉째, 화내지 말 것, 열째, 불·법·승 삼보를 비방하지 말 것이다. 원효의 『법망경보살계본사기』의 구성은 첫째, 『법망경』의 제명(題名)을 풀이한 부분과 둘째, 본문을 해설한 부분으로 이루어져 있었지만, 아쉽게도 48경계와 유통분의 해설은 실전된 상태이다.

『영락본업경소』

『영락본업경소(瓔珞本業經疏)』는 『영락본업경』을 풀이한 주석서로, 현재는 하권의 일부와 서문 부분만 남아 있다. 대승계율의 실천을 강조한 계율서로 『범망경(梵網經)』과 더불어 율서 중 대표적 위치를 차지하고 있다. 원효는 이 책 속에서 대승적 차원의 계율을 중시하고, 이 계율의 일상생활에서의 실천이야말로 일체 공덕의 근본이 되고 부처의 길로 나아가는 첩경이며, 일체의 악을 제거하는 묘결이 된다고 설명하고 있다.

더 큰 자유를 위해
스스로를 묶어라

보살계라는 것은 생사에 유전하는 죄업을 돌리어 생사가 없는 절대의 근원에 돌아가게 하는 큰 나루터가 되며, 삿된 것을 없애고 바른 것으로 나아가게 하는 요문(要門)이 되네.

바르고 삿된 겉모습은 쉽게 구분할 수 있지만, 죄와 복의 원인이 되는 내부의 심은 분별하기가 매우 어렵네.

왜냐하면 어떤 사람은 그 속마음은 사악하지만 겉 행동은 버젓할 수가 있고, 어떤 사람은 바깥으로 하는 행동은 추하지만 속마음은 깨끗할 수가 있고, 어떤 사람은 복에 합당한 행동을 하는 것 같지만 엄청난 재앙을 불러오기도 하고, 어떤 사람은 겉으로 보기에는 항상 깊게 생각하고 조심스럽게 움직이는 것 같지만 실상은 천박한 행동을 일으키기 때문이네.

함부로 처신하는 도인이나 사사로이 행동하는 사문(沙門)들은 겉으로는 성인들의 행적을 모방하는 체하지만 내심으로는 예사롭게 계율을 어기고 명예와 이익을 탐하네.

그러나 참된 수행인들은 얄팍한 명예와 이익을 버리고 오로지 계율을 온전히 지키며, 성인들의 흉내나 일삼는 간교한 행동에서 벗어나 진실만을 따르네.

그러나 이 당연한 말을 염두에 두지 않고 혹시 잊어버릴까 염려되어 중요한 대목을 간추려 기록하니 뜻을 같이하는 사람들은 이를 자세히 보고 의심을 끊고 반드시 실행에 옮겨야 하네. (보살계본지범요기 1)

• • • 원문
菩薩戒者 返流歸源之大津 去邪就正之要門也 然邪正之相易濫 罪福之性難分 何則或内意實邪 而外迹似正 或表業同染 而中心淳淨 或有作業合妙福 而致大患 或有心行順深遠 而違淺近

是以專穢道人 剋私沙門 長專似迹 以之眞正 每剋深戒 而求淺行 今將遣淺事 而全深去似迹而
逐實 爲自忽忘攝要記別 幸同趣者 詳而取決矣

해설

계율은 여러 가지 본능과, 사욕과, 습관의 쇠사슬을 끊고 보다 넓고 깊
은 진정한 의미의 생명의 자유, 즉 진아(眞我)의 자유를 위해 절대 필요
한 요소이다.

그러므로 계율이라는 것은 호흡이고 생명의 파장 그 자체이다.

그래서 이 계율이 철저히 내면화, 인격화되면 세간(世間)의 법과 출세간(出世間)의 법을 뛰어
넘어 출출세간(出出世間)의 법에 머물다가, 종국에는 계율 아닌 것도 없고 계율인 것도 없는
무애행(無碍行)의 극치에 도달할 수 있다. 원효와 요석공주와의 인연도 이런 측면에서 해석
이 가능하다.

오로지
뜻을 깨끗이 하라

자기를 칭찬하고 남을 헐뜯는 자찬훼타계(自讚毁他戒)에는 네 가지 부류가 있네.

만약 다른 사람에게 방편상 신심(信心)을 일으키기 위하여 자찬훼타하면 이것
은 복(福)이 되지만 죄는 되지 않네.

만약 무기(無記)의 마음으로 그저 지나가는 말로 자신도 모르게 저지르는 자찬
훼타는 비록 죄는 범한 것이나 마음까지 오염된 것은 아니네.

만약 타인들에 대한 사랑과 미움의 감정으로 자찬훼타하면 이것은 마음은 물
든 것이 되지만 중계(重戒)를 범한 것은 아니네.

그러나 만약 오직 자신의 이익과 존경을 구하기 위해 의도적으로 자찬훼타를
일삼으면 이것은 남을 해치고 자신의 마음도 오염되어 무거운 중죄가 되네.(보

살계본지범요기 2)

於一讚毁 有四差別 若爲令彼赴信心故 自撰毁他 是福非犯 若由放逸 無記心故 自讚毁他 是犯
非染 若於他人 有愛恚心 自讚毁他 是染非重 若爲貪求 利養恭敬 自讚毁他 是重非輕

해설

옷에 묻은 때는 옷을 벗어던지면 해결되고, 몸에 묻은 때는 시냇물로 씻
어 내면 해결되지만, 마음속 깊이 물든 때는 벗어던질 수도, 씻어 낼 수
도 없다.
그러므로 수행에서 가장 중요한 것은 마음을 청정히 하고 이를 지켜 가
는 일이다.

나의 파괴자는
곧 나 자신이다

불법을 믿는 사람들은 당연히 계(戒), 정(定), 혜(慧), 삼학(三學)에 의지하여 수
행을 해 가지만, 때로는 불도를 빙자하여 오히려 불법을 파괴하는 경우도 있네.
이는 마치 사자의 몸속에서 발생한 벌레가 마침내 사자를 먹어 치우는 것과 같
은 이치네. 이같이 불법은 불도(佛徒) 내부의 삿된 불도인(佛道人)에 의해 파괴되
는 것이지 다른 어떤 외부의 힘에 의해 파괴되는 것은 아니네.(보살계본지범요기 3)

佛法內人 多依三學 起似佛道之魔事故 猶如獅子身內之虫 乃食獅子 餘無能故

해설

사자는 동물의 왕이므로 어느 동물도 사자를 죽이지는 못한다. 비록 사
자가 죽어 시체가 되어도 다른 동물들이 접근을 하지 못한다. 다만 사자
몸속에서 생긴 벌레가 사자의 몸을 먹어 치운다.
불교도 외부에서 어떤 사람이 나타나 불법을 없애는 것은 아니다. 다만
불교 교단 자체 내에서 불교를 가장한 삿된 무리들에 의해 불법이 훼손된다.
우리 개인도 마찬가지다. 타인에 의해서 오염된 길로 빠지기보다는 오히려 자신 내부의 잘못
된 인식에 의해 파멸의 길로 접어든다.

중간 봉우리에서
안주하지 말라

어떤 수행자가 한적한 곳에 고요히 머물면서 모든 산란한 마음을 여의고 선정에 들면 마음이 맑고 고요해져 마침내 견성(見性)의 단계에 근접하게 되네.

이때 삿된 귀신이 신통력을 실어 주어 기이한 행동을 하게 유혹하면, 견문(見聞)이 적은 자는 순간 삿된 것과 바른 것을 판별하지 못하고 작은 명리(名利)의 구렁텅이에 빠져들고 마네.

이리하여 자기가 알고 있는 견식(見識)을 진리인 양 착각하여 이를 타인에게 알리고 전하여 모든 세상 사람들을 현혹게 하네.

어리석은 대중들은 이에 현혹되어 '이 사람이야말로 진정한 도인(道人)이다.'고 믿고 따르게 되고, 탐심에 젖은 수행자는 더욱더 도인과 같은 행동을 연기하여 정법을 향해 나아가는 승려들을 속여 이들의 참된 귀의처마저 빼앗아 버리고, 마침내 불법의 싹을 잘라 버리고 마네.

이러한 사람이야말로 승려들의 귀의처를 빼앗아 버리는 도적 중에 가장 큰 도적이네.(보살계본지범요기 4)

* * * 원문

有一類 閑居靜處 離諸散亂 攝心禪門 由心澄靜 ﹁有見 或由邪神 加力令識 于時由自少聞 不別邪正 又欲引到 名利恭敬 隨所見識 令他聞知 耀諸世人 咸疑是聖 此由獨揚似聖之迹 普抑諸僧 爲無可歸 以破佛法 故得重罪 是謂諸僧之大賊也

해설

수행인은 수행의 정상(頂上)을 향해 나아가는 도중에는 신비로운 비경을 지닌 자그마한 봉우리를 만나기도 한다.

그러나 이것은 분명히 불법의 정상이 아니다.

그런데도 이 지점이 정상인 양 주저앉아 여기에 도취되어 불법 정상은 이런 것이라고 중생들을 오도(誤導)하고, 심지어는 뒤따라오는 수행자마저 이곳이 정상이라고 속여 수행자들을 더 이상 정상을 향해 나아가지 못하도록 막아 버린다.

이런 자야말로 불법의 가장 큰 적이다. 세간에 스님의 이름으로 온갖 술수와 허무맹랑한 말로 중생을 교묘하게 이용하는 자들의 대다수가 바로 이 부류에 속하는 무리들이다.

괴이한 행동으로
남을 현혹하지 말라

어떤 부류의 무리는 성품의 바탕이 곧고 바르지 못해 삿된 계를 믿고, 스스로 삿된 망념을 일으켜서 옷을 입지도 않고 혹은 곡식도 먹지 않는 등 괴이한 행동으로 대중의 보시와 공경을 한 몸에 받으려 하네.

이들은 자기가 남과 비교할 수 없을 정도로 도가 높다고 스스로 자만하여 어리석은 중생들을 속여서 자신의 덕을 숭앙하도록 하네.

더구나 기이한 이적(異迹)이 없는 정법 수행자들을 억눌러 안으로 참된 마음을 상하게 하고 밖으로 사람들을 혼란케 하네.

이것이야말로 가장 큰 중죄가 되네. (보살계본지범요기 5)

* * * 원문

有一類 性非質直 或承邪戒 或自邪念 不依絲麻 不食五穀 反欲貪求利養恭敬 自揚無比 誑諸癡類 希望群愚或仰已 德普抑一切無異迹者 由是內以傷眞 外以亂人 傷亂之罪 莫是爲先也

해설

중생들은 자신들이 살아가는 양식과 다른 특이한 사람의 특이한 행동을 호기심 있는 눈으로 바라보고 여기에 현혹되는 약점을 안고 있다.

이러한 중생들의 약점을 이용하는 수많은 사이비 종교인들이 불안한 사회일수록 더욱더 활개를 친다. 자리에 앉은 채 공중으로 조금 떠 본들 별로 큰 사건도 아니다. 비행기를 타면 그보다 몇 만 곱절 높은 수천 미터도 오를 수 있다. 그런데도 중생은 이것이 큰 기적이라도 되는 양 그 사람의 말을 믿고 그 사람이 쳐 놓은 그물에 걸려들고 만다.

그리하여 세뇌당하고 스스로 세뇌하여 자신의 본각자성의 당당함을 망각한 채 그들의 손아귀 속에서 마치 마소처럼 조종당하다가 한생을 허비하고 만다.

진리는 가장 자연스럽고 여여(如如)하며 평범하다. 평상심(平常心)이 곧 도(道)이다.
불안하고 어지러운 사회일수록 정법(正法)과 사도(邪道)를 구분하는 혜안(慧眼)이 필요하다.

홀로 잘났다는
아만심에 빠지지 말라

어떤 부류의 무리는 주변의 중생들이 타고난 성품이 천박하고 교만하고 오염되어 나태하게 지내는 것을 보고 혼자 자기 몸만을 단정히 하고 위의(威儀)를 지키고 모자람이 없이 행동하여 자신만이 혼탁한 세상에 가장 고귀하고 깨끗한 마음을 지니고 있는 양 자만에 빠져 있네.

이리하여 당장 계를 가지고 수행하고 싶어도 타고난 근기가 약해서 오랜 시간을 두고 서서히 익혀 가는 중생들을 얕보고 헐뜯네.

이러한 방자한 행동은 원래 그 선함도 참된 선함이 아니지만 더구나 타인을 헐뜯는 무거운 계를 범했기 때문에 복을 짓기는커녕 오히려 큰 죄를 짓게 되네.(보살계본지범요기 6)

• • • 원문
有一類 性是淺近 於世大運 多慢緩時 獨正其身 威儀無缺 便起自高陵他之心 慢毀乘急戒緩之衆 此人全其小善 以毀大禁 轉福爲禍 莫斯爲甚也

해설

세상에 홀로 잘난 양 교만심과 아만심에 젖어 있는 한, 진정한 수행인은 결코 될 수 없다.

『금강경』에서는 불법의 진리를 향해 나아가는 수행인은 아상(我相), 인상(人相), 중생상(衆生相), 수자상(壽者相)의 사상(四相)을 철저히 없애야 한다고 설했다.

아상은 내가 최고라는 아만심을 말하며, 인상은 너는 나와는 아무런 관련도 없는 별개의 존재라는 주객 분별심을 말하며, 중생상은 '우리 중생이 별 수 있겠나? 그저 닥치는 대로 살다 죽지, 도는 무슨 놈의 도냐?' 따위의 자기 비하심을 말하며, 수자상은 정신의 무한한 생명을 망각하고 오로지 육체적인 생명에만 집착하는 단견상(短見相)을 말한다.

이 중에서 먼저 아상을 없애는 것이 곧 수행의 출발점이 된다.

잔을 비우고
남의 말을 수용하라

자기의 견해만이 불법진리에 들어맞고 다른 사람들의 견해는 다 틀렸다고 여기면 이것은 도리어 유(有)와 무(無)의 집착에 떨어져서 청정한 지혜를 구하지 못하네. 그래서 게송(偈頌)에서는 다음과 같이 설하네.

남의 법을 부정하여 한사코 받아들이지 않으면 이야말로 무지한 사람이 되는 것일세.

그리고 헛된 논란만 일삼는 사람은 더욱더 어리석은 사람이라네.

만약 자기만 옳다는 소견을 내세워 그것에 모든 논란을 내세우면 설사 청정한 지혜를 얻었다 해도 이것은 다 쓸모없는 지식일 뿐일세.(보살계본지범요기 7)

• • • 원문

自是於中 而非於他者 還墮邊執 猶非淨智 如經渴云 不肯受他法 是名愚癡人 諸有戲論者 皆是
大愚人 若依自是見 而生諸戲論 設此爲淨智 無非淨智者

해설

잔이 이미 가득 차면 어떠한 것도 받아들일 수 없다. 자신이 마음의 좁은 잔이 더러운 물로 이미 가득 차 있다면 아무리 좋고 향기로운 차가 있어도 더 이상 받아들일 수 없다.

자신의 마음의 잔을 크게 만드는 것도 중요하지만 바른 불법진리를 받아들이기 위해 항상 자신의 잔을 비워 두는 것은 더더욱 중요하다.

우상에서 벗어나
스스로 자신을 제도하라

지극한 도는 깊고도 깊어서 그 어떤 시비로도 분별할 수 없고, 심행(心行)은 은밀하고 은밀해서 그 어떤 득실도 분별할 수 없네.

그래서 오직 숙세(宿世)에 선근을 심어 그 품성이 부드럽고 곧은 사람만이 자기의 아만을 항복받고, 선지식들을 가까이 모시고, 성전(聖典)을 믿고 거울로 삼아, 자기의 내심을 깊이 관찰하여 미묘한 심행(心行)을 익히네.

이와 같은 사람만이 모든 것이 텅 비었다는 잘못된 공(空)의 병을 다스릴 수 있네.

그런데 왜 어떤 부류의 불성을 지닌 사람들을 "제불(諸佛)도 능히 제도하지 못한다."고 하는가? 이는 다만 그들 스스로 내심을 살피고 가꾸어 나가도록 자극하기 위한 말이네.

그러므로 "제도하지 못한다."는 말은 중생으로 하여금 스스로 제도하도록 자극하기 위한 하나의 방편일 뿐이네. (보살계본지범요기 8)

・・・원문

至道昏昏 是非莫分 心行密密得失難別 唯有宿殖善根 稟性質直 深伏我慢 近善知識者 仰依聖典 以爲心鏡 自內審觀 熟微心行 若能如是之人 幸治惡取空病 向說諸佛所不化者 爲欲令彼自內驚改 是故還爲諸佛所化 以不化言 使自化故

해설

불교 수행자가 수행을 가장 잘하는 길은 석가모니 부처님을 닮는 데 있다.

부처님을 닮는 길은 부처님의 말씀을 기록해 놓은 경전을 받들고 이를 실천하는 데 있다. 부처님께서 열반에 드실 때 앞으로의 말세 중생은 오직 자등명(自燈明)과 법등명(法燈明)만을 의지할 것을 당부하셨다.

자등명은 모든 중생이 본래부터 스스로 갖추고 있는 본각자성의 불성(佛性), 즉 올바른 이성(理性)을 말하며, 법등명은 부처님이 설한 진리의 말씀인 경전의 등불을 말한다.

따라서 온갖 이기적인 욕망의 찌꺼기가 배 속에 가득 들어 있으면서도, 겉으로는 도인의 의복을 걸치고, 도인의 형세를 하면서, 여러 가지 이상한 행적을 보여, 중생을 미혹으로 몰고 가는 삿된 종교인들을 우리들은 정녕 경계하고 또 경계해야 한다.

그래서 사람에 의지하지 말고 진리의 법에 의지하고, 감각에서 비롯되는 식(識)에 의지하지 말고 지혜에 의지하고, 말에 의지하지 말고 뜻에 의지하고, 형상만 그린 글에 의지하지 말고 진리의 본체를 드러낸 글에 의지해야 한다.

시습(時習)의
의미를 알라

중생들은 일찍이 수행해 본 적이 없으므로 수행의 문에 들어서기가 어렵네.

그러나 그 어렵다는 이유로 지금 당장 수행하지 아니하면 뒷날에도 또한 어렵기는 마찬가지네. 이 같은 이유로 자꾸 미루다 보면 점점 수행에서 멀어져 끝내 수행의 길에서 벗어나고 마네.

그러므로 처음부터 그 어려움을 미리 각오하고 마음을 다잡아 차차 수행해 나가다 보면 수행이 점차 익어 가서 마침내 그 어려움이 바뀌어 쉬운 경지에 이르게 되네. (보살계본지범요기 9)

· · · 원문
由未曾修 難可行故 今不修者 今不習故 後亦不修 如是久久 彌在其難 故令從初 仰習其難 習
行漸曾 轉成其易

해설

둥지 안의 어린 새가 푸른 하늘을 날기 위해서는, 먼저 둥지 안에서 날개를 퍼덕이는 연습을 수만 번이나 거듭하고, 다시 둥지를 떠나 가까운 숲으로 나아가 연습을 수십만 번 거듭한 후에야 비로소 비상(飛翔)이 가능하다.

그러나 애초부터 단숨에 저 높은 하늘 위로 어떻게 날아오를까를 염려하고 두려워한 나머지, 최초의 날갯짓마저 하기를 포기해 버린다면, 이 어린 새는 영원히 푸른 하늘을 나는 자유는 얻지 못한다. 그러나 믿음과 수행만 바로 서면, 최초의 발자국이 곧바로 정상의 발자국과 이어진다.

옳은 글이 아니면
백지로 남겨라

발원게(發願偈)

성스러운 경전의 요의문(了義文)을 우러러 의지해 계율의 율장을 대강 간추려 적어 중요한 문을 펴옵니다.

이로써 법계의 모든 중생을 위해 한 등불을 밝히옵나니 원컨대 이 한 등(燈)의 불빛이 전하여 시방(十方)에 두루 하게 하옵소서.(보살계본지범요기 10)

· · · 원문
仰依聖典了義文 粗述戒藏開要門 普爲法界燃一燈 願用傳燈周十方

해설

책을 한 권 저술하고 이 책을 통해 중생들이 불법진리의 올바른 길로 정진해 갈 것을 우주법계에 발원하는 글이다.

오늘날 대다수의 저술가들은 상업주의에 물들어 자신이 쓴 책이 베스트셀러가 되어 수입이 늘어나기를 기대하는 것이 주목적이지, 독자들의 생의 근원자리에 진리의 바른 길이 어떤 것인지를 애써 제시하려고 고민하는 일은 드문 편이다. 위의 원효의 발원게는 오늘날 저술가들에게 저술의 궁극적인 목적이 무엇인지를 일깨워 준다.

그물눈이
곧 그물이다

속제법(俗際法)으로 논해 볼 때, '이 법(法)'이 '저 법(法)'이 아니며, 또한 '저 법'이 '이 법'이 아니라서 만 가지 차별을 이루네.

이러한 뜻에서 '이 그물눈'이 '저 그물눈'이 아니며, 또한 '저 그물눈'도 '이 그물눈'이 아니네.

그러나 진공(眞空)의 일미(一味)인 진제(眞際)의 눈에서 비추어 보면 비록 속제(俗際)의 차이가 있으나 진(眞)으로 속제를 거두게 되므로 모든 법이 일여(一如) 아닌 것이 없네.

이 뜻은 저 그물이 그물눈을 모두 거두고 있으므로 그물눈은 그물 아닌 것이 없는 원리와 상통하네.

이러한 비유로 이 경의 제명을 『법망경(法網經)』이라 하네.(범망경보살계본사기 1)

해설

『법망경』의 '망(網)' 자는 그물을 뜻한다. 그물은 수천 개의 그물눈으로 이루어져 있기 때문에 그물눈은 그물 아닌 것이 없고, 또한 그물은 모든 그물눈을 거두고 있다.

비록 그물을 이루고 있는 수천 개의 그물눈은 제각기 다른 그물눈이지만 다 같이 그물이라는 점에서는 동일하다.

속(俗)의 눈으로 볼 때는 만상은 그물눈처럼 제각기 서로 다른 모양으로 전개되지만 진(眞)의 눈으로 볼 때는 그물처럼 하나의 일여일법(一如一法)의 세계로 합쳐진다.

개체와 전체의 관계를 이같이 정립한다면, 개인과 사회, 민족과 인류, 국가와 세계는 갈등이 배제된 진정한 화합의 관계가 이루어진다.

새는 한 날개로
날 수 없다

해와 달의 첫 번째 성품은 그 자체가 더러움을 여의고 밝고 맑으며, 또한 저 어두움을 능히 깨뜨려 모든 것을 훤히 드러나게 하네.

계(戒)도 또한 이와 같아서 그 자체가 더러움을 여의고 밝고 맑아서 능히 번뇌의 깜깜한 법과 어두운 장애를 깨뜨려 불성(佛性)의 보배를 훤히 드러내네.

해와 달의 두 번째 성품은 해는 열(熱)을 특성으로 하고 달은 찬(寒) 것을 특성으로 하네. 만약 해만 있고 달이 없으면 모든 종자의 싹은 마르고 타 버려 성장하여 과실을 맺지 못할 것이며, 만약 달만 있고 해가 없다면 모든 종자의 싹은 썩어 버려서 아예 싹이 트지 못할 것이네.

계도 이와 같아서 『섭율의계』와 『섭정법계』만 가지고 『섭중생계』를 가지지 못하면 이 사람은 자리행만 있고 이타행이 없어 저 소승무리인 성문 연각처럼 무상보리의 풍부한 열매를 맺지 못하네.

반대로 『섭중생계』만 가지고 『섭율의계』와 『섭정법계』를 가지지 않으면 이 사람은 이타행만 있고 자리행이 없어 도리어 저 범부중생과 같게 되어 능히 보리의 싹을 틔우지 못하네.(범망경보살계본사기 2)

해설

계(戒)는 그 자체 속에 해와 달처럼 청정광명(淸淨光明)을 이미 갖추고 있으므로 계를 지닌 자의 언행은 항상 진흙에 물들지 않은 연꽃의 향기를 은은히 풍긴다.

그러나 계의 참된 의미는 자리이타(自利利他)의 행을 위한 계율을 동시에 갖추고 실천하는 데 있다.

원래 보살의 길은 '상구보리 하화중생(上求菩提 下化衆生)'으로서 위로는 무상(無上)의 보리, 즉 진리를 구하고, 아래로는 중생을 구제하는 데 있다.

상구보리가 자리(自利)라면 하화중생은 이타(利他)가 된다. 그러므로 진정한 보살행은 자리와 이타의 두 날개를 동시에 갖출 때 두 날개를 가진 새처럼 불법의 대해를 마음껏 날 수 있다. 이런 의미에서 보살의 계는 자리행(自利行)을 위한 계인 『섭율의계』와 『섭정법계』, 즉 『섭선법계』를 갖추고, 동시에 이타행(利他行)을 위한 『섭중생계』를 두루 갖추어야 한다.

바로 이 대승계율 사상이 곧바로 원효의 불교 대중화 운동과 직결된다.

일즉삼(一卽三) 삼즉일(三卽一)의 묘리를 터득하라

'노사나'는 번역하면 '둥글고 맑다'는 뜻으로 오염(汚染)된 법이 다 없어지고, 모든 깨끗한 법을 다 성취했다는 뜻으로 그렇게 부르고, '비로자나'는 번역하면 '넓고 둥글고 맑다'는 뜻으로 공간적으로는 시방법계(十方法界) 온 세계를 관통하고 시간적으로는 과거, 현재, 미래 삼세제(三世際)를 두루 포함했다는 뜻으로 그렇게 부르네.

석가모니의 이름은 화신(化身)으로부터 생겨났고, 노사나는 응신(應身)으로부터 생겨났고, 비로자나는 법신(法身)으로부터 생겨났네. 이러한 이유로 각각의 이름에는 삼신(三身)의 뜻이 다 포함되어 있네. (범망경보살계본사기 3)

• • • 원문

盧舍那者 翻名圓淨 謂黑法而無不盡 故能白法而無不得是 故名圓淨 毗盧遮那者 翻廣圓淨也
橫者十方法界中無所不通 從三世際中 無所不遍 故言廣圓淨
若發名者 釋迦名化身中發 盧舍那者應身發 毗盧遮那者法身中起 若以起名號體 ──名通號
三身 所以得知其然

해설

우주 만유에 가득 차 있는 진리 그 자체가 법신불, 즉 비로자나불이고, 진리 그 자체가 형상화되어 이루어진 모습이 보신불, 즉 노사나불이고, 진리 그 자체를 본바탕으로 하여 중생의 근기와 원(願)에 맞추어 가지가지 모습을 드러낸 모습이 화신불, 즉 석가모니불이다.

다시 말해서 우주 본체의 무(無), 성(性), 이(理)와 같은 정신적인 측면을 강조한 것이 비로자나불, 즉 법신불이고, 우주 본체의 유(有), 상(相), 기(氣)와 같은 물질적인 측면을 강조한 것이 노사나불, 즉 보신불이고, 우주본체의 정신적, 물질적 두 측면의 묘합(妙合), 묘용(妙用)을 강조한 것이 석가모니불, 즉 화신불이다.

이를 내 몸에 적용하면 본래부터 갖추고 있는 내 속의 본각자성을 나의 법신불이라 하고, 이러한 본각자성의 광명이 온몸을 통해 그대로 드러난 밝고 밝은 나의 순수한 모습을 나의 보신불이라 하고, 만나는 대상에 따라 기쁜 표정도 짓고, 슬픈 표정도 짓고, 때로는 자녀의 교육을 위해 방편상 화난 표정도 짓고, 선한 표정도 짓고, 악한 표정도 짓는 이 모든 것을 나의 화신불이라 한다.

요컨대 내 속의 진리 그대로의 생각이 법신불이고, 진리 그대로의 드러난 모습이 보신불이고, 만나는 대상에 따라 방편상 펼치는 여러 가지 선악의 모습과 행동들을 화신불이라 한다.

계(戒)에 얽매이는 것도
또한 파계이다

계(戒)의 체를 논해 보면 계는 인연에 의해 생겼으나 그 인연을 추구해 보면 결국 계의 자성(自性)을 얻을 수가 없으므로 계의 체는 있는 것이 아니네.

그러나 인연으로부터 생겼기 때문에 비록 계의 체가 있는 것은 아니지만 토끼의 뿔이 없는 것과 같이 아예 없는 것은 아니네.

만약 마음에 입각하여 계를 논해 보면 자성(自性)이 원래 청정한 까닭에 죄의 성품이 없으며, 막고 그르치게 하는 것도 원래 그 스스로의 성품이 없으므로 죄가 되지 않네.

비록 있지는 아니하나 또한 없지도 아니하기 때문에 능히 중도(中道)에 들어맞는 것이네. 만약 어떤 사람이 '죄의 자성이 있다' 는 문에만 집착하면 비록 계는 잃지 않을지라도 계의 실상을 알지 못하여 결국 계를 범하는 자리에 떨어지고 마네.

한편 어떤 사람이 '죄의 자성이 본래 없다' 라는 문(門)에만 집착하면, 계의 인과법(因果法)을 비방하는 실마리에 걸려들어 마침내 계를 잃고 마네.

그러므로 이변(二邊)을 떠나 중도(中道)에 계합되어야만 유(有)도 아니고 무(無)도 아닌 실상의 자리에 이를 수가 있네. (범망경보살계본사기 4)

· · · 원문

戒皆從因緣生故 亦求於因緣 皆不可得 謂若論心者 自性淸淨故非罪性 及所防非皆無自性 故
非罪 雖非有而亦無 故能契會中道 是故大品經云 罪不罪不可得故 是名具之 尸羅波羅蜜故 若
有人執非無門而爲有者 雖戒不失 而不知戒實相 故卽成犯 若有人執非有門而爲計無者 契因
果法誹機故 卽成失戒 爲欲離此二邊 契會中道 故言非有非無也

해설

계는 원래 우리의 본각자성의 광명이 그대로 발현되어 우선 자신을 비
추고 나아가 주위의 모든 존재를 밝게 비추도록 하기 위한 하나의 방편
이다. 그러므로 계는 본래 그 자성이 없다.

강물이 올바른 방향으로 흘러가도록 양 옆에 인위적으로 쌓아 둔 일종
의 제방, 둑과 같은 것이 계이다. 그러니 제방 그 자체를 강물이라고는 볼 수 없다. 그렇지만
인공적으로 쌓은 제방 없이 자연 그대로 방치해 두면, 강물, 즉 우리의 마음은 원래의 방향을
벗어난 엉뚱한 방향으로 나아가 많은 죄를 저지를 수도 있다.

그래서 제방은 필요한 것이며 비록 강물 그 자체는 아니지만 강물을 벗어나 있는 것도 아니
다. 그러나 강물이 흘러서 최종 목적지인 바다에 일단 들어서고 나면, 이제 더 이상 인위적인
제방은 필요 없다.

그래서 인간이 세간에 살 때는 세간법이 필요하고, 출가하여 스님이 되면 출세간법이 필요하
고, 나아가 진리 그 자체와 합일(合一)되고 나면, 이제 더 이상 계이니 법이니 따위는 필요 없
게 된다.

오히려 계에 매이고 법에 매이는 그 자체가 계율을 어기는 일이 된다. 원효의 걸림 없는 무애
행(無㝵行)은 이런 맥락에서 이해가 가능하다.

마음의 청정함이
곧 계의 근본이다

『유가론(瑜伽論)』의 〈보살지결택(菩薩地決擇)〉에서 "오직 인도(人道)만이 보살
계를 받을 수 있으므로 보살계를 받은 이는 모두가 청정하게 된다."고 했네.

여기에는 세 가지 뜻이 있는데, 첫째 보살계를 받아 지니는 사람은 영원히 자신
에 얽매이고 주변 사물에 얽매이는 두 가지 장애, 즉 이장(二障)을 끊게 되고,
둘째 자리와 이타의 두 가지 행을 갖추게 되고, 셋째 최고의 무상보리를 얻게

됨을 말하네.(범망경보살계본사기 5)

• • • 원문

瑜伽論菩薩地決擇中云 唯人道方得受菩薩戒故 皆名第一淸淨者 者有三義 一者若受持菩薩戒
者 永斷二障故 二者具自利利他二行故 三者望無上菩提

해설

〈보살계본사기〉의 10가지 무거운 계와 48가지 가벼운 계를 열거하면
아래와 같다.
1. 10중대계(十·重大戒)－10가지 무거운 죄를 경계하는 계
1) 살생하지 말라.
2) 도둑질하지 말라.
3) 음행하지 말라.
4) 거짓말하지 말라.
5) 술을 팔거나 마시지 말라.
6) 남의 허물을 말하지 말라.
7) 자기를 칭찬하고 남을 헐뜯지 말라.
8) 제 것을 아끼고 남의 것을 탐하지 말라.
9) 화를 내어 원한을 맺지 말라.
10) 불, 법, 승 삼보를 비방하지 말라.

2. 48경계(四十八輕戒)－48가지 가벼운 죄를 경계하는 계
1) 스승과 어른을 공경하라.
2) 술 마시지 말라.
3) 고기를 먹지 말라.
4) 파, 마늘 등 오신채(五辛菜)를 먹지 말라.
5) 계를 범한 이를 참회시켜라.
6) 법사에게 공양을 올리고 법을 청하라.
7) 법문하는 데는 가서 들어라.
8) 정도(正道)를 어기고 사도(邪道)를 따르지 말라.
9) 병들고 고통스러운 자를 돌보라.
10) 살생하는 도구를 두지 말라.
11) 군사 사절이 되지 말라.
12) 나쁜 마음으로 장사하지 말라.
13) 남을 비방하지 말라.
14) 불을 놓아 생명을 죽이지 말라.
15) 삿된 법으로 교화하지 말라.

16) 이익을 생각해 잘못 설법하지 말라.

17) 세력을 믿고 구하려 하지 말라.

18) 함부로 남의 스승이 되지 말라.

19) 두 가지 말로, 이간시키지 말라.

20) 남에게 팔려 가서 죽거나 고통당할 것을 사서 놓아 주고 구제해 주라.

21) 성내고 때려서 원수 갚지 말라.

22) 교만한 마음으로 법을 가볍게 생각하지 말라.

23) 새로 배우는 초심자를 가볍게 보고 천대하지 말라.

24) 대승법을 항상 배우라.

25) 주인 되는 위의(威儀)를 잃지 말고 대중을 잘 통솔하라.

26) 빈객은 예의를 다해 영접하라.

27) 남몰래 혼자 신도의 공양(供養)을 받지 말라.

28) 스님을 혼자 사사로이 청하지 말라.

29) 헛된 목숨을 보존하기 위해 나쁜 직업을 가지지 말라.

30) 친한 척하면서 해치지 말라.

31) 삼보(三寶)의 재액(災厄)을 방지하라.

32) 억지로 남의 재물을 탈취하지 말라.

33) 헛된 일로 뜻 없이 세월만 보내지 말라.

34) 계를 굳건히 지켜 마음을 잘 보호하라.

35) 큰 원(願)을 세워라.

36) 10가지 서원을 일으켜라.

37) 일부러 위험한 곳에 다니지 말라.

38) 차례를 어기지 말라.

39) 때에 맞게 계를 설해라.

40) 가리지 말고 계를 주라.

41) 수행도 없이 이익을 위해 남의 스승이 되지 말라.

42) 아무 곳에서나 계를 설하지 말라.

43) 고의로 계를 헐뜯지 말라.

44) 경(經)과 율(律)을 귀중히 여겨라.

45) 중생을 항상 교화하라.

46) 높은 자리에 앉아 설법하라.

47) 불법이 아닌 법을 내세우지 말라.

48) 스스로 불법을 파괴하지 말라.

도를
구획 짓지 말라

이제(二際)와 중도(中道)의 경지에서 살펴보아도, 도(道)라고 할 만한 율(律)이 없고, 현묘(玄妙)한 법문(法文)에서 살펴보더라도 문이라고 할 만한 이(理)도 없네. 도라고 할 것이 없기 때문에 마음으로 닦아 갈 길이 없고, 문이라고 할 것이 없기 때문에 행하여 들어갈 곳도 없네.

그러나 대해(大海)에는 나루터가 없는데도 배를 띄워 건너갈 수 있고, 허공에는 사다리가 없지만 두 날개로 높이 날아오를 수 있네.(영락본업경소 1)

• • • 원문

原夫二諦中道 乃無可道之律 重玄法門 逾無可門之理 無可道故不可以有心行 無可門故不可以有行人 然以大海無津 汎舟楫而能渡 虛空無梯 翻羽翼而高翔

해설

이제(二際)는 세간(世間)의 도리와 출세간(出世間)의 도리, 즉 상대경계와 절대경계, 속제(俗際)와 진제(眞際)를 말한다.

그리고 중도(中道)는 이 양 극단을 원융한 것으로 유(有) 무(無), 진(眞) 속(俗), 염(染) 정(淨), 단(斷) 상(常)의 이변(二邊)을 떠난 비유비무(非有非無)의 묘유묘무(妙有妙無)를 말한다.

우리가 흔히 일상용어로 말하는 도(道)니, 법문(法文)이니 하는 것은 진리의 근원을 드러내지 못하고 그 껍질만 언어로 형상하는 데 불과하다.

도의 근원은 온 우주를 가득 채우고 모든 물상에 스며들어 있다. 그러므로 도를 경계 짓고 시간과 공간 속에 잡아넣는 것은 그 순간, 이미 도의 본체를 잃어버린 것이 된다.

위 글에서 도라고 할 만한 율이 없다는 것은 '도 아닌 것이 없다'는 뜻이고, 문이라고 할 만한 이치가 없다는 것은 '문 아닌 것이 없다'는 뜻이다.

문 아닌 것이 없기 때문에 모든 곳이 도의 근원으로 이르는 길이 된다.

이같이 도의 근원으로 들어가는 문과 길은 시시처처(時時處處)에 누구에게나 열려 있지만 쉽게 들어가지 못한다.

이는 세간의 사람들이 유(有)에 집착하고 무(無)에 막혀 있기 때문이다.

원효는 이런 측면에서 세상의 도를 설명하는 모든 언설을 진리의 달을 가리키는 손가락으로 보아 유(有)에도 떨어지지 않고, 그렇다고 언설에는 아무런 도와 진리가 없다는 무(無)에도 떨어지지 않는다.

즉 분별지의 유무를 떠나 바로 이 일상생활의 시시처처(時時處處)에서 공(空)한 마음으로 사물을 중관(中觀)할 때 비로소 진리에 계합될 수 있다고 말한다.

유(有)에 막혀
무(無)를 놓치지 말라

근원으로 돌아가는 길은 매우 평탄한데도 능히 가는 사람이 없고, 현묘(玄妙)한 도(道)로 들어가는 문은 훤히 열려 있는데도 능히 들어가는 사람은 드무네.

이는 세간(世間)의 학자들이 유(有)에 집착하여 무(無)에 막혀 있기 때문이네.(영

락본업경소 2)

• • • 원문
歸源之路甚夷而無人能行 入玄之門泰然而無人能入 良由世間學者 着有滯無故也

해설

세간(世間)의 지식은 세간의 살림살이를 살아가는 데는 도움이 될지 모른다.

그러나 세간의 오욕(五慾)을 충족시키는 데 급급한 이러한 지식은 물질적인 측면을 넘어선 본각자성(本覺自性)을 깨닫는 길에는 오히려 방해

가 된다.

눈앞에 보이는 조그만 산봉우리에 가려서 그 너머 우람히 솟아 있는 산맥의 정상을 보지 못하는 것과 흡사하다.

이를 두고 세간의 대부분의 학자들은 눈앞에 보이는 조그만 논리의 유(有)에 집착하여 진리의 본체를 놓친다고 말한다.

이름에 얽매이지도 말고
버리지도 말라

유상(有相)에 집착하는 자는 형상에 이끌리어 드러난 만유의 상(相)을 따르는 데만 급급하고 허명(虛名)에 걸려 마침내 생사(生死)의 바다에 빠져들고 마네.

반면에 공무(空無)에 막힌 자는 알지도 못하는 캄캄한 공(空)에 빠져 지혜를 낳게 하는 교문(敎門)을 등진 채 흐려지고 도취되어 깨닫지 못하면서도 머리만 끄떡일 뿐 배우지를 않네.

이런 이유로 여래(如來)께서 무연(無緣)의 대비(大悲)를 일으켜 저 유와 무에 빠진 이류(二類)로 하여금 불도(佛道)에 들어갈 수 있도록 하기 위해 이 영락법문(瓔珞法門)을 설하셨네.(영락본업경소 3)

· · · 원문

着有相者 將有待之危身 趣無限之法相 數數而無已 逐名而長流 滯空無者 恃莫知之盲意 背生解之敎門 惛醉而無醒 搖首而不學 是故如來無緣大悲 爲彼二類 令入佛道 說此兩卷 瓔珞法門

해설

유(有)에만 집착해도 진리의 묘체는 볼 수 없고, 무(無)에만 집착해도 진리의 묘체는 볼 수 없다.

육체적 삶만이 삶의 전부라고 생각하는 사람은 본각자성을 보지 못하고, 육체를 무시한 순수한 정신적 삶만이 삶의 전부라고 생각하는 사람도 본각자성을 보지 못한다.

유무를 원융하고 이(理)와 사(事)를 원융하고, 성(性)과 상(相)을 원융하고, 기(起)와 귀(歸)를 원융하고, 체(體)와 용(用)을 원융한 진공묘유(眞空妙有)의 삶만이 본각자성을 깨닫고 진리에 입각한 삶을 살 수 있다.

경계에서 벗어나면
곧 부처이다

모든 여래는 위없는 진리에 머무시어 다섯 가지 불가사의를 가졌으니, 첫째는 자성(自性)의 불가사의요, 둘째는 처(處)의 불가사의요, 셋째는 주(住)의 불가사의요, 넷째는 일이(一異)의 불가사의요, 다섯째는 이익(利益)의 불가사의이네.

첫째 자성의 불가사의는, 여래는 색(色)을 갖추고 있으나 여래에게는 색을 얻을 수 없고, 여래는 색을 여읜 무(無)를 갖추고 있으나 이 무(無)도 여래에게는 얻을 수 없네. 수(受), 상(想), 행(行), 식(識)도 이와 같으며, 사대육근(四大六根)도 이와 같아서 유법(有法)도 무법(無法)도 여래에게는 얻을 수가 없네. 이를 일러 자성 불가사의(自性 不可思議)라 하네.

둘째 처(處)의 불가사의는, 여래가 욕계에 있는 것이 불가사의하고, 그러면서 또한 욕계를 여읜 것이 불가사의하고, 색계와 무색계도 이와 같으며, 육도와 시방(十方)도 또한 이와 같네. 이를 일러 처 불가사의(處 不可思議)라 하네.

셋째 주 불가사의(住 不可思議)는, 여래가 안락주(安樂住)에 주한 것이 불가사의하며, 적정주(寂定住)에 주(住)한 것이 불가사의하며, 아울러 유심주(有心住), 무심주(無心住) 범주(梵住)에 주(住)한 것이 또한 불가사의한 것을 말하네.

넷째 일이(一異)의 불가사의는 삼세(三世)의 여래가 한곳에 머무셨는데 이 일처가 곧 자성이 청정한 무루법계(無漏法界)이네.

이같이 모든 여래가 같은 한 사람 같기도 하고 서로 다른 사람 같기도 한 것을 일이 불가사의(一異 不可思議)라 하네.

다섯째 이익불가사의는 모든 여래는 일미의 지혜와 신력(信力)이 모두 평등한 무루(無漏) 청정법계에 머물며 능히 모든 중생에게 무량한 이익을 베풀어 주는

데 이를 일러 이익불가사의(利益不可思議)라 하네.(영락본업경소 4)

해설

부처는 모든 물질과 관념에서 벗어나 있으면서 중생의 물질과 관념의 모양을 갖추어 중생과 함께하고, 부처는 욕계를 떠나 있으면서 중생계에 모습을 나타내고, 부처는 어디에도 머문 바 없으면서도 어디에나 머물고, 모든 부처는 제각기 다른 명호(名號)와 모습을 지니고 있으면서도 모두가 하나로 같고, 부처는 일여평등(一如平等)한 법계에 머물면서도 중생마다 제각기 근기에 맞는 무한한 이익을 베풀어 준다.

이를 두고 육조 혜능 선사는 "경계를 여의면 곧 부처요, 경계에 집착하면 곧 중생이다."고 『단경』에서 설하고 있다.

작은 불씨로
우주를 태워라

불자야, 여래께서 심은 선근(善根)의 작용은 능히 일체의 유위번뇌(有爲煩惱)를 무너뜨리고 여래의 열반지혜에 도달한 연후에야 비로소 멈추네.

왜냐하면 여래가 심은 선근은 다할 수가 없기 때문이네. 불자야, 비유하건대, 수미산만 한 크기로 모아 놓은 건초 더미에 어떤 사람이 겨자씨만 한 불을 가지고도 그 건초더미 전부를 다 태울 수 있는 것과 같은 것이네.

왜냐하면 불의 성질은 모든 것을 능히 태우고 난 후에야 그만두기 때문이네.(영

락본업경소 5)

• • • 원문

佛子 於如來所少殖善根 能壞一切有爲煩惱 乃至空竟如來涅槃智慧 然後乃住 所以者何 於如
來所種諸善根不可盡故 佛子譬如須彌山等大乾草聚 若有人持如芥子火悉能燒盡 何以故 火性
悉能燒故

진리의 본체에 바탕을 둔 부처님의 말씀 한 마디는 비록 겨자씨보다 작
은 언구(言句)라도 중생의 심전(心田)에 일단 심어지면 결코 죽지 않고
발아하기 시작하여 떡잎을 내고 무럭무럭 자라나 마침내 시절 인연을
만나면 개화(開花)하여 깨달음의 열매를 맺는다.

해설

그래서 부처님께서는 여러 경전을 통해 진리의 말씀 한 구절을 전해 주는 공덕이 수미산보다
많은 보석을 모든 중생들에게 일일이 보시하는 공덕보다 더 크다고 설하신다.

이런 측면에서 중국 양나라 무제가 달마대사에게 "탑을 쌓고 절을 지은 공덕이 얼마나 크느
냐?"고 물었을 때 달마대사는 "없다"고 대답했던 것이다.

이같이 한 마디의 바른 진리의 말은 마치 작은 불씨와 같이 결코 꺼지지 않고 점점 커져 모든
삿된 허위의 상(相)과 식(識)을 다 태워 버리고 마침내 불지(佛地)에 오르게 하는 위력을 가지
고 있다.

스스로 물이 되어
모든 그릇 속으로 들어가라

불자야, 영산에 선현(善現)이라는 신비한 약초가 있는데 만약 이 약을 보는 이
가 있으면 눈의 청정함을 얻을 것이고, 만약 듣는 이가 있으면 귀의 청정함을
얻을 것이고, 만약 향을 맡는 이가 있으면 코의 청정함을 얻을 것이고, 만약 맛
을 보는 자가 있으면 혀의 청정함을 얻을 것이고, 만약 피부로 감촉하는 자가
있으면 몸의 청정함을 얻을 것이네.

그리고 만약 그 땅의 흙을 취하면 모든 무량한 중병을 제멸(除滅)시키고 안온

쾌락한 경지를 누릴 것이네.

여래, 정각(正覺), 무상약왕(無上藥王)도 이와 같아서 일체 모든 방편으로 중생들을 항상 이익되게 하네.(영락본업경소 6)

• • • 원문

佛子譬如雪山有大樂王 名曰善現 若有見者眼得淸淨 若有聞者耳得淸淨 若聞香者鼻得淸淨
若嘗味者舌得淸淨 若有觸者身得淸淨 若取彼地土 悉能除滅無量衆病 安穩快樂 如來正覺無
上藥王亦復如是 常以一切諸方便行饒益衆生

부처님은 마치 훌륭한 약사처럼 환자의 증세에 따라 달리 최선의 처방을 내려 준다. 그래서 하나의 불법(佛法)이 팔만 사천 가지나 되는 법문으로 세분화되었다.

남의 앞에 서서 대중을 이끌어 가는 사람은 이처럼 대중들의 출신배경, 성향, 지적수준 등을 철저히 분석한 후 대중 각각의 특성에 부합되는 대중 교화방법을 펼쳐야 한다. 원효대사의 대중교화를 위한 걸림 없는 춤과 노래는 이를 잘 대변해 준다.

구경각을 이루어
다시 세속으로 나와라

십진(十進)이라는 것은 보살이 가져야 할 10가지 정진을 말하는 것으로 그 첫째가 신업정진(身業精進)이네.

신업정진이란 깨끗한 몸으로 짓는 업(業)으로 모든 부처님께 공경스럽게 공양하여 퇴전(退轉)하지 않는 것을 말하네.

둘째, 구업정진(口業精進)이란 입으로 짓는 업으로 들은 법을 여실하게 남을 위해 말하되 피곤하거나 권태로운 생각을 일으키지 않는 것을 말하네.

셋째, 의업정진(意業精進)이란 뜻으로 짓는 업으로 교묘한 방편으로 자비희사(慈悲喜捨)와 선정(禪定) 해탈삼매에 들어 물러섬이 없이 앞으로 나아가는 것을 말하네.

넷째, 직심정진(直心精進)이란 마음이 왜곡되는 것을 떠나 일체의 방편을 정직하게 사용하여 구경(究竟)에 이르기까지 물러섬이 없는 것을 말하네.

다섯째, 심심정진(深心精進)이란 항상 올바른 방향을 취하고 무상(無上)의 지혜와 가지가지 법을 거두어 깊이 묵묵히 나아가는 것을 말하네.

여섯째, 행불허망정진(行不虛妄精進)이란 보시, 지계, 인욕, 다문(多文) 등을 부지런히 실천하여 도량에 이를 때까지 도중에 쉬거나 중단하는 일이 없는 것을 말하네.

일곱째, 제복일체마원정진(提伏一切魔怨精進)이란 탐, 진, 치 삼독의 번뇌와 사견(邪見)으로 얽힌 모든 장애와 막힘을 능히 제거하고 앞으로 나아가는 것을 말하네.

여덟째, 만족혜광정진(滿足慧光精進)이란 마음속에 지은 것을 잘 사유하여 중단하거나 뉘우침이 없이 나아가 구경(究竟)에 이르는 것을 말하네.

아홉째, 무소염착정진(無所染著精進)이란 마음의 경계를 떠나서 신(身), 구(口), 의(意)의 상(相)에 얽매이지 않고 깊은 법문에 이르는 것을 말하네.

열째, 구족성취법명정진(具足成就法明精進)이란 차례대로 일체의 모든 보살지(地)에 진입하고 구경각의 천수(天壽)의 복락도 버리고 다시 세간(世間)에 내려와서 출가 성도(成道)하여 법륜(法輪)을 굴려 마침내 열반에 드는 것을 말하네. (영락본업경소 7)

• • •원문

言十進者 菩薩有十種精進 所謂淨身業精進 恭敬供養諸佛不退轉故 口業精進 隨所聞法廣爲人說無疲倦故 意業精進 巧方便入慈悲喜括禪定解脫三昧 相續無退轉故 直心精進 遠離諂曲正直一切方便 究竟無退轉故 深心精進 常趣勝類趣集集無上智慧白法故 行不虛妄精進 攝取施戒忍多聞等及不放逸 乃至道場 不中息故 除伏一切魔怨精進 悉能除滅三毒煩惱邪見諸纏障蓋故 滿足慧光精進 有所施作悉善思惟 心不中悔 究竟衆事故 無所染著精進 離心境界 身口意相非相 甚深法門故 具足成就法明精進 次第進入一切諸地 乃至現捨天壽 降神世間 出家成道 轉

해설 탐, 진, 치 삼독과, 식욕, 색욕, 재물욕, 명예욕, 수면욕의 오욕으로 물든 중생심을 원래의 밝고 맑은 본래심으로 되돌리는 과정을 심수행 또는 심도야(心陶冶)라 하는데, 심도야는 다름 아닌 신(身), 구(口), 의(意), 즉 몸, 입, 뜻의 도야가 기본이 된다.

따라서 수행을 완성하기 위해서는 우선 몸과 입과 뜻을 청정히 지키고, 그다음 단계가 심과 행을 불법진리에 맞도록 일치시키는 일이다.

이 과정을 묵묵히 거듭해 나가면 마침내 최고의 여래지(如來地)에 이를 수가 있다. 여래지의 구경각에 이르면 거기에 안주하지 않고 다시 중생세계로 내려와 가지가지 방편으로 중생교화에 힘쓰는 것이다.

오늘날 스승다운 스승이 없고 종교인다운 종교인이 없고 예술인다운 예술인이 없고 정치가다운 정치가가 드문 것은 바로 이 치열한 수행과정을 거치지 않고 그저 얄팍한 분별지와 전공지식의 경계 내에서 모든 것을 처리하려고 하기 때문이다. 이같이 치열한 공(空)의 세계로 들어가 다시 돌아 나오는 수행과정을 겪지 않고는 어떤 분야의 어떤 사람도 결코 큰일을 이룰 수는 없는 것이다.

수행의 본체

우리는 이 네 번째 여행에서
원효로부터 스물네 가지의 조언(助言)을 얻음으로써
본격적인 수행의 길에 접어들게 된다.

『대승기신론소』 및 『대승기신론별기』

『대승기신론소(大乘起信論疏)』는 인도승 마명(馬鳴)이 지은 『대승기신론』을 풀이한 주해서
이다. 이 논에 대해서는 수많은 주해서가 있는데, 이 가운데서 혜원의 『의소』, 현수의 『의기』,
원효의 『소』를 『대승기신론』 3대소로 일컫고 있다. 이 3대소 가운데서도 처음으로 주해(註
解)한 원효의 『소』가 단연 독보적인 자리를 차지하고 있다. 원효는 『대승기신론』을 다음과
같이 평하고 있다. "누가 능히 언설을 여읜 대승을 논할 수 있겠는가. 누가 능히 사려가 끊어
진 대승에 깊은 믿음을 일으킬 수 있겠는가. 이에 마명보살이 무연(無緣)의 대비심(大悲心)
을 일으켜 무명의 바람에 흔들리는 중생들의 마음자리를 걱정하여 이 논을 지었다. 또한 중
생들의 본래의 밝은 본각자리가 오욕에 물들어 꿈에서 깨어나지 못하는 것에 대해 동체대비
의 마음으로 지혜 방편력을 열어 이 논을 지은 것이다. 바로 이 책 속에 여래의 오묘한 진리를
다 말해 놓았으니 대승을 배우고자 하는 이는 바로 이 책을 통해 삼장(三藏)의 요지를 파악할
수 있을 것이며, 도를 닦고자 하는 이는 바로 이 책을 통해 길이 분별의 망상을 쉬고 일심의
본원으로 돌아갈 수 있을 것이다."『대승기신론별기(大乘起信論別記)』는 『대승기신론소』의
초고와 같은 성격의 책이나 나름대로 기신론의 대의를 잘 드러내고 있다. 원효는 이 책에서
『대승기신론』을 "모든 논의 조종(祖宗)이며 뭇 논쟁의 평주(評主)다."라고 높이 평가하였다.

내 속에 천지(天地)가 있고
천지 속에 내가 있다

대승(大乘)의 체는 고요하고 적적하며 깊고 그윽하네.

깊고 깊으나 어찌 만상의 밖을 벗어나 있으며 고요하고 고요하나 어찌 백가(百家)의 말속을 벗어나 있으랴?

그러나 만상의 밖을 벗어나지 않았으나 오안(五眼)의 밝은 눈으로도 그 실체를 볼 수 없으며, 백가의 말 속에 있으나 사변(四辯)의 달변으로도 그 실상을 말할 수 없네.

크다고 말하고자 하나 안이 없는 아무리 작은 곳에 넣어도 남는 것이 없고, 작다고 말하고자 하나 밖이 없는 아무리 큰 것을 둘러싸도 오히려 남음이 있네.

그것이 있다고 하자니 언제나 안도 없는 텅 빈 상태이고, 없다고 하자니 만물이 모두 이것에 의거해서 생겨나네.

그래서 도대체 이것을 어떻게 표현해야 할지 몰라 억지로 '대승(大乘)'이라 이름 붙인 것이네.(대승기신론소 1)

・・・원문

大乘之爲體也 蕭焉空寂 湛爾冲玄 玄之又玄之 豈出萬像之表 寂之又寂之 猶在百家之談 非像表也五眼不能見其軀 在言裏也四辯不能談其狀 欲言大矣 入無內而莫遺 欲言微矣 苞無外而有餘 引之於有一如用之而空 獲之於無萬物乘之而生 不知何以言之 强號之謂大乘

해설 대승, 즉 우리의 마음은 어떤 모양을 하고 있을까?

우리 마음의 본체는 원래 동정(動靜), 유무(有無), 대소(大小), 성상(性相), 진속(眞俗)의 양변을 떠나 있고 동시에 언설(言說)과 사유(思惟)를 떠나 있다.

경계를 벗어났으므로, 움직이면서도 고요하고, 있으면서도 없고, 크면서 작기도 하고, 성(性)이면서 상(相)이기도 하고, 진(眞)이면서 속(俗)이기도 하고, 말로 표현할 수 있기도 하면서 없기도 하고, 생각으로 잡을 수 있기도 하면서 없기도 하다.

서유기에서는 이 신출귀몰한 모습이 손오공의 여의봉으로 상징되어 있다.

그럼 도대체 이것이 무엇이란 말인가?

인연 따라 변화하므로 공(空)이요, 공이므로 실체가 없다.

꽃 피고 새 우는 가운데 율려(律呂)가 열리고, 모든 깨달은 자들의 몸과 마음은 오직 하나의 꽉 찬 허공일 뿐이다.

참고로 함허 스님은 우리의 마음인 '대승' 을 '한 물건' 으로 표현하여 다음과 같이 설명했다. "여기에 한 물건이 있으니 이름도 없고 모양도 없다. 무한한 과거에서 무한한 미래까지 고금을 꿰뚫고 있다. 작은 먼지 속에 있으면서 온 천지를 다 에워싸고 있다. 안으로는 별의별 신묘한 능력을 갖추고 있으면서 밖으로는 온갖 상황에 다 대처한다. 과거, 현재, 미래의 주인이고 만법의 왕이다. 크고 넓고 멀어서 무엇과도 비교할 수 없고, 높고 또 높아서 짝할 자가 없다. 참으로 신기하다. 몸을 구부리고 펴는 그 사이에도 있고 보고 듣고 말하는 그 자리에도 있다. 참으로 멀고 아득하다. 천지보다 먼저 있었지만 그 시작이 없고, 천지보다 뒤에까지 남아 있어도 그 끝이 없다."

서산 스님도 우리 마음을 '한 물건' 에 비유하여 다음과 같이 설명했다. "여기에 한 물건이 있으니 본래부터 한없이 밝고 신령하며 일찍이 생긴 것도 아니고 일찍이 없어지는 것도 아니다. 또한 이름을 지을 수도 없고 그 모양을 그릴 수도 없다."

한편 임제 스님은 마음을 '무위진인(無位眞人)' 에 비유하여 다음과 같이 설명했다. "그대들의 지수화풍(地水火風), 즉 사대(四大)로 구성된 육신은 설법을 하거나 들을 줄 모른다. 비장, 위장, 간장, 쓸개도 마찬가지이고 허공도 마찬가지다. 그렇다면 무엇이 설법을 하고 들을 줄 아는가? 그것은 바로 그대들 눈앞에 아무 형체도 없이 홀로 빛나고 있는 그 무엇이다." '홀로 빛나고 있는 그 무엇' 이것을 붙들고 "이 뭐꼬?" 라고 스스로 의심하고 반문하며 오랜 세월 수행해 가면 언젠가는 모든 조사(祖師)의 자리에 함께할 수 있다.

구름을 벗어나면
항상 맑음이다

대승의 체는 넓고 텅 비어 끝없는 허공과 같이 사사(私私)롭거나 굴곡이 없네.

또한 호호탕탕(浩浩蕩蕩)해서 깊고도 거대한 바다와 같이 지극히 공평하고 평등하네.

지극히 공평하기 때문에 움직임과 고요함이 서로 꼬리를 물고 돌아가며, 사사

롭거나 굴곡이 없기에 더러움과 깨끗함이 함께 어울리어 부처의 세계와 중생의 세계가 평등하네.

움직임과 고요함이 서로 꼬리를 물고 돌아가기 때문에 오르고 내림의 차별이 있으며, 오르고 내림의 차별이 있기에 중생이 부처로 향하고자 하는 감응의 길이 열리네.

또한 부처의 세계와 중생의 세계가 평등한 가운데서도 차등이 있기에 대승의 체는 중생의 생각과 논의로는 도달하지 못하네.

중생의 논의와 생각을 벗어났기에 대승의 바탕은 처소도 없이 오직 그림자와 소리에 의거하여 존재하네.

그러나 중생이 부처가 되고자 하는 감응의 길이 열려 있기에 기원(祈願)해 구하고자 하는 자는 이름과 형상을 벗어나 대승의 체로 돌아감이 있네.

그리고 그 돌아감에 방편으로 삼는 그림자와 소리는 원래 형상도 아니고 언설(言說)도 아니네.

그러나 중생의 원래 마음인 대승의 체는 이미 이름과 형상을 초월해 있으니 무엇을 초월하고 어디로 돌아간단 말인가.

이를 두고 '이치가 없는 지극한 이치'라 하고, '그렇지 않으면서도 크게 그러한 것'이라 하네.(대승기신론별기 2)

• • • 원문

其體也 曠兮其若太虛而無其私焉 蕩兮其若巨海而有至公焉 有至公故 動靜隨成 無其私故 染淨斯融 染淨融故 眞俗平等 動靜成故 昇降參差 昇降差故 感應路通 眞俗等故 思議路絕 思議絕故 體之者乘影響而無方 感應通故 祈之者超名相而有歸 所乘影響 非形非說 旣超名相 何超何歸 是謂無理之至理 不然之大然也

해설

하늘에 구름이 있기에 맑은 날, 흐린 날, 비 오는 날이 있듯이, 중생의 마음에 무명이 있기에 온 갖가지 중생의 종류가 펼쳐진다.

하늘에 구름이 사라지면 언제나 맑은 날이듯이, 중생의 마음에 무명이 사라지면 모두가 똑같은 부처이다.

구름이 있기에 맑은 날과 흐린 날이 구분되듯이 무명이 있기에 부처와 중생이 구분되고, 중생이 부처가 되려는 기원이 있기에 수행하는 마음이 생겨난다.

바로 이 수행하려는 마음에 의해 부처와 감응의 길이 열리고 무명이 사라지면 다시 원래 자리인 일심의 본원자리에 이를 수가 있다.

그러나 원래 부처와 나는 하나인데, 구름이니 무명이니 따위는 무엇이며 기도와 수행은 무엇인가. 다 사족(蛇足)이 아닌가?

이를 두고 '이치가 없는 것이 최고의 이치'라 이르고 '부정(否定)이 곧 최대의 긍정(肯定)'이라 이른다.

긴 꿈에서 깨어나
일심(一心)의 바다로 뛰어들라

마명보살이 무연(無緣)의 대비심(大悲心)으로 중생을 볼 때, 중생들이 무명(無明)의 망풍(妄風)에 휩싸여 원래 고요하던 마음바다가 요동되어 쉽게 표류됨을 불쌍히 여기고, 원래 중생이 가지고 있던 본각의 참된 성품이 긴 꿈에 빠져 깨어나지 못함을 가엾게 여겨 동체대비(同體大悲)의 지혜방편력(智慧方便力)을 열어 감히 이 논(論)을 짓게 된 것이네.

이 논에 마명대사가 여래의 깊고 깊은 경전의 오묘한 뜻을 모두 찬술해 놓았으니 대승을 배우고자 하는 이는 이 논에 의거하여 삼장(三藏)의 요지를 두루 탐구하고, 도를 닦고자 하는 자도 이 논에 의거하여 만 가지 경계를 쉬고 드디어 일심(一心)의 본원(本源) 자리에 돌아가네.(대승기신론소 3)

• • • 원문

馬鳴菩薩 無緣大悲 傷彼無明妄風 動心海而易漂 愍此本覺眞性 睡長夢而難悟 於是同體智力 堪造此論 贊述如來深經奧義 欲使爲學者暫開 一軸 徧探三藏之旨 爲道者永息萬境 遂還一心 之原

해설

원래 밝고 적정한 상태의 중생심이 무명의 망풍에 휩쓸려 가지가지 번뇌식과 분별식을 낸다. 그런데도 중생은 자신 속에 불성(佛性)이라는 실상광명체가 들어 있다는 사실도 모른 채 그저 살아가고 있다.

그래서 일생 동안 자신의 품속에 있는 귀중한 보물을 한번 제대로 써 보지도 못한 채 눈에 보이고 귀에 들리는 바깥 형상, 즉 객진(客塵)의 종살이 노릇이나 일삼다가 죽고 만다.

이런 중생들의 불쌍한 모습을 보고 마명보살이 대자대비의 큰마음을 내어 이 논을 지었다. 그러므로 이 논은 무명에 휩싸여 잘못된 길로 걷고 있는 어두운 중생들을 바른 길로 인도하여 중생들의 원래 광명을 되찾아 불법의 대해로 이끌어 주는 데 그 목적이 있다.

세우고 부숨에 자유로워라

펼치면 무량무변(無量無邊)의 뜻으로 기신론의 종취(宗趣)가 되고, 합치면 이문(二門)과 일심(一心)의 법으로 종요(宗要)가 되네.

이 이문(二門) 속에는 일체 모든 뜻이 다 섞여 있으나 결코 난잡하지 않으며, 무변의 뜻이 이 일심(一心) 속에 들어 있으나 펴고(開) 합침(合)이 자재하네.

어떤 논리이든 세우고(立) 파(破)함에 걸림이 없고 펼쳐도 번잡함이 없고 합쳐도 편협함이 없네.

또한 내세우나 얻을 것도 없고 부수어도 잃을 것도 없네.(대승기신론소 4)

• • • 원문

開則無量無邊之義爲宗 合則二門一心之法爲要 二門之內 容萬義而不亂 無邊之義 同一心而混融 是以開合自在 立破無礙 開而不繁 合而不狹 立而無得 破而無失

해설

『대승기신론』은 우주만물의 법칙을 있는 그대로 드러내어 이를 설파한 책이다.

그러므로 만물이 이 법칙에 따라가고 머물고 모이고 흩어진다.

한 줄을 당기면 우주만물이 이 줄에 이끌리어 따라와서 하나로 모이고, 한 줄을 놓으면 이 줄을 따라 우주만물이 사방팔방으로 흩어져서 천태만상(千態萬象)으로 자리한다.
대나무 그림자는 뜰 앞을 쓸더라도 먼지 한 톨 일으키지 않고, 명월은 천길 물속을 비추되 물 한 방울 파괴하지 않으며, 허공의 달은 천 개의 강에 천 개의 달을 낳는다.

먼저 물을 마셔 보고
물맛을 말하라

『대승기신론』은 그 뜻이 깊고 심오해서 옛날부터 이 논을 풀이한 자들이 그 중심된 뜻을 어느 정도 갖추기는 했으나 각자가 저마다 배우고 익힌 습(習)에 국한되거나 도리어 문장의 글귀에 이끌리어 능히 허심탄회(虛心坦懷)하게 그 요지(要旨)를 간파하지 못하여 논자의 근본취지(根本趣旨)에는 도달하지 못하였네.

그것은 마치 물의 근원을 찾는다는 것이 하류(下流)에서 헤매는 것과 같으며, 잎을 잡고 줄기를 잃는 것과 같으며, 옷깃을 잘라 소매에 붙이는 것과 같으며, 가지를 꺾어 뿌리에 감는 것과 흡사하네.(대승기신론소 5)

• • • 원문
此論意趣深邃 從來釋者 尠具其宗 良由各守所習而牽文 不能虛懷而尋旨 所以不近論主之意
或望源而迷流 或把葉而亡幹 或割領而補袖 或折枝而帶根

해설

물맛을 직접 맛보지 못한 자가 어떻게 물맛을 바르게 형용하며, 코끼리를 본 적이 없는 장님이 어떻게 코끼리의 정확한 모습을 형용할 수 있겠는가.
이같이 우주만법의 진리를 보지 못한 자가 어찌 『대승기신론』의 정확한 종체(宗體)를 말할 수 있겠는가.
이 일은 불법대해에 직접 뛰어들어 일미(一味)의 맛을 본 원효 같은 대보살만이 가능하다.

목숨을 바치는 각오로
수행에 임하라

목숨은 생명의 근본으로서 모든 육신의 활동을 제어하는 중요한 요소이네.

이것은 모든 중생들이 가장 소중하게 여기는 것으로 이것보다 더 우선시되고 떠받들고 아끼는 것은 없네. 이같이 중요한 목숨을 바쳐 지극 정성으로 삼보에 귀의한다는 뜻에서 귀명(歸命)이라 하네.

또한 귀명은 환원이라는 뜻도 지니고 있네.

왜냐하면 중생들의 육근이 원래 일심으로부터 일어났으나 도리어 이 육근이 일심을 배반하고 바깥 경계인 육진을 따라 온갖 번뇌 망상을 일으키므로 이제 목숨을 바치는 심정으로 이 육근을 다잡아 본래의 청정한 일심의 근원으로 다시 되돌린다는 뜻에서 귀명이라 하네.

여기서 일심의 근원은 곧 불, 법, 승 삼보를 말하네.(대승기신론소 6)

・・・원문

命謂命根 總御諸根 一身之要 唯命爲主 萬生所重 莫是爲先 擧此無二之命 以奉無上之尊 表信心極 故言歸命 又復歸命者還源義 所以者 衆生六根 從一心起 而背自原 馳散六塵 今擧命總攝六情 還歸其本一心之原 故曰歸命 所歸一心 卽是三寶故也

 해설

우리 중생이 가장 소중히 여기는 것은 목숨이다.

바로 이 목숨을 바치는 투철한 신심으로 불, 법, 승 삼보에 귀의해야만 여태까지 되풀이해 온 잘못된 습성에서 벗어나 번뇌 망상을 깨뜨리고, 원래의 청정광명자리인 일심의 근원으로 돌아갈 수 있다.

원래 중생의 마음은 일심으로 청정광명의 본각자리였건만, 무명에 가려 육근, 즉 눈, 귀, 코, 혀, 몸, 뜻이 자아내는 감각과 욕망에 이끌리어 원래의 청정 자성 자리를 잃고 온갖 번뇌의 파도에 휩쓸리고 있다.

이것은 마치 주인은 쫓겨 가고 객이 집안에 들어앉아 주인 노릇을 하는 것과 다름없는 어리석은 행동이다.

이제 한 마음을 돌이켜 여태까지의 전도된 생활을 청산하고 원래의 순수한 본원자리로 향해 하나밖에 없는 생명을 바치는 비장한 각오로 나아가야 한다.
그렇지 않으면 또다시 원래의 전도된 생활로 되돌아가고 만다.
원효의 "목숨을 바쳐 귀의한다"는 말은 수행자들에게 주는 의미가 매우 크다.

의심과 집착의 고리를 끊고
곧바로 진리와 부딪쳐라

중생이 끊임없이 생사의 큰 바다에 유전하여 열반의 세계로 나아가지 못하는 것은 다만 의혹과 잘못된 집착 때문이네.
그러므로 중생을 교화한다는 것은 중생들로 하여금 다만 의혹을 없애게 하고 집착을 버리게 하는 데 있네.
일반적으로 중생들이 가지고 있는 의혹을 살펴보면 다음 두 가지가 있네.
첫째는 법(法)을 의심하는 것으로 이는 발심에 장애가 되며, 둘째는 문(門)을 의심하는 것으로 이는 수행에 장애가 되네.
첫 번째의 법에 대한 의심을 제거하기 위해서는 일심(一心)의 법을 내세우네.
곧 대승의 법은 오직 일심이며 그 밖에는 어떠한 법도 따로 있을 수 없네.
다만 무명이 자신의 일심을 미혹시켜 모든 번뇌의 물결을 일으켜 육도에 유전(流轉)하게 하네. 그러나 육도의 물결은 물을 벗어난 적이 없으므로 육도는 다만 일심의 부분적인 동작에 불과하네. 이런 이유로 널리 중생을 제도하겠다는 서원을 일으킬 수 있네.
그리고 육도는 일심의 바다를 벗어나 있는 것이 아니기 때문에 동체대비를 일으킬 수 있네. 이것이 곧 법에 대한 의심을 버리게 하는 것이며 대승의 마음을 일으키게 하는 방법이네.
두 번째의 문(門)에 대한 의심을 제거하기 위해서는 두 가지의 문을 열어 대처

하네.

비록 부처님께서 설한 교설(敎說)의 문이 많고 많으나 처음으로 수행에 들어가는 사람에게는 두 개의 문이 있을 뿐이네.

두 개의 문은 곧 진여문과 생멸문인데, 진여문에 의해 지행(止行), 즉 정(定)을 닦고, 생멸문에 의해 관행(觀行), 즉 혜(慧)를 일으켜 지(止)와 관(觀)을 동시에 닦아 나가면 모든 수행이 다 갖추어지게 되므로 오직 이 두 문만이 있다고 하네.

이것으로 문에 대한 의심을 버리게 되면 능히 마음을 일으켜 수행에 진입할 수 있네.

그리고 수행에 방해가 되는 두 가지 집착이 있는데 이 중 하나는 인집(人執)이고 다른 하나는 법집(法執)이라 하네. (대승기신론소 7)

• • • 원문

所以衆生長沒生死之海不趣涅槃之岸者 只由疑惑邪執故也 故今下化衆生之要 令除疑惑而捨
邪執 汎論疑惑 乃有多途 求大乘者所疑有二 一者疑法 障於發心 二者疑門 障於修行
立一心法者 遣彼初疑 明大乘法唯有一心 一心之外更無別法 但有無明迷自一心 起諸波浪流
轉六道 雖起六道之浪 不出一心之海 良由一心動作六道 故得發弘濟之願 六道不出一心 故能
起同體大悲 如是遣疑 得發大心也
開二種門者 遣第二疑 明諸敎門雖有衆多 初入修行不出二門 依眞如門修止行 依生滅門而起
觀行 止觀雙運 萬行斯備 入此二門 諸門皆達 如是遣疑 能起修行也
捨邪執者 有二邪執 所謂人執 及與法執

해설

중생이 곧바로 수행의 길로 접어들지 못하는 두 가지 주된 이유는 의혹과 집착 때문이다. 의혹은 '바른 진리란 도대체 무엇이며, 그 진리에 이르는 문은 과연 어떤 문일까?'라는 두 가지 의심을 말하고, 집착은 내가 영원히 있다는 생각에서 벗어나지 못하는 인집(人執)과, 내 주변의 물상들이 나와 관계를 맺으며 영원히 존재한다는 착각에서 벗어나지 못하는 법집(法執)을 말한다.
그럼 어떻게 하면 이 두 가지 의혹과 집착에서 벗어날 수 있을까?
먼저 첫 번째 의혹인 '바른 진리란 무엇인가'에 대해서는 '진리는 다름 아닌 중생의 마음이다. 중생의 마음과 부처의 마음과 우주의 진리는 곧 일심으로 하나이다. 따라서 내 마음의 본각자성을 밝히면 그것이 곧 부처요 진리이다.'라고 인식함으로써 여기서 벗어난다.
두 번째 의혹인 '진리에 이르는 바른 문은 어떤 문인가?'에 대해서는 '생멸문과 진여문 두 문이 바로 진리에 이르는 두 문이다. 진여문에 의해 지(止), 즉 정(定)을 닦고, 생멸문에 의해 관(觀), 즉 혜(慧)를 동시에 닦아 가면 곧바로 일심의 진여바다로 뛰어들 수 있다.'라고 인식함으로써 여기서 벗어난다.

다음 두 가지 집착에서 벗어나는 길은 '원래 나는 오직 지(地), 수(水), 화(火), 풍(風)의 사대(四大)로 구성된 색(色)과 수(受), 상(想), 행(行), 식(識)의 관념에 의해 인연으로 결합된 일시적인 허망한 존재에 불과한 것이다.'고 생각하여 인집에서 벗어나고, '주변 객관세계의 모든 존재들도 나처럼 인연에 의해 잠시 가합(假合)으로 모인 존재에 불과할 뿐이지 그 자체 속에 영원성이 내포되어 있는 것은 결코 아니다.'라고 생각하여 법집에서 벗어난다.

이같이 의혹과 집착에서 벗어나면 곧바로 참된 수행의 길로 접어들 수 있고, 수행의 길에 일단 접어들면, 마치 불씨 하나가 온 산야를 다 태워 버릴 수 있듯이, 가지가지 번뇌식을 멸하고 불법진리의 묘체에 이를 수가 있다.

믿음과 지혜의
노로생사의 바다를 건너라

대승이 곧 일심(一心)이라는 것을 믿고 이해하여, 의심에서 벗어나 대승의 바른 믿음을 일으키고, 인집과 법집의 집착에서 벗어나 무분별지(無分別智)를 얻으면 마침내 여래의 가문에 태어나 능히 부처의 자리를 이어받아 부처의 종자가 끊어지지 않도록 할 수 있네.

논에서 말하듯이 불법의 큰 바다는 믿음으로써 능히 들어가고, 지혜로써 능히 건널 수 있네.(대승기신론소 8)

··· 원문

信解大乘唯是一心 故言起大乘正信也 捨前二執分別 而得無分別智 生如來家 能紹佛位 故言 佛種不斷故也 如論說云 佛法大海 信爲能入 智慧能度

해설

모든 일은 굳건한 믿음으로써 첫걸음을 시작하여, 지혜로써 완성해 간다. 이같이 불법대해(佛法大海)도 '중생의 마음과 부처의 마음이 원래는 하나다'는 일심에 대한 굳건한 믿음으로 배를 띄워, 부처님의 지혜로써 노를 삼아 끊임없이 정진해 가면 반드시 이를 수 있다.

'일심(一心)'은
원래 없다

어찌 일심이라 하는가?

말하자면 염정(染淨)의 모든 법은 그 본심이 둘이 아니고 진망(眞妄)의 이문(二門)도 다를 수가 없기 때문에 이를 일러 '일(一)'이라 하고, 바로 이 둘이 없는 곳이 모든 법의 실제로서 그 성품이, 텅 빈 허공과는 달리, 스스로 심묘하여 모든 것을 다 알고 있기 때문에 이를 일러 '심(心)'이라 하네.

그러나 둘이 없는데 어찌 '일(一)'이 될 수 있으며, '일(一)'도 없는데 무엇을 일러 '심(心)'이라고 부를 수 있겠는가?

이와 같은 도리는 언설을 여의고 생각이 미칠 바가 아니므로 이를 뭐라고 지목하여 부를 수가 없어서 편의상 '일심(一心)'이라 부르네. (대승기신론소 9)

• • • 원문

何爲一心 謂染淨諸法其性無二 眞妄二門不得有異 故名爲一 此無二處諸法中實 不同虛空 性自神解 故名爲心 然旣無有二 何得有一一無所有 就誰曰心 如是道理 離言絶慮 不知何以目之 强號爲一心也

해설

허공과 같이 텅 비어 아무런 경계와 상대적 차별이 없는 것을 일(一)이라 하고, 텅 비었으면서도 허공처럼 아무것도 없는 것이 아니고 그 없는 것 가운데서 신묘한 묘용과 지혜의 광명을 두루 갖추고 있으므로 이를 심(心)이라 하고, 이 둘을 합쳐 편의상 일심(一心)이라고 부른다.

그러나 이 일심은 이미 내가 타고 쓰고 있는 바로 나의 묘용인데 이를 어찌 객관화시켜 따로 명칭을 붙일 필요가 무엇이 있겠는가?

해와 햇빛은
하나이다

원래 마음법이 하나인데 진여문과 생멸문 두 문으로 펼쳐 놓은 것은, 진여문 가운데는 대승의 체가 있고, 생멸문 가운데에는 대승의 체와 상과 용이 있기 때문이네. (대승기신론소 10)

• • • 원문
心法雖一 而有二門眞如門中有大乘體 生滅門中有體相用

해설

일반적으로 체(體)는 존재의 본바탕을 말하고, 상(相)은 존재의 겉으로 드러난 모습을 말하며, 용(用)은 그 존재의 쓰임을 말한다.

예컨대 여기 화분이 하나 있다고 하면 화분의 체는 흙이고, 상은 원통형으로 생긴 화분의 겉모양을 말하고, 용은 그 속에 꽃을 가꾸어 실내에 두어 주변을 장식하는 용도를 말한다.

원래 하나인 일심을 진여문과 생멸문으로 구분한 것은 진여문은 모든 만상의 공통되는 바탕체를 말하기 위해서이고, 생멸문은 개개 사물이 가지고 있는 체와 상과 용을 말하기 위해서이다. 따라서 진여문은 모든 존재의 통상(通相)을 말하고, 생멸문은 개개 존재의 별상(別相)을 말한다.

모든 존재는 진여문을 통해 하나로 원융되고, 생멸문을 통해 저마다 다른 모습으로 구분된다. 이는 개개 존재 속에 들어 있는 체는 하나의 공통된 체로 진여문으로 원융되고, 개개 존재 속에 있는 상과 용은 저마다 다르기 때문에 천만 가지 별상의 생멸문으로 전개되기 때문이다.

요컨대 너와 나는 진여문으로 하나이고 생멸문으로 개성을 가진 두 사람으로 구분된다.

돌아가고 나옴에
걸림이 없어라

경에서 "적멸이란 곧 일심을 말하며, 일심은 또한 여래장을 말한다."고 했는데,

여기서 "적멸이란 곧 일심이다."는 말은 심진여문을 말하며, "일심은 또한 여래장을 말한다."는 말은 심생멸문을 말하네.

다시 말해서 일체법은 생멸하는 것이 아니고 본래 적정하여 오직 일심뿐이므로 이름하여 심진여문이라 하고, 이를 두고 "적멸이 곧 일심이다."고 하네.

한편 이 일심의 본체는 원래 본각인데 무명을 따라 움직여 생멸을 만드네.

그러므로 이 생멸문 속에는 여래의 성품이 숨어 있으나 다만 겉으로 드러나지 않을 뿐이네. 이런 모습을 일컬어 여래장이라 하네.

경에서 이르기를 "여래장이란 바로 선과 불선의 원인이 되며 능히 일체중생의 형태를 만들어 낸다. 이는 마치 어린아이가 여러 형태의 길로 커가며 저마다 다르게 성장해 다른 모습을 드러내는 것과 같다."고 했네.

생멸문 속에는 이 같은 뜻이 함축되어 있으므로 일심을 여래장이라 하며 여래장은 곧 일심의 생멸문이라 일컫네.(대승기신론소 11)

해설

우리 중생의 일심은 적멸성(寂滅性)과 여래장성(如來藏性)을 동시에 갖추고 있다.

적멸성은 곧 일심의 진여문을 말하며 한 생각도 일어나지 않는 진여(眞如) 그대로의 상태를 말한다. 이는 만물의 체로 모든 존재의 본바탕인 통상을 말한다.

한편 여래장성은 생멸문을 말하며 무명을 근본으로, 한 생각이 일어나 여러 가지 번뇌식을 일으켜 개개의 모습으로 구분된 별상(別相)을 말한다.

만물은 진여문으로 돌아가 하나가 되고 생멸문으로 나와 저마다 독특한 개성을 가진 개별적 존재가 된다.

이 진여문으로의 귀(歸)와 생멸문으로의 기(起)가 자유롭게 원용될 때 진정한 개성과 전체와의 조화를 이룰 수 있다.

옹기에서
대지를 보라

진여문은 모든 법의 통상(通相)이 되네.

이 통상을 벗어난 다른 법은 있을 수 없으므로 모든 법은 바로 이 통상으로 합쳐지네.

이것은 마치 먼지가 모든 질그릇의 통상이 되는 것과 같은 이치이네. 모든 질그릇은 먼지의 원소가 모여 하나의 방정한 모양을 이루고 있는 것처럼 진여문 역시 모든 법의 체가 되네.

생멸문은 이 진여가 선과 불선의 원인이 되어 외부의 조연과 더불어 모든 법을 변하게 만드는 것이네. 그러나 비록 모든 법을 변하게 만드나 사실 항상 그 진실한 성품은 파괴되지 않기 때문에 생멸문 가운데서도 역시 진여가 내재되어 있네.

마치 먼지의 성품이 모여 질그릇이 되어도 질그릇 속에는 먼지의 성(性)과 상(相)은 그대로 포함되어 있는 것과 같네.

그러나 설사 두 문이 완전히 독립된 별개의 체성을 갖고 있는 것은 아니지만 두 문이 서로 구별되고 통하지 않는 것은 진여문 속에는 이(理)는 포함되나 사(事)는 포함되지 않고 생멸문 속에는 사(事)는 포함되나 이(理)는 포함되지 않기 때문이네.

그러나 이 두 문은 따로 떨어져 있지 않고 서로 원융상통(圓融相通)해서 그 한계를 엄밀히 나눌 수가 없네. 그렇기 때문에 두 문은 제각기 일체의 이법(理法)

과 사법(事法)을 두루 포함해서 서로 떨어져 개별적으로는 존재할 수가 없네.(대승기신론별기 12)

이(理)는 통상을 말하고 사(事)는 별상을 말한다.
이(理)는 존재의 체에 중심을 두고 사(事)는 존재의 상과 용에 중심을 둔다.
그러나 엄밀히 말하면 물과 물결을 나눌 수 없듯이 이(理)에도 상과 용이 잠재되어 있고 사(事)에도 체가 잠재되어 있기 때문에 이(理)와 사(事)는 서로 원융되며, 진여문과 생멸문은 하나의 일심(一心)으로 통합된다.

보자기가 곧 음식물이 아니다

모든 언설은 오직 임시로 지은 가명에 불과하네.
그러므로 언설의 끊음이 없이는 본래 성품의 자리에 이를 수가 없네.
그리고 이 언설은 단지 망념에 따라 생긴 것이므로 이 언설을 여의어야만 비로소 진리의 본성에 합할 수 있네.
이런 연유로 말을 여의고 생각을 끊어야만 비로소 실체에 들어갈 수 있다고 말하네.(대승기신론소 13)

• • • 원문
以諸言說唯是假名 故於實性不得不絕
又彼言說但隨妄念 故於眞智不可不離 由是道理故說離絕

해설

언설은 진리를 싸 놓은 보자기에 불과하다.
보자기를 보면 대체로 그 안에 싸 놓은 내용물이 무엇인지 짐작은 가지만 그렇다고 해서 보자기 그 자체가 내용물은 아니다. 오히려 보자기 때문에 그 속의 내용물을 직접 볼 수가 없다. 그래서 이 보자기를 벗겨 버려야만 비로소 보자기 속의 내용물을 정확히 알 수 있다. 음식이라면 직접 먹어 보아야 그 진미를 알 수 있고, 장난감이라면 직접 가지고 놀아 보아야만 그 기능을 알 수 있다.
불법진리와 언설도 이와 같은 관계에 있다.
보자기 없이는 진리의 말을 멀리 전할 수 없고 또한 보자기를 제거하지 않고는 진리의 본모습을 볼 수 없다.

흔들리는 물속에서
물의 본체를 보라

일심에는 생멸하지 않는 마음과 생멸하는 마음이 더불어 존재하므로 마음의 본바탕에서 볼 때는 이 두 마음은 둘이 아니네.
두 가지로 나누어 마음을 다루는 것은 다만 설명하기 위한 하나의 방편일 뿐이네.
마치 움직이지 않던 고요한 물이 바람으로 인하여 그 물이 출렁이는 것과 같이 비록 동(動), 정(靜)은 서로 다르지만 물의 체는 하나이므로 고요한 물로 인하여 출렁이는 물이 있다고 말하네.(대승기신론별기 14)

• • • 원문
然不生滅心與生滅心 心體無二 但將二義取心爲二以說依耳 如不動水 爲風所吹而作動水 動
靜雖異 水體是一 而得說言依靜水故有其動水

해설

생멸하지 않는 마음은 진여문이고, 이(理)이고, 통상(通相)이고, 적멸상이고, 바다이다.

반면에 생멸하는 마음은 생멸문이고, 사(事)이고, 별상(別相)이고, 여래장이고, 물결이다.

이 두 마음이 하나로 원융된 것이 바로 일심이다.

초승달을
보름달로 키워라

본각(本覺)이란 마음의 성품이 불각(不覺)의 상(相)을 떠나 있음을 말하고, 비추는 성질을 스스로 갖추고 있으므로 본각이라 일컫네.

이는 이른바 "본체에 큰 지혜의 광명을 스스로 지니고 있다."는 말과 통하네.

그런데 이 밝은 마음의 본체가 무명의 인연을 만나 망념된 생각을 일으키면 심의 본체가 흐려지게 되는데 이 흐려진 본체가 본각 속에 내재된 자체 훈습력에 의해 각(覺)의 작용이 일어나 다시 원래의 밝은 본모습을 되찾게 되네.

이를 일컬어 시각(始覺)이라 하네.

불각(不覺)은 두 가지 종류가 있는데 '근본불각(根本不覺)'과 '지말불각(支末不覺)'이 그것이네.

근본불각은 제8식인 아뢰야식 가운데 있는 근본무명을 말하는데, 이는 "아뢰야식에 의하여 무명과 불각이 일어나고 이 근본무명이 곧 불각이다."는 말과 같네.

지말불각은 이 근본무명에서 비롯된 모든 염법을 통틀어서 일컫는 말이네. (대승기신론별기 15)

* * * 원문

言本覺者 謂此心性離不覺相 是覺照性 名爲本覺 如下文云所謂自體有大智慧光明義故 言始覺者 卽此心體隨無明緣 動作妄念 而以本覺熏習力故 稍有覺用 乃至究竟 還同本覺 是名始覺

言不覺義 亦有二種 一者根本不覺 二者枝末不覺 根本不覺者 謂梨耶識內根本無明 名爲不覺
如下文云依阿梨耶識說有無明不覺而起故 言枝末不覺者 謂無明所起一切染法 皆名不覺

해설

우리 중생심은 원래 깨달은 마음이다. 즉 자성광명(自性光明)을 그대로 안고 있다.

바로 이 본래부터 깨달아 있는 밝은 자성광명을 본각(本覺)이라 하고, 이 본각의 광명을 덮고 있는 무명(無明)의 구름 떼를 불각(不覺)이라 한다.

비록 중생이 불각의 구름 떼에 덮어 지금 당장은 원래의 밝은 본각광명을 발현하지는 못하고 있지만, 본각광명이 스스로 빛나고 지혜의 바람이 불어오기 시작하면, 여기에 맞추어 불각의 구름 떼도 사라지기 시작하여 원래의 밝은 광명이 서서히 나타나기 시작하는데 이를 시각(始覺)이라 한다.

이 구름 떼가 점차 사라지기 시작하여 완전히 없어지게 되면 원래의 본각광명 모습이 그대로 훤히 드러나게 되는데, 바로 이때가 시각이 곧 본각으로 합일되는 때이고, 떠돌이 객이 자기의 집으로 되돌아와 원래의 주인자리를 되찾는 때이다.

이제 더 이상 남의 대문이나 기웃거리면서 한술의 밥을 구걸할 필요는 없게 된다.

본래의 내 집으로 돌아와 당당히 주인의 자리에 앉아 본래부터 내 집 창고에 보관되어 있던 보물을 마음껏 쓰며 천하 자유인으로 살아갈 수 있다.

태풍 속에서
태풍의 눈을 보라

본각이 무명에 의해 어두운 생각을 내어 먼저 생상(生相)을 일으키고 온갖 종류의 몽념(夢念)을 일으켜 마침내 멸상(滅相)에 이르러 영원히 삼계(三界)에 잠들고 육도(六度)를 윤회하게 되네.

그러나 본각 속에 내재되어 있는 오묘한 힘에 의해 이러한 윤회를 싫어하고 근본심을 좋아하는 마음이 일어나, 점차 본원(本源)의 청정지를 향하여 가면 멸상(滅相), 이상(異相), 주상(住相), 생상(生相)이 차례로 없어지고 마침내 원래의 본각지에 이르러 대오(大悟)하게 되네. (대승기신론소 16)

네 번째 여행_수행의 본체 · 83

· · · 원문

本依無明不覺之力 起生相等種種夢念 動其心源 轉至滅相 長眠三界 流轉六趣 今因本覺不思

議熏 起厭樂心 漸向本源 始息滅相乃至生相 郎然大悟

해설

　　　모든 존재들은 사상(四相)의 단계를 거쳐 태어나서 사라지게 되는데 그
　　　과정은 다음과 같다.
　　　첫 단계는 생상(生相)으로, 뭇 인연이 모여 하나의 개체로 태어나는 단
　　　계를 말한다.

두 번째 단계는 주상(住相)으로, 한동안 그 형태가 그대로 머물러 유지되는 단계를 말한다.

세 번째 단계는 이상(異相)으로, 원래의 형태가 서서히 변화되기 시작하여 처음의 형태와는
다른 모습으로 바뀌는 노화단계를 말한다.

네 번째 단계는 멸상(滅相)으로, 원래의 모습이 무너져 사라져 버리는 단계를 말한다.

이 네 단계의 고리에서 벗어나면 비로소 본각의 자리에 이르게 되고 본각자리에 이르게 되면
곧 존재의 실상에 눈뜨게 된다.

낮과 밤은
하루의 두 모습이다

'진여의 청정한 법'이란 본각의 뜻을 말하며, '무명의 오염된 법'이란 불각의

뜻을 말하네.

하나의 식(識) 가운데는 이러한 두 가지 뜻이 동시에 다 포함되어 있으므로 서

로서로 훈습하여 때로는 오염된 법을 만들어 내고 때로는 청정한 법을 만들어

내네.(대승기신론소 17)

· · · 원문

言眞如淨法者 是本覺義 無明染法者 是不覺義 良由一識含此二義 更互相熏 徧生染淨

해설

　　　원래 심진여문 속의 진여는 무명에 염오되지 않고 항상 청정하다.
　　　그러나 여기서 말하는 진여는 심생멸문 속의 진여로 성정(性淨) 본각을
　　　말한다.

무명이 진여를 훈습하여 본래의 청정한 심이 오염되는 과정을 염법훈습(染法熏習)이라 하고, 진여가 무명을 훈습하여 심이 다시 청정한 본심을 되찾아가는 과정을 정법훈습(淨法熏習)이라 한다.

우리의 마음은 항상 위의 두 가지 훈습의 갈림길에 놓여 있다. 그러므로 시시각각 살아서 요동치는 마음의 방향을 정밀히 살펴 바른 방향으로 나아가도록 애써야 한다.

참고로 유학에서는 16자 심법으로 이를 설명하고 있다.

즉 '인심유위 도심유미 유정유일 윤집궐중(人心惟危 道心惟微 惟精惟一 允執厥中)'이라 한다.

풀이하면 다음과 같다. '인심은 오직 위태롭고 도심은 미세하기만 하다. 오직 정밀히 살피고 살펴 한결같은 마음으로 그 합당한 중(中)을 잡아라.'

마음을
한곳에 모으라

비구가 바깥으로만 달리는 마음을 잡아 안으로 머무르게 하는 데는 9가지 방법이 있는데, 이를 9종 심주(九種心住)라 하네.

9종 심주는 내주(內住), 등주(等住), 안주(安住), 근주(近住), 조순(調順), 적정(寂靜), 최극적정(最極寂靜), 전주일취(專住一趣), 등지(等持)를 말하네.

먼저 내주(內住)는 밖에 있는 일체의 경계로부터 그 마음을 거두어들여 마음 안에 머물게 하여 밖으로 산란하지 않게 하는 것을 말하네.

둘째, 등주(等住)는 내주(內住)에 의해 안으로 거두어들인 심이 아직도 거칠게 요동하므로 이를 여러 가지 방편으로 꺾고 미세하고 고르게 하여 마음속에 고요히 머물게 하는 것을 말하네.

셋째, 안주(安住)는 내주와 등주로 거두어들인 마음이 이따금 다시 밖으로 내달아 산란해지기도 하기 때문에 또다시 거두어 단속하여 내경(內境)에 안치하는 것을 말하네.

넷째, 근주(近住)는 안으로 잡아 둔 마음을 더욱 가까이 친근하게 머물도록 길들여 가는 것을 말하네.

다섯째, 조순(調順)은 마음을 흩뜨리게 하는 갖가지 요소들, 예컨대 색, 성, 향, 미, 촉의 오진(五塵)과, 탐, 진, 치의 삼독(三毒)과 남녀 등의 분별상(相)들을 꺾어 버려서 안으로 거두어들인 마음을 잘 지속해 가는 것을 말하네.

여섯째, 적정(寂靜)은 갖가지 마음속에서 일어나는 여러 가지 번뇌, 즉 탐욕, 진애(瞋恚), 해(害) 등의 나쁜 심사(尋事)와 수번뇌(隨煩惱) 등을 떨쳐 버리고 마음을 흐트러지지 않게 하는 것을 말하네.

일곱째, 최극적정(最極寂靜)은 앞의 적정을 잠시 놓쳐 버려 또다시 번뇌심이 일어날 때 이를 즉시 떨쳐 버리는 것을 말하네.

여덟째, 전주일취(專住一趣)는 마음을 잘 다스려 간격이 없이 고요한 정(定)의 상태가 지속되는 것을 말하네.

아홉째, 등지(等持)는 자주 닦고 자주 익혀 많은 수행을 통하여 억지로 행하지 않아도 저절로 도(道)를 향해 나아가는 것을 말하네.(대승기신론소 18)

• • • 원문

謂有苾芻令心內住 等住 安住 近住 調順 靜寂 最極寂靜 專住一趣 及與等持 如是名爲九種心住

云何內住 謂從於外一切所緣境界 攝錄其心 繫在於四 不外散亂 故名內住

云何等住 謂卽最初所繫縛心 其性麤動 未能令其等 徧住故 次卽於此所緣境界 以相續方便 澄淨方便 挫令微細 徧攝令住 故名等住

云何安住 謂若此心雖復如是內住等住 然由失念 於外散亂 還復攝錄安置內境 故名安住

云何近住 謂彼先應如是如是親近念住 由此念故 數數作意內住其心 不令此心遠住於外 故名近住

云何調順 謂種種相 令心散亂 所謂五塵三毒男女等相 故彼先應取彼諸相爲過患想 由如是想增上力故 於彼諸相折挫其心不令流散 故名調順

云何寂靜 謂有種種欲 恚害等諸惡尋思貪欲蓋等諸隨煩惱 令心擾動 故彼先應取彼諸法爲過患想 由如是想增上力故 於彼心不流散 故名寂靜

云何名爲最極寂靜 謂失念故 卽彼二種暫現行時 隨所生起 然不忍受 尋卽反吐 故名最極寂靜

云何名爲專住一趣 謂有加行有功用無缺無間三摩地相續而住 故名專住一趣

云何等持 謂數修數習數多修習爲因緣故 得無加行無功用任運轉道 故名等持

해설

마음을 바깥으로 풀어헤치면 아무런 힘도 없지만, 안으로 수습하여 한 곳에 모으면 엄청난 힘을 발휘한다.

결국 9종 심주란 마음을 안으로 거두어 들여 마치 송곳 끝처럼 한 점에 모아 자신 속에 들어 있는 본각자성을 향해 정진해 가는 과정을 9단계

로 늘어놓은 것을 말한다.

이는 성(城)을 공격할 때 오직 한 성문만 집중 공격하면 마침내 그 문이 격파되고 드디어 성안 으로 들어가 본각자성의 법미(法味)를 맛볼 수 있는 것과 같다.

지와 관을 원용하여 진리의 암호를 풀어라

지관(止觀)의 뜻에서 지(止)는 "일체 경계의 모습을 그친다"는 뜻으로 먼저 분 별로 말미암아 바깥의 모든 번뇌를 지어내는 모습을 그치는 것을 말하네.

다시 말해서, 깨달음의 지혜로써 바깥으로 일어나는 모든 번뇌의 모습을 부수 어 버려서 아예 분별의 경계상마저 없애 버리는 것을 지(止)라고 하네.

반면에 관(觀)은 "생멸하는 모습을 분별한다"는 뜻으로 생멸문에 의거해서 일 체 모든 법의 현상을 관찰하는 것을 말하네.

요컨대, 지(止)는 정(定)을 말하고, 관(觀)은 혜(慧)를 말하네.

그러나 실제로는 정(定)은 지와 관을 통섭하며 혜(慧) 또한 마찬가지네. (대승기신

론소 19)

* * * 원문

謂止一切境界相者 先由分別作諸外塵 今以覺慧破外塵相 塵相旣止 無所分別 故名爲止也

次言分別生滅相者 依生滅門 觀察法相

定 名爲止 慧名爲觀 就實而言 定通止觀慧亦如是

지(止)는 진여문 속의 본각광명으로 모든 외부경계에서 오는 분별을 쉬고 번뇌심을 쳐부수어 마음이 바깥 경계에 조금도 흔들리지 않는 선정(禪定)의 상태에 드는 것을 말한다.

한편 관(觀)은 생멸문 속의 지혜로 현상의 본질을 정확히 분별 관찰하는 것을 말한다.

바로 이 지(止)와 관(觀)을 원용함으로써 통상과 별상의 관계를 정립하고 이(理)와 사(事)의 경계를 넘어 불법의 묘각지(妙覺地)에 오를 수 있다.

수미산에 오르기 전에
충분한 장비를 갖추어라

지(止)를 닦으려면 우선 고요한 곳에 머물러야 하는데 이를 위해서는 다섯 가지 인연을 갖추어야 하네.

첫째는, 수행 장소로 한가롭고 고요한 곳, 예컨대 산이나 숲속 같은 곳에 머무는 것을 말하네. 이는 도시 가운데 있게 되면 심식이 시끄럽게 움직여 마음의 고요를 찾기 힘들기 때문이네.

둘째, 계율을 청정히 지키는 것을 말하는데 만약 청정하지 못하면 반드시 참회해야 하네.

셋째, 의복과 음식을 갖추어야 하네.

넷째, 선지식(善知識)을 만나야 하네.

다섯째, 모든 세속의 얽힌 인연과 잡무 등에서 벗어나야 하네. (대승기신론소 20)

• • • 원문

住靜處者 是明緣具 具而言之 必具五緣 一者閑居靜處謂住山林 若住聚落 必有喧動故 二者持戒淸淨 謂離業障 若不淨者 必須懺悔故 三者衣食具足 四者得善知識 五者息諸緣務

지(止), 즉 '마음을 고요히 하여 정(定)에 드는 데'는 다섯 가지 조건이 필요한데 첫째는 산과 같이 고요한 수행처를 구하는 일이고, 둘째는 계율을 엄격히 지키는 일이고, 셋째는 수행에 필요한 최소한의 음식과 의복을 갖추는 일이고, 넷째는 수행을 올바른 방향으로 지도해 줄 선지식을 만나는 일이고, 다섯째는 모든 세속의 인연에서 떠나는 일이다.

보이는 것으로부터
보이지 않는 것을 제어하라

어떻게 몸을 바르게 다스려 갈 것인가?

먼저 어디에 앉을 것인가를 정하는데, 그 자리가 안온하여 오래도록 앉아 있어도 별다른 방해가 없다면 그것으로 족하네.

자리에 앉을 때는 반가부좌나 가부좌로 앉는데 우선 반가부좌로 앉으려면 왼쪽 다리를 굽혀 오른쪽 넙적 다리 위에 올려 몸 쪽으로 바짝 끌어당겨서 왼쪽 발가락이 오른쪽 허벅지면 위에 가지런히 놓이게 하네.

다음 가부좌 자세로 앉으려면 반가부좌 자세에서 두 다리를 풀고 오른쪽 다리를 굽혀 왼쪽 허벅지 위에 끌어 올려 몸 쪽으로 바싹 당겨 놓고 다시 왼쪽 다리를 굽혀 오른쪽 허벅지 위에 올려놓고 몸 쪽으로 당겨 양 발바닥이 위쪽을 향하게 하네. 그리고 의복을 느슨하게 풀어 주네.

다음 손을 자연스럽게 펴 오른쪽 손등을 왼쪽 손바닥 안에 놓고 서로 엇갈리게 겹쳐 잡은 후 왼쪽 다리 위에 올리고 몸 중앙으로 당겨 놓네.

다음 몸을 바로잡기 위해 몸과 팔다리 관절을 일곱 번 내지 여덟 번 앞뒤 좌우로 흔들어 스스로 수족을 느긋하게 풀어 주네.

그다음 상체를 단정히 똑바로 세워, 양 어깨뼈가 좌우 일직선이 되게 하여 기울어지지 않도록 하고 머리와 목을 바로 세우고 턱을 치켜들지도 내리지도 말고 코와 배꼽이 상하 일직선이 되게 하네. 상하 좌우 어느 쪽으로도 기울지 않고 마치 우뚝 솟은 탑처럼 꼿꼿한 자세가 되게 하네.(대승기신론소 21)

해설

정(定)에 들어가기 위한 몸의 바른 자세를 설명한 글이다.

위의 자세는 후에 선종(禪宗)의 문하(門下)에서 강조하는 좌선의 자세와 흡사하다.

흔히들 우리나라의 선종이라 하면 신라 말부터 생겨난 구산문(九山門)의 흥기를 출발점으로 보는데, 사실은 그렇지 않은 것 같다.

이미 선덕여왕 때 자장은 출가하여 불법을 얻기 위해 혼자 깊은 산속에 들어가 온 주위를 가시덤불로 덮고 그 속에 맨몸으로 들어앉아 정(定)에 들어가 불법진리를 구했고, 원효는 명산 바위와 토굴에 앉아 불법진리를 구했다.

한편 가락국기 설화에 의하면 가야에서는 수로왕 때에 벌써 인도에서 건너온 허 황후의 오빠 장유선사에 의해 수로왕의 일곱 아들이 지금의 지리산 칠불암에서 정(定)에 들어 일곱 부처로 태어났다고 한다.

이를 통해 보건대 우리나라 선종(禪宗)의 기점으로 삼는 신라 말은 엄밀히 말해서 시원점(始原點)이 아니고 후에 선이 공식화되고 보편화된 시기로 보는 편이 좋을 것 같다.

청정심의 주춧돌 위에
원력의 기둥을 세워라

몸을 바르게 잡은 다음 이제 마음을 어떻게 바르게 잡을 것인가?

대체로 말세의 수행인은 정도(正道)를 구하는 이는 드물고, 사도(邪道)를 구하는 이가 많네.

이를테면 명예와 이익을 위해 적정(寂靜)의 겉모습만 취하는데, 이러한 태도는 헛되이 세월만 보내고 바른 선정(禪定)은 결코 얻을 수 없네.

이러한 삿된 구함을 버리는 것이 곧 '바른 뜻'을 구하는 길이네.

올바른 뜻이 올바른 이치와 상응되면 자신도 구하고 나아가 타인도 구하여 마침내 위없는 큰 도(道)에 이를 수 있네.(대승기신론소 22)

• • • 원문
云何調心者 末世行人 正願者少 邪求者多 謂求名利 現寂靜儀 虛度歲月 無由得定 離此邪求 故言正意 直欲定心與理相應 自度度他至無上道

해설

어떤 일을 도모할 때는 무엇보다 그 원력(願力)이 바르고 순수해야만 한다.

진리를 찾아 나선 수행인이 그 원력부터 삿되고 왜곡되면 자신을 패망시키고, 나아가 그를 따르는 무리들마저 잘못된 길로 빠뜨리고 만다.

모든 존재를 숲 속에 버려진 해골로 보라

지(止)를 닦는 9종심주(九種心住)의 구체적인 방법은 다음과 같네.

첫 번째는 내주(內住)의 단계인데, 여기에는 호흡을 세어 가면서 마음을 한곳에 모으는 '수식관(數息觀)'과 경계를 관해 가는 '골쇄관(骨鎖觀)'이 있네. 이 수행을 통해 바깥 경계에 더 이상 끌려가지 않고 곧바로 자심(自心) 속에 머무를 수가 있게 되네.

두 번째는 등주(等住)의 단계인데, 일체 경계의 모든 모습을 부수어 밖으로 끌려가는 미세한 망상마저 다 없애 버리는 단계를 말하네.

세 번째는 안주(安住)의 단계인데, 앞 단계에서 바깥으로 치닫는 생각을 없앴다면, 이제 그 없앴다는 생각이 마음속에 자리 잡게 되는데, 이 생각마저 없애지 않는 한 바깥으로 치닫는 생각이 언제 어느새 또다시 불쑥 일어날지 모르네. 이런 상태로는 마음 안의 안주(安住)를 얻지 못하게 되므로, 이제 그 없앴다는 생각마저 없애서 마음 안으로 들어오지 못하도록 하면 곧 능히 바깥 생각을 잊게 되고 바깥의 생각을 잊게 되면 마음이 고요한 단계에 접어들 수 있는데 이 단계를 안주라 하네.

네 번째는 근주(近住)의 단계인데, 안과 밖의 일체의 모든 법이 본래 생각하고 생각되는 것이 아님을 알고 이런 생각을 자주자주 떠올려 가까이 두어 멀리 떠나지 않게 수행하는 단계를 말하네.

다섯 번째는 조순(調順)의 단계인데, 앞 단계 수행을 지속하여 마음이 밖으로 더 이상은 흩어지지 않도록 고르고 길들여 가는 단계를 말하네.

여섯 번째는 적정(寂靜)의 단계인데, 여러 가지 안팎의 경계에도 마음이 조금도 일어나지 않는 수행을 쌓아 가는 단계를 말하네.

일곱 번째는 최극적정(最極寂靜)의 단계인데, 생각을 떠나 내심에 고요히 머물고 있는 상태에서도 찾으면 곧바로 바른 생각이 일어나는 단계를 말하네.

여덟 번째는 전주일취(專住一趣)의 단계인데, 오랫동안 수습하여 그 마음이 순박하게 익어서 어디에서도 고요히 머무름을 얻게 되는 단계를 말하네.

아홉 번째는 등지(等持)의 단계인데, 앞선 단계의 순박하고 익은 마음으로 인하여 무가행(無加行)과 무공용(無功用)의 마음을 얻게 되어 가라앉고 들뜬 마음을 멀리 떠났으되 필요하면 자유자재로 그 마음을 거느릴 수 있게 된 단계를 말하네. 이 같은 등지의 마음에 머무르면 바로 이것이 곧 진여(眞如)의 모습이기 때문에 이를 두고 진여삼매(眞如三昧)에 들었다고 이르네. (대승기신론소 23)

· · ·원문
修止次第 顯示九種住心 初言不依氣息 乃至不依見聞覺知者 是明第一內住之心 言氣息者 數

息觀境 言形色者 骨璅等相 空地水等 皆是事定所緣境界 見聞覺知 是擧散心所取六塵 於此諸
塵推求破壞 知唯自心 不復託緣 故言不依 不依外塵 卽是內住也 次言一切諸相隨念皆除者 是
明第二等住之心
前雖皆除外馳之想 而猶內存能除之想 內想不滅 外想還生 是故於內不得安住 今復遣此能除
之想 由不存內 則能忘外 忘外而靜 卽是安住也
明知內外一切諸法 本來無有能想可想 推其念念不生不滅 數數作意而不遠離 不遠離住 卽是
近住也
依前修習安住近住 深知外塵有諸過患 卽取彼相爲過患想 由是想力折挫其心令不外散 故名調
順也
力轉除動心 動心不起 卽是寂靜也
失念還存內心 而由修力尋卽反吐也 能於內外不受反吐 是故名爲最極寂靜
無間無缺定心相續 故言久習洽熟其心得住 卽是專住一趣相也
由前洽熟修習力故 得無加行無功用心 遠離沈浮 任運而住 故名等持 等持之心住眞如相 故言
得入眞如三昧

해설

앞에서 언급한 9종심주의 실천과정을 구체적으로 밝힌 부분인데 특히
첫 번째 내주의 단계에서 말한 '골쇄관'은 원효의 독특한 수행관과 깊
은 관련이 있다.

골쇄관은 일명 '백골관(白骨觀)'이라고도 하는데 이는 모든 바깥 경계
에서 생기는 상(相)을 없애고 심 내부에서 생기는 모든 번뇌식마저 없애어 철저한 공의 상태
인 정(定)에 들기 위한 수행법을 말한다. 그 단계는 다음과 같다.

먼저 자신과 자신 주변의 모든 존재들을 관하되 살은 없어지고 허연 백골만 앙상히 드러나 있
다고 마음속으로 관한다.

두 번째, 주변의 모든 백골들이 서서히 다 사라지고 이윽고 자신의 백골마저도 발가락 부분부
터 위쪽으로 올라오며 사라지고 오직 자신의 두개골 두 쪽만 남았다고 관한다.

세 번째, 이제 남은 자신의 두개골 두 쪽도 왼쪽 두개골부터 서서히 사라지기 시작하여 오른
쪽 두개골마저 완전히 사라졌다고 관한다.

네 번째, 모든 것이 사라진 완전한 허공의 상태에서 원래 있었던 자신의 양미간(兩眉間) 사이
에서 한 가닥 눈부신 광명이 새어 나온다고 상상하고 이 광명을 붙들고 모든 의식을 이 광명
에 집중한 채 이 광명이 무엇인지를 의심하며 마치 강물이 흐르듯이 묵묵히 정(定)의 상태를
지속해 간다. 이 정의 상태가 오래 지속되면 식(識)의 사슬에서 벗어나 마침내 시공이 하나가
되고 천지인(天地人)이 하나로 합쳐지는 오직 일심(一心)만 존재하는 무경계의 경지에 이르
게 된다. 즉 여태까지의 백골관을 통한 자신의 비움은 천지에 가득 찬 하나의 기운과 함께하
기 위해서이고 부처의 광명으로 새롭게 태어나기 위해서이고 이미 내 머리 골에 내려와 있는
하늘의 씨앗을 틔우기 위해서이다.

위의 백골관은 우리 민족 전통 수행법으로 불교가 들어오기 이전부터 시작된 것으로 최치원

이 말한 '현묘지도(玄妙之道)'의 일부로 여겨진다. 즉 지감(止感), 조식(調息), 금촉(禁觸)의 과정을 통해 천부(天符)의 도에 부합하려는 수행법과 맥을 같이한다. 이 수행법은 고구려의 을지문덕, 연개소문, 백제의 계백, 신라의 화랑들이 연마한 수련법으로 전해진다.

스스로 만든 잡귀에
얽매이지 말라

수행 도중 일어나는 마구니를 대처하는 방법은, "오직 이 마구니들은 내 마음이 분별하여 지어낸 것으로 내 마음을 떠나 홀로 존재할 수는 없다."라고 관하는 것이네.
이같이 관하면 마구니가 만들어 낸 모든 경계의 모습은 곧 사라지네.(대승기신론소 24)

· · · 원문

次明對治 若能思惟如前諸塵 唯是自心分別所作 自心之外 無別塵相 能作是念 境相卽滅

해설 원래 죄는 본바탕이 없는데 오직 내 마음에 따라 일어날 뿐이다.
마구니, 귀신의 모습들도 마찬가지다. 내 마음이 멸하면 죄도 없어지고 내 마음이 고요한 정(定)에 들면 귀신의 허상도 다 사라지고 만다.
이를 두고 '심생즉종종법생(心生則種種法生) 심멸즉종종법멸(心滅則種種法滅)'이라 한다.
즉 마음이 생기면 모든 존재와 법이 일어나고, 마음이 멸하면 모든 존재와 법이 사라진다.

수행의 단계

우리는 이 다섯 번째 여행에서
원효로부터 스물세 가지의 조언(助言)을 얻음으로써
구체적인 수행의 단계를 실천하게 된다.

『금강삼매경론』

『금강삼매경론(金剛三昧經論)』은 『금강삼매경』을 풀이한 주석서로 원래의 제명은 『금강
삼매경소(金剛三昧經疏)』였다. 그런데 이 책이 중국으로 전해졌을 때, 중국의 역경대가(譯
經大家)들이 이 책의 엄밀한 논리와 자유자재한 불법전개에 감탄한 나머지 인도의 유명한
보살이 지은 책에만 부여하는 '논(論)' 자를 특별히 붙여 『금강삼매경론』으로 고쳐 부르게
되었다. 처음에는 다섯 권으로 지었으나 도난당하고 새로 3권으로 약소를 지었는데 이 약
소가 오늘날까지 전해지고 있다. 원효는 이 책에서 수행과정을 여섯 과정으로 풀이하고 있
는데 그 과정은 다음과 같다. 첫째, 〈무상법품〉으로 마음 안팎의 모든 형상을 제거하고, 둘
째, 〈무생행품〉으로 마음속에 일어나는 모든 번뇌와 망상을 없애고, 셋째, 〈본각이품〉으로
모든 상과 망념이 사라지면 본래의 청정자성인 본각의 광명이 드러나고, 넷째, 〈입실제품〉
으로 경계를 떠난 진리의 실제에 들어가고, 다섯째, 〈진성공품〉으로 개개의 파도를 떠나 전
체의 바다에서 한 생각을 일으켜, 여섯째, 〈여래장품〉으로 뭇 중생을 구제하여 모두가 여래
장의 불법대해로 귀일되는 것이다.

일심의 바다에서
파도를 관조하라

대체로 한 마음의 근원은 유(有)와 무(無)를 여의어 절대 청청한 것이며, 삼공(三空)의 바다는 진(眞)과 속(俗)을 융합하여 담연(淡然)한 것이네.

그 담연한 것은 진(眞)과 속(俗)을 융합하였으되 하나가 아니며, 그 절대청정(絕對淸淨)한 것은 양극단을 여의었으나 중간도 아니네.

중간이 아니면서 양극단은 여의었으므로 유(有)가 아니지만 무(無)로서 있는 것도 아니며, 무(無)가 아니지만 또한 유(有)로서 있는 것도 아니네.

하나가 아니면서 둘을 융합한 것이라 진(眞)이 아니지만 애초부터 속(俗)으로 된 것도 아니고 속(俗)이 아니지만 애초부터 진(眞)으로 된 것도 아니네.

진속을 융합하였으되 하나가 아니므로, 진(眞)과 속(俗)의 성질이 어디에나 서지 않음이 없고, 염(染)과 정(淨)의 모습을 갖추지 않음이 없으며, 양극단을 여의었으되 중간이 아니므로, 유(有)와 무(無)의 도리가 작용하지 않는 데가 없고, 시(是)와 비(非)의 뜻이 두루 하지 않음이 없네.

그래서 부숨이 없으면서도 부수지 않음이 없고, 세움이 없으면서도 세우지 않음이 없네.

그러므로 진리라고도 할 수 없으면서도 최상의 진리요, 그런 것이 아니면서도 크게 그러한 것이네.

바로 이것이 이 경(經)의 대의(大義)이니 진실로 그런 것이 아니면서 크게 그러한 것이니 이 경 속의 설하신 모든 말씀이 묘하게 진리의 핵심에 들어맞고 진리라고도 할 수 없으면서 최상의 진리가 되네.

바로 이것이 이 경(經)의 종요(宗要)가 되네.

부수지 않는 바가 없으므로 『금강삼매경』이라 하고, 세우지 않는 바가 없으므로 『섭대승경』이라 하고, 온갖 종요(宗要)가 이 두 가지에서 벗어나지 않았으므로 『무량의종(無量義宗)』이라 하네. 여기서 첫 번째 이름을 들어 『금강삼매경』이라 이름 지었네.(금강삼매경론 1)

* * *원문

不一心之源離有無而獨淨 三空之海融眞俗而湛然 湛然融二而不一 獨淨離邊而非中 非中而離邊 故不有之法不卽住無 不無之相不卽住有 不一而融二故非眞之事未始爲俗 非俗之理未始爲眞也 融二而不一 故眞俗之性無所不立 染淨之相莫不備焉 離邊而非中 故有無之法無所不作 是非之義莫不周焉 爾乃無破而無不破 無立而無不立 可謂無理之至理 不然之大然矣 是謂斯經之大意也 良由不然之大然 故能說之語妙契環中 無理之至理 故所詮之宗超出方外 無所不破故며 名金剛三昧 無所不立故名攝大乘經 一切義宗無出是二 是故亦名無量義宗 且擧一目以題其首 故言金剛三昧經也

해설

모든 중생의 근원인 일심(一心)은 유와 무의 관계를 떠나 있으므로 절대 청정하다.

삼공(三空), 즉 일체만유(萬有)가 다 공하고, 상대적인 차별상이 공하고, 구하고 이루고자 하는 일체 작위(作爲)가 다 공한 일심의 바다는, 진과 속을 다 겸하였으되 어느 한쪽으로 기울지 않고 그렇다고 그 중간도 아니다.

그러므로 염과 정이 따로따로 구분되지 않고 하나로 통합된다. 즉, 일심의 바다는 물의 성품을 그대로 지니며 천태만상의 파도를 일으키며 끊임없이 출렁이고 있다. 다시 말해서 일심의 체(体)와 상(相)과 용(用)이 끊임없이 유동하고 있는 것이다.

이 일심의 근원은 오감(五感)과 속(俗)을 떠나 있으므로 진리로서 감지할 수 없지만 최상의 진리이고, 논리를 초월해 있으므로 그 이치를 그러하다고 인정할 수 없지만 최상의 이치이다. 그리고 일심의 용은 모든 유와 형상에 치우친 분분(紛紛)한 이견(異見)들을 다 부수어 하나의 바른 길을 세우지만 사실은 그 내부의 근원적인 측면으로 볼 때는 하나도 부수고 파괴한 것이 없다.

왜냐하면 모든 드러난 상(相)의 근원에는 일심이 자리 잡고 있기 때문이다. 다시 말해서 모든 만상은 일심의 대지에 뿌리를 두고 있기 때문이다. 그러므로 부수고 세움이 자유자재하다.

이런 측면에서 일심의 근원에 이르기 위해 모든 상(相)을 다 부수어 버린다는 뜻에서 금강의 특징을 들어 『금강삼매경』이라 하고, 모든 상을 여읜 가운데 일심의 근원을 바탕으로 다시 새로운 상을 세운다는 뜻에서 『섭대승경』이라 하고, 모든 경전의 종요들이 바로 이 부수고 세움의 의(義)에 하나도 벗어나 있지 않으므로 『무량의종』이라 한다.

금강으로
장애를 돌파하라

금강(金剛)이란 금강의 굳세고 진실한 체(体)와 뚫고 부수는 공(功)을 비유하여 일컬은 것인데 금강삼매(金剛三昧)도 실제(實際)가 체(体)가 되고 파천(破穿), 즉 부수고 뚫는 작용이 능(能)이 된 것을 비유한 것이네.

실제가 체가 되었다는 것은 진리의 궁극적인 근원, 즉 법의 진실성을 증득하였기 때문이네. 그리고 부수고 뚫는다는 파천(破穿)의 작용이 능(能)이 되었다는 것은 두 가지 뜻이 있는데 첫째는 모든 의심을 부수어(破) 없애는 것이고, 둘째는 모든 정(定)을 뚫는(穿) 것이네.

모든 의심을 파한다는 것은 말을 일으켜 의심을 모조리 없애 버리기 때문이고, 모든 정(定)을 뚫는다는 것은 이 금강삼매의 정(定)이 다른 모든 종류의 삼매를 능히 뚫어 마치 보석구슬을 꿰뚫어 목걸이를 만들듯이 모든 삼매들을 끌어 모을 수 있는 효능이 있기 때문이네.(금강삼매경론 2)

· · · 원문
言金剛者 寄喩之稱堅 實爲體穿破爲功 金剛三昧當知亦爾 實際爲體破穿爲能 實際爲體者證理
窮源故 如下文言證法眞實定故 破穿爲能者有其二義 一破諸疑二穿諸定 破諸疑者起說斷疑故
如下文言決定斷疑悔故 穿諸定者 此定能令諸餘三昧皆得有用 如穿寶珠 得有用故

해설

금강, 즉 다이아몬드의 특징은 그 체(體)가 굳고 단단해서 결코 다른 것들에 의해 부수어지거나 깨어지지 않고, 오히려 다른 것들을 부수고 깨뜨릴 수 있는 능력을 가지고 있다.

여기서 다른 것들에 의해 부수어지거나 깨어지지 않는다는 것은 불성진리(佛性眞理) 그 자체의 본성을 말하는 것으로서, 불성진리는 우주 만법의 본체(本體)이므로 다른 것들에 의해 결코 파괴되거나 무너질 수 없음을 말한다.

그리고 능히 다른 것들을 부수고 깨뜨릴 수 있다는 말은 불성진리에 입각하여 삼매의 정(定)에 들면, 모든 번뇌와 삿된 생각과 외도(外道)를 무너뜨릴 수 있다는 것을 의미한다.

이런 연유로 경의 이름을 『금강삼매경』이라고 지었던 것이다.

단비로 모든 초목을
환희케 하라

여래가 지혜의 방편으로 실제(實際)에 들어가 일승(一乘)에 따라 설하니 다른
잡맛이 없네.
마치 한맛의 비가 내려 뭇 초목을 무성하게 하듯 제각기 다른 성품에 따라 그
한맛(一味)의 법을 베풀어 널리 일체중생을 충족게 하네.
이는 저 비의 혜택과 같이 모든 보리(菩提)의 싹을 키우네. (금강삼매경론 3)

· · · 원문

如來智方便當爲入實說隨順皆一乘無有諸雜味猶如一雨潤衆草皆悉榮隨其性各異一味之法潤
普充於一切如彼一雨潤皆長菩提芽

넓은 산하대지에 단비가 내리니, 바위는 바위대로, 풀은 풀대로, 꽃은
꽃대로, 나무는 나무대로, 동물은 동물대로, 사람은 사람대로 저마다의
필요에 따라 단비를 머금고 생명의 환희를 피워 간다.
여래의 지혜는 바로 이 단비와 같다.
해설
우리 사회의 정치도, 교육도, 경제도, 예술도 이런 절대 일여평등(一如平等)의 단비가 될 때
비로소 참된 의미의 진정한 정치, 교육, 경제, 예술로 탈바꿈될 수 있다.

솥 안에 자라를 넣고
불을 지펴라

대체로 모든 망상(妄想)이 시작도 없이 생겨남은 다만 겉으로 드러난 상(相)을
취하여 분별하는 병 때문이네.
그래서 이제 그 흐름을 근원으로 돌리고자 함에 무엇보다 먼저 해야 할 일이 망

상(妄想)을 부수어 버리는 일이네.

그래서 육품(六品) 가운데 〈무상법품(無相法品)〉을 제일 먼저 내세운 것이네.

무상법품에서 비록 모든 상을 부수어 버렸어도 만약 관하는 마음을 그대로 방치하면 그 관하는 마음이 오히려 생(生)하여서 본각(本覺)을 덮어 버리므로 그 생하는 마음마저 없애야 하네.

그래서 두 번째로 〈무생행품(無生行品)〉을 설한 것이네.

무생(無生)이 되면 바야흐로 본각이 드러나고 본각이 드러나면 만물이 감화되어 본래의 이익을 얻게 되네.

그래서 세 번째로 〈본각이품(本覺利品)〉을 설한 것이네.

본각에 의하여 중생을 이롭게 하면 중생은 곧 여태까지의 허(虛)로부터 경계를 여읜 실(實)의 세계 안으로 들어서게 되네.

그래서 네 번째로 〈입실제품(入實際品)〉을 설한 것이네.

안으로 행함이 곧 무상이요 무생이며, 밖으로 화(化)함이 곧 본리(本利)요 입실(入實)이네.

이러한 이익으로 만행(萬行)을 갖추게 되면 모든 것이 진성(眞性)에서 나와 진공(眞空)에 순(順)하게 되네.

그래서 다섯 번째로 〈진성공품(眞性空品)〉을 설한 것이네.

이 진성에 의하여 만행을 구비하게 되면 드디어 여래장(如來藏) 일미(一味)의 근원으로 들어가게 되네.

그래서 여섯 번째로 〈여래장품(如來藏品)〉을 설한 것이네.

이미 마음의 근원으로 돌아가게 되면 곧 하는 일이 없게 되고, 하는 일이 없게 되므로 하지 않는 일도 없게 되네.

그러므로 위의 육품(六品)을 설함으로써 대승(大乘)을 거두게 되네. (금강삼매경론 4)

· · ·원문

凡諸妄想無始流轉只由取相分別之患 今欲反流歸源 先須破遺諸相 所以初明觀無相法 雖遺諸
相 若存觀心觀心猶生不會本覺 故泯生心 所以第二顯無生行 行旣無生方會本覺 依此化物令
得本利 故第三明本覺利門

若依本覺以利衆生 衆生卽能從虛入實 所以第四明入實際 內行卽無相無生 外化卽本利入實
如是二利以具萬行 同出眞性 皆順眞空 是故第五明眞性空 依此眞性萬行斯備 入如來蔣一味
之源 所以第六顯如來藏 旣歸心源卽無所爲 無所爲故無所不爲 故說六門以攝大乘

 해설

우리 범부 중생은 세세생생 살아오는 동안에 바깥 객관세계 쪽으로만
생각이 치달아 외물의 상(相)에 끌리고, 소리에 끌리고, 맛, 향기, 감촉,
수(數), 사유(思惟) 등에 끌리어, 자신의 내부 쪽에 있는 완전한 불성광
명(佛性光明)에 대해서는 아예 눈길조차 돌리지 못한다.

이제 여태까지 바깥쪽으로만 달리던 의식을 거두어 모아, 자신의 내부 쪽으로 돌려, 원래의
밝고 밝은 자성광명을 활짝 드러내는 쪽으로 사유의 방향을 돌리고자 한다.

그 과정으로 우선 바깥 외물의 모든 상에서 벗어나는 것이고, 그 다음 자신의 심의 내부에서
생겨나는 모든 허망한 생각에서 벗어나는 일이다.

위의 두 과정을 통해 무상(無相) 무생(無生)의 상태가 되면, 여태 외물의 그림자와 망념에 덮
여 있던 자성광명이 훤히 드러나게 된다.

자성광명이 드러나게 되면 여태까지 개체 위주로 생각하던 닫힌 사고체계에서 벗어나, 전체
의 진여실제세계(眞如實際世界)로 진입하게 된다.

이 진(眞)의 실제세계에 들어가게 되면, 모든 존재의 생명의 근원점인 진성공(眞性空)의 대지
에 들어서게 된다.

이 진성공의 대지에서 일으키는 모든 행위들은 하나도 빠짐없이 여래장 속으로 흘러 들어가,
마침내 불법(佛法)의 일미 대해(一味 大海) 속으로 접어들게 된다.

인형극 무대
뒤쪽을 주시하라

제1품의 〈무상법품〉은 관하는 '법'을 보였는데 그 법은 일심여래장체를 말하네.

제2품의 〈무생행품〉은 관하는 '행'을 밝혔는데 그 행은 육행(六行)으로서 무분

별관(無分別觀)을 말하네.

제3품의 〈본각이품〉은 일심(一心) 중의 '생멸문'을 나타낸 것이고 제4품의 〈입실제품〉은 일심 중의 '진여문'을 나타낸 것이네.

제5품의 〈진성공품〉은 진(眞)과 속(俗)을 동시에 여의면서도 이제(二際)를 무너뜨리지 않음을 나타낸 것이고, 제6품의 〈여래장품〉은 모든 문을 두루 거두어 한맛인 일미(一味)를 보인 것이네. (금강삼매경론 5)

• • • 원문

六品亦有異意 謂初品示所觀之法 法謂一心如來藏體 第二品明能觀之行 行謂六行無分別觀 第三本覺利品顯一心中之生滅門 第四入實際品顯一心中之眞如門 第五眞性空品雙遣眞俗不 壞二諦 第六如來藏品遍收諸門同示一味

해설

겉으로 드러난 상을 없애고 안으로 일어나는 모든 생각을 없애어 별상(別相) 속에 들어 있는 자성광명(自性光明)을 드러내어 성문 연각의 이승(二乘)의 경지에 들어간다.

이후 개별적으로 완성된 별체에서 경계를 부수고 나와서 주객이 사라진 총체(總體)의 실제(實際) 속으로 들어가 진여법광(眞如法光)을 마음대로 일으켜(起) 가지가지 별상(別相)을 지어내기도 하고, 다시 진여법광 쪽으로 돌아가(歸), 통상(通相)으로 일여평등(一如平等)의 세계를 전개하기도 하여, 마침내 일미(一味)의 불법대해(佛法大海) 속으로 들어간다.

용광로로 들어가
더 큰 나로 나오라

처음의 〈무상법품〉과 〈무생행품〉은 관행의 시(始)와 종(終)으로 상(相)을 보내고 본(本)으로 돌아가는 것을 밝혔고, 중간의 〈본각이품〉과 〈입실제품〉은 교화의 본(本)과 말(末)로 본(本)을 좇아서 행(行)을 일으킴을 밝혔고, 마지막 〈진성공품〉과 〈여래장품〉은 인(因)과 과(果)의 섭성(攝成)으로 귀본(歸本)과 기행(起行)을 함께 밝힌 것이네. (금강삼매경론 6)

前二品攝觀行始終 次二品者敎化本末 其後二門攝因成果 又前二品遣相歸本 中間二品從本起
行 後二品者雙顯歸起

해설

처음의 무상법품과 무생행품은 부정(否定)과 파(破)의 단계로 모든 드러난 상과 일어나는 생각을 없애고 없애서 누구나 갖추고 있는 진여의 체, 즉 통상(通相)으로 돌아가는 귀(歸)의 과정을 설했고, 중간의 본각이품과 입실제품은 긍정(肯定)과 입(立)의 단계로 진여의 체에서 행을 일으켜 가지가지 존재, 즉 별상(別相)을 일으키는 기(起)의 과정을 설했다.

마지막의 진성공품과 여래장품은 기(起)와 귀(歸)를 자유자재로 구사하여 어떤 것에도 걸림이 없는 무애행(無碍行)의 극치를 설했다.

구름 걷히면
곧 명월이다

상(相)과 생(生)을 모두 없앰이 본각리(本覺利)요, 실제와 진공은 곧 여래장으로 귀일되네.

앞의 상과 생이 없어진 본각리는 망(妄)을 보내어 인(因)을 짓는 과정을 말하며, 실제와 진공이 귀일된 여래장은 진(眞)을 드러내어 과(果)를 이루는 과정을 말하네.(금강삼매경론 7)

相生都泯是本覺利實際眞空 是如來藏 又前門者遣妄顯因 其後門者顯眞成果

해설

겉으로 드러난 상(相)과 안으로 일어난 생각을 없애면 본래 자성광명의 달(月)이 저절로 드러나고, 자성광명의 달이 드러나면 이것이 원인(原因)이 되어 일여(一如)의 진여세계와 참된 공(空)의 세계가 전개되어 결국 어디에도 걸림 없는 청정한 여래장 세계가 전개되는 결과(結果)를 가져오게 된다.

결국 산은 산이고
물은 물이다

육품은 오직 한맛(一味)일 뿐이니 그 까닭은 상(相)과 생(生)에는 본래 성품이 없고, 본각에는 본(本)이 없으며, 실제는 제(際), 즉 경계를 여읜 것이며, 진성은 또한 공한 것이니, 어떻게 여래장성이 있을 수 있겠는가?

여래장품에서는 "이 식(識)이 항상 적멸한데, 적멸하다는 것도 적멸하다."고 하였고, 총지품에서는 "7식과 5식이 나지 않고, 8식과 6식이 적멸하며, 9식의 상이 공무(空無)하다."고 하였네.

이러한 무소득(無所得)의 한맛(一味)이 바로 이 경(經)의 종요(宗要)가 되네.(금강삼매경론 8)

• • • 원문

此六品唯是一味 所以然者 相生無性 本覺無本 實際離際 眞性亦空 何由得有如來藏性 如下如來藏品中言 是識常寂滅 寂滅亦寂滅 總持品言 七五不生 八六寂滅 九相空無 如是無所得之一味正爲此經之宗之要

 해설

여태까지 여섯 단계로 구분하여 심의 수행과정을 설한 것은 모두 하나의 방편에 지나지 않는다.

원래 중생심의 바탕은 스스로 깨달아 있는 본각광명체인 일심(一心)의 바다 그 자체가 아니었던가? 이미 내가 부처인데 무슨 수행이 필요하며 무슨 경전이 필요하단 말인가?

돌고 돌아 거울 앞에 서면 결국 산은 산이고 물은 물이다.

바람을 쉬게 하여
물결을 재워라

경(經)에 "제도할 만한 중생에게 모두 일미(一味)를 말씀하신다."고 했는데, 이
는 중생을 위하여 깊은 법을 모두 설하심을 밝힌 것이네.

'제도할 만한 중생'이란 여래가 교화하는 일체 중생을 말하는 것으로 중생이란
알고 보면 모두가 이 일심이 유전(流轉)한 산물에 불과하네.

그리고 '일미(一味)를 말씀하신다'는 것은 여래께서 설하신 일체 교법(敎法)이
모두 일각(一覺)의 맛으로 귀일됨을 말하네.

원래는 일체 중생이 하나의 각이건만 다만 무명으로 인하여 꿈을 따라 유전(流
轉)되어 중생계를 이루게 되네.

따라서 여래의 일미의 설을 따라 일심의 근원으로 돌아가면 모두가 한자리에
서게 되네. (금강삼매경론 9)

••• 원문

楞伽經言 寂滅者名爲一心 一心者名如來藏 今此文言實法相者是寂滅義 一覺了義者卽是一心
如來藏故 法華論云 諸佛如來能知彼法究竟實相 言實相者 謂如來藏法身之體不變義故 今此
經言一覺者 一切諸法唯是一心 一切衆生是一本覺 由是義故名爲一覺 至下演中當更分別
經曰可度衆生皆說一味 論曰此明爲他皆說深法 可度衆生者 如來所化一切衆生莫非一心之流
轉故 皆說一味者 如來所說一切敎法無不令入一覺味故 欲明一切衆生本來一覺 但由無明隨夢
流轉 皆從如來一味之說無不終歸一心之源

해설

각양각색의 중생들이 저마다 걸치고 있는 옷을 벗고 목욕탕에 들어가
면 닮은 점이 많아지고 몸을 불에 태워 뼈를 부수어 그릇에 담으면 닮은
점이 더욱 많아진다.

그리고 여러 가지 행동과 언설(言說)을 쉬게 하면 더욱더 같은 점이 많
아지고, 모든 의식작용을 멈추게 하고 그 의식을 일으키는 근원에 다가가면, 하나의 공통된
진여의 바다에서 서로 하나로 만나게 된다.

바로 이 자리가 일심(一心)이요, 일미(一味)요, 일승(一乘)이다.

세우기 위해
파괴하라

경(經)에, "선남자여, 만약 중생을 교화하려면, 변화하는 데서 남(生)이 없게 하여, 나지도 않고 변화도 없게 하면, 그 교화가 크다."라고 하셨는데, 논하면, 먼저 '변화하는 데서 남이 없게 한다'는 것은 처음 관(觀)을 닦을 때 모든 현상의 상(相)을 부수어서 저 환(幻)으로 된 상(相)에서 일어나는 모든 망상을 없애야 한다는 뜻이네.

그리고 '나지도 않고 변화도 없게 한다'는 것은 이미 환화(幻化)의 상(相)을 없앴으면, 다음의 공(空)한 상(相)도 보내어 환화도 공도 없는 데서 더 이상 망상을 내지 않는 것을 말하네.

중생은 본래 자신의 마음이 상을 여읜 것임을 모르고 무명 속에서 두루 상(相)을 취하여 생각을 움직이고 망상을 내어, 마침내 중생의 상태에 빠져들고 마네. 이런 까닭에 먼저 상(相)을 없애고 다음 상을 취하는 그 마음마저 없애라고 하네.(금강삼매경론 10)

• • • 원문

經曰善男子若化衆生無生於化不生無化其化大焉 論曰
於幻化相減其生心故 不生無化者 旣破化相次遣空相 於無化空亦不生心故 所以然者 衆生本
來迷心離相 遍取諸相動念生心故 先破諸相減取相心

해설

중생이 중생이라는 생각을 버리지 못하는 한, 중생은 영원한 중생이다. 자신이 중생임을 강력히 거부할 때 거기에 새로운 빛이 드러난다. 이를 두고 부정의 미학이라 하고, 부정의 창조활동이라고 일컫는다. 긍정하기 위해 부정하고, 세우기 위해 파괴하고, 태어나기 위해 죽고, 자유로워지기 위해 고독하고, 만나기 위해 헤어진다.

나와 나의
마음을 떠나라

경(經)에 "저 중생들로 하여금 모두 '마음'과 '나'를 여의게 하라. 일체의 '마음'과 '나'는 본래 공적한 것이다. 만약 공(空)한 마음을 얻으면 마음이 허깨비처럼 변화하지 않을 것이고, 허깨비도 없고 변화도 없으면 곧 무생(無生)을 얻게 된다. 무생의 마음은 곧 변화가 없음을 말한다."고 하였네.

논하면, 이것은 바로 무이(無二)의 상을 관하는 것을 밝힌 것인데 소취(所取)와 능취(能取)의 여읨을 말하네.

소취, 즉 보이는 객관을 여읜다는 것은 일체의 인(人)과 법(法)의 상(相)을 여의는 것을 말하는데, 인(人)은 나(我)를 말하고, 법(法), 즉 모든 사물은 마음(心)을 말하네.

마음은 모든 법이 일어나는 주(主)가 되기 때문이네.

인(人)과 법(法)이 본래로 공(空)임을 통달했을 때 먼저 취한 상이 이때 일어나지 않으니 인법(人法)의 두 여읨을 일시에 성취하게 되네.

그럼 능취(能取), 즉 주관적인 생각을 여읜다는 것은 어떤 뜻인가?

이는 일체를 능히 취하는 분별을 여읜다는 것인데 여기에는 본리(本離)와 시리(始離) 두 종류가 있네.

본리는 마음과 내가 본래 공한 것임을 통달할 때 바로 본각의 공적한 마음을 얻게 됨을 말하고, 이 공적한 마음은 본래 허깨비처럼 변화를 하지 않으니, 경(經)에 "만약 공한 마음을 얻으면 그 마음이 허깨비처럼 변화하지 않는다."고 하신 것이네. 이는 허깨비처럼 변화하지 않는 것은 허망한 것이 아니기 때문이네.

시리(始離)라는 것은 이 본각의 공적한 마음을 얻었을 때, 능취의 분별이 다시 일어나지 않는 것을 말하네. (금강삼매경론 11)

經曰令彼衆生皆離心我一切心我本來空寂若得空心心不幻化無幻無化卽得無生無生之心在於
無化 論曰是明正觀無二之相 以離所取能取二故 離所取者 以離一切人法相故 此有二種 一者
遣離 二者泯離 遣離者先所取相今滅除故 如經令彼衆生皆離心我故 泯離者先所取相本來空故
如經一切心我本來空寂故 言心我者 人名爲我法名爲心 心是諸法所依主故 達諸人法本來空時
先所取相此時不起 所以二離一時成就 已說離所取 云何離能取 謂離一切能取分別此亦二種
一者本離 二者始離 言本離者 通達心我本來空時正得本覺空寂之心 此空寂心本離能取 離能
取故本不幻化 如經若得空心心不幻化故 不幻化者非虛妄故
言始離者 得此本覺空寂心時能取分別不復得生

해설

지(地), 수(水), 화(火), 풍(風)의 사대(四大)가 인연에 의해 모인 색신(色身)이 내 몸이고, 이 색신을 바탕으로 수(受), 상(想), 행(行), 식(識)이 교묘하게 배합되어 이루어진 것이 내 마음이다.

그러므로 별체로서의 나는 원래 없다. 이미 내가 없거늘, 없는 내 마음이 그려 낸 바깥 객관 세계 또한 어찌 존재할 수 있단 말인가. 이 모두가 환(幻)이요 그림자이다.

이런 논리에서 비추어 보면, 인식되는 객관존재, 즉 소취(所取)도, 인식하는 주체인 능취(能取)도 결국은 다 비고 빈 것이다.

여태까지 물속에 비친 산의 그림자를 바라보면서 바람에 일어나는 물결에 따라 산의 형상을 여러 가지로 바라보다가, 문득 바람도 쉬고, 물도 마르고, 산의 그림자도 사라지면, 그제야 비로소 그 자리에 앉은 채 고개를 돌린다.

고개를 돌리는 순간 물속에 비친 청산이 아니고 원래의 변함없는 청산의 본모습이 의연히 드러남을 알게 된다.

토끼 뿔에
걸리지 말라

온갖 마음의 상(相)은 종자가 근본이 되는데, 이 근본종자는 아무리 구하여도 영원히 구하지 못하네.

그 이유는 종자가 현재에 있다고도 할 수 없고, 이미 지나간 과거에 있다고도 할 수 없기 때문이네. (금강삼매경론 12)

一切心相種子爲本 求此本種永無所得 所以然者 爲在現時爲已過去

해설

중국 선종의 제2조인 혜가대사와, 초조인 달마대사 사이에 있었던 다음과 같은 대화가 전해진다.

"내 마음이 몹시 괴롭습니다. 제발 이 괴로운 마음을 좀 편안하게 해 주십시오."

"그래, 그럼 그 괴로운 마음을 이리 가져와 보거라."

"아무리 찾아도 그 마음을 찾을 길이 없습니다."

"이제 너의 마음은 편안해졌다."

위 대화에서 볼 수 있듯이 원래 우리의 희로애락의 실체는 없다. 이미 없거늘 무엇을 번민하며 무엇을 고민한단 말인가? 그래서 『천수경』에서는 '실제로 모든 죄는 자성(自性)이 없고 오직 마음의 작용에 따라 일어날 뿐이다.' 고 설하고 있다.

우리가 벗어던진 자신의 옷이 찢어지는 것을 보고 아파하고 불에 타는 것을 보고 뜨거워한다면 이것은 분명 어리석은 짓이다. 이것은 단지 여태까지 젖어 왔던 습(習)과 정(情)과 착(着)에 의해 자기 자신과 옷을 동일시함으로써 비롯된 것이다.

이미 육체를 벗어던진 영혼이 위장이 없으면서도 위장이 아프다고 호소하는 것도 이 모두가 이 습(習)과 집착에 의해서 비롯된 것이다.

진공(眞空)의 도리를 안다면 살아서도 즐겁고 자유로우며, 죽어서도 즐겁고 자유롭다.

원래 수레의
실체는 없다

"인과(因果)가 마음의 작용에서 일어난다"는 것은 인과의 흥기(興起)에 마음의 작용이 근본이 되어 마음이 능히 인(因)을 짓고 마음이 능히 과(果)를 받기 때문이네.

"마음도 오히려 있지 않거늘 하물며 몸이 있겠는가?"라는 것은 도리에 따라 관해 보건대, 마음은 이미 얻을 수 없거늘 하물며 마음이 지은 바인 색신(色身)이 어찌 있을 수 있으며, 몸도 마음도 없거늘 어찌 몸과 마음으로 구성된 내가 있을 수 있겠느냐는 뜻이 되네.

또한 마음이 없으므로 인과가 공하고, 인과가 공하므로 내가 없으며, 또한 인과가 공하므로 십이지(十二支) 인연도 공하고, 십이지 인연이 공하므로 짓는 자와 받는 자가 모두 공하다는 뜻이 되네.(금강삼매경론 13)

• • • 원문

因果所起興於心行者 因果之起心行爲本 心能作因心受果故 心尚不有何況有身者 依上所說觀察道理心不可得 況心所作色身是有乎 身心尚無況有我耶 又心不有故因果亦空 因果尚空況有我乎 又因果空故十二支空 況有作者受者等耶

해설

내 마음이 지은 것이 인(因)이요, 내 마음이 앞서 지은 인(因)의 결과로 받는 것이 과(果)다. 마음의 작용인 인과의 법칙에 의해 십이인연(十二因緣)이 전개된다.

십이인연은 '무명(無明)─행(行)─식(識)─명색(名色)─육처(六處)─촉(觸)─수(受)─애(愛)─취(取)─유(有)─생(生)─노사(老死)'를 말한다.

무명은 진리와 등진 어두운 생각을 말하고, 행은 전체에서 떨어져 나가려는 무의식적인 충동을 말하고, 식은 개체로서 태어나려는 의식 작용을 말하고, 명색은 정신과 육체의 근본을 말하고, 육처는 눈, 귀, 코, 혀, 몸, 의(意) 등 다섯까지 감각과 뜻을 말하고, 촉은 외계사물과의 접촉을 말하고, 수는 외계사물과의 접촉을 능히 받아들이는 고통과 즐거움의 감수 작용을 말하고, 애는 고(苦)를 버리고 즐거운 것에 집착하는 것을 말하고, 취는 욕망에 의해 외계의 좋은 것을 직접 몸으로 받아들이는 것을 말하고, 유는 다음 생에 태어날 업을 쌓는 것을 말하고, 생은 업에 따라 몸을 받아 다음 생에 태어나는 것을 말하고, 노사는 늙어 병들어 죽는 것을 말한다.

여기서 무명, 행은 과거 생에 지었던 두 가지 인(因)이 되고, 식, 명색, 육처, 촉, 수는 과거의 인(因)에 의해 받게 되는 현재의 다섯 가지 과(果)가 되고, 애, 취, 유는 다음 생을 일으킬 세 가지 인(因)이 되고, 생, 노사는 현재 생의 인(因)에 의해 받게 될 미래의 두 가지 과(果)가 된다.

바로 이 십이인연에 의해 내가 존재하게 된다.

그러나 알고 보면 내 마음이 원래 없는 것이니 마음의 작용인 인과가 없고, 인과가 없으니 십이인연도 없고, 십이인연이 없으니 나도 없고, 나도 없으니 짓는 자도 없고, 받는 자도 없다.

용수의 공(空)을 근본으로 한 중관사상(中觀思想)은 이 논리에 바탕을 두고 이루어졌다.

눈의 경계로
유무를 판단 말라

"만약 아(我)가 있다는 자는 '있다는 소견'을 멸하게 하라."는 것은 아(我)의 집착을 여의게 한 것이고, "만약 아(我)가 없다고 하는 자는 '없다는 소견'을 멸하게 하라."는 것은 무아(無我)의 집착을 여의게 한 것이네.

이는 먼저 아집을 부수어 외도(外道)의 병을 여의게 하니까, 다시 무아를 취하여 이승(二乘)의 병에 떨어지므로, 이에 좇아 무(無)에 대한 집착을 부수어 버린 것이네.

이미 아(我)라는 것이 본래 있는 것이 아닌데 어찌 '아(我)가 없다'는 말이 성립할 수 있겠는가?(금강삼매경론 14)

• • • 원문

謂若有我者令滅有見者 牒前況破滅存我執 若無我者令滅無見者 此正逐破無我之病 所以然者
先破我執離外道病 而取無我墮二乘病故 今逐破著無之見 我本非有況有我無

해설

아(我), 즉 내가 있다고 하면 불도가 아닌 외도(外道)에 떨어지고, 내가 없다고 하면 성문 연각, 즉 이승(二乘)의 무병(無病)에 떨어진다.
그럼 이 유무(有無)를 어떻게 해결할 것인가?
일심(一心)에서 일어나면(起) 있고(有), 일심(一心)으로 돌아가면(歸) 없다(無). 또한 일어난 것은 없는 것이고(無), 돌아간 것은 있는 것이다(有).

그리운 이를 보려면
눈을 감아라

능히 두 극단을 여의면서도 중간에도 집착하지 않네.

만약 무(無)를 여의고 유(有)를 위하거나 유(有)를 파(破)하고 공(空)을 취(取)한
다면 이것은 망공(妄空)이 되어서 진무(眞無)가 아니네.

유를 여의고 공에 집착(執着)하지 않는 진무(眞無)를 얻어야만 비로소 법이 참
으로 없다는 자리에 오를 수 있네.

이같이 진공(眞空)을 얻을 때, 마음이 나지 않음을 보고, 온갖 유(有)니 무(無)니
하는 마음을 멀리 여의고, 남(生)이 없는 자리에 오를 수 있네. (금강삼매경론 15)

· · · 원문

能離二邊而不著中 如其離無取有破有取空 此爲妄空而非眞無 今雖離有而不存空 如是乃得諸
法眞無故 言得法眞無 決定性義如前已說 得眞空時觀心不生遠離一切有無心故 故言決定無生

눈을 감아라(無). 그대가 보일 것이다(有). 공(空)이 대문 밖을 나서니
유(有)가 되고, 공(空)이 대문 안으로 들어와 단잠에 취하니 곧 무(無)가
해설   된다.

돌덩이 속에서
순금을 보라

경(經)에, "모든 여래께서는 항상 하나의 각(覺)으로써 중생들의 모든 식(識)을
굴리어 청정식인 아마라에 들게 하시니 이는 일체 중생이 본래부터 깨쳐 있기
때문이다. 항상 일각으로써 모든 중생을 깨우쳐서 저 중생들로 하여금 모든 정
(情)과 식(識)이 공적(空寂)함을 알고 무생(無生)임을 깨닫게 하신다. 왜냐하면
결정된 본성은 본래 움직임이 없기 때문이다."고 설하네.

이것은 근본이익의 뜻을 밝힌 것으로 본각과 시각을 설명한 것이네.

즉 중생이 본래부터 깨쳐 있다는 것은 본각을 말하고 정식(情識)이 공적(空寂)
함을 깨닫게 하신다는 것은 시각을 말하며 이 시각이 종국에는 곧 본각과 같게

됨을 드러낸 것이네.(금강삼매경론 16)

• • • 원문
經日佛言諸佛如來常以一覺而轉諸識入唵摩羅何以故一切衆生本覺常以一覺覺諸衆
生皆得本覺覺諸情識空寂無生何以故決定本性本無有動 論曰是答正廣本利之義
此文具顯本始二覺 謂一切衆生本覺等者 是本覺義 覺諸情識寂滅無生者 是始覺義 是顯始覺
卽同本覺也

해설

금광석을 용광로에 넣어 모든 흙과 돌과 잡티를 녹여 제거해 내면 순금
이 나온다.
금광석 속에 있는 금을 시각(始覺)이라 하고, 순금 덩어리를 본각(本覺)
이라 한다.
초승달이 커지면 보름달이 되듯이 시각이 수행 속에서 지속되면 결국 본각이 된다.
중생의 심은 금광석과 같고, 부처의 심은 순금 덩어리와 같다.
그러나 끊임없는 수행과 도야에 의해 잡티를 제거해 가면 결국 금광석 속의 금이나 순금 덩어
리의 금은 같게 된다. 그러나 금광석과 순금 덩어리는 엄연히 다르다.
이를 두고 중생심은 부처이면서 또한 부처가 아니라고 한다.

품속의 보물을 가지고
거지 노릇 하지 말라

길을 잃은 아들이 자신의 몸에 돈을 지니고 있으면서도 알지 못하고 시방(十方)
을 떠돌기를 50년이 지났네. 그동안 빈궁곤고(貧窮困苦)하여 오로지 일거리를
찾아 겨우 목숨을 연명하는 정도에 그쳤네.
아버지가 아들에게 이런 일이 있음을 보고 아들에게 말하였네. "너는 돈을 가
지고도 왜 쓰려 하지 않았느냐? 필요한 것을 마음대로 써서 충족할 수 있었는
데……."
이에 그 아들이 돈을 지니고 있음을 그제야 깨닫고 마음으로 크게 기뻐하며,

"돈을 얻었다."고 하니 그 아버지가 말하기를, "어리석은 아들아, 너는 너무 기뻐하지 마라. 얻었다는 그 돈은 본래 네 것이었다. 얻은 것이 아닌데 무엇을 그토록 기뻐하느냐?"고 되물었네.(금강삼매경론 17)

· · · 원문
迷子手執金錢而不知有遊行十方經五十年貧窮困苦專事求索而以養身而不充足其父見子有如是事而謂子言汝執金錢何不取用隨意所須皆得充足其子醒已而得金錢心大歡喜而謂得錢其父謂言迷子汝勿欣1等所得金錢是汝本物汝非有得云何可喜
論曰是答正明無得之義

해설

우리 중생은 자신 속에 본래부터 갖추어져 있는 태양같이 밝은 광명의 본각자성(本覺自性)이 있다는 사실도 모른 채 마치 이집 저집 문전걸식을 하는 거지처럼 외부의 물상에 끌려 다니면서 한 생애를 끝내고 만다. 이 얼마나 비천한 삶인가?

진정 자신이 완전한 진리의 화신임을 알고 당당한 주인공의 자세로 살아간다면, 외물을 마음대로 조절하고 부릴 수는 있어도 외물에 끌리어 다니는 마소 같은 노예는 결코 되지 않는다. 무엇보다 중요한 것은 자신이 피와 살과 뼈로만 구성되어 있는 한낱 허망한 물질적 존재가 아니라, 이를 통제하고 부릴 수 있는 밝은 불성(佛性)을 지니고 있는 우주 대 생명인 부처님과 동격임을 자각하는 일이다.

내가 부처님과 하등의 차이가 없다고 자각할 때 비로소 여태까지의 잘못된 좁은 시각에서 벗어나 자유자재한 진리의 무애행을 누릴 수 있는 것이다.

요리책만 보지 말고
쌀부터 씻어라

본각에 들어가는 두 가지 문이란 이치(理致)로 들어가는 이입(理入)과, 행으로 들어가는 행입(行入)을 말하네.

이입(理入)이란 중생의 본성이 참 성품과 같지도 다르지도 않지만 다만 객진번뇌(客塵煩惱)에 가려져서 잘못된 망상을 낸다고 믿고, 가지도 않고 오지도 않고 오직 한 생각에 집중하여 불성을 자세히 관찰하되 유(有)도 아니고 무(無)도 아니며, 나도 없고 타인도 없으며, 범부와 성인이 둘이 아님을 알고, 금강심에 머물러, 함도 분별도 없이 적정상태를 유지해 가는 심수행법을 말하네. 이입(理入)은 이치에 순(順)하여 믿고 이해하나 아직 증행(證行)을 얻지 못한 단계이므로 십지(十地)의 아래 단계를 말하네.

한편 행입(行入)은 이치를 아는 대로 몸으로 직접 수행하여 무생행(無生行)으로 들어가는 수행법을 말하는데 이는 증행(證行)을 얻었으므로 십지(十地)의 위 단계이네.(금강삼매경론 18)

• • • 원문
二入者一謂理入二謂行入理入者深信衆生不異眞性不一不共但以客塵之所翳障不去不來凝住
覺觀諦觀佛性不有不無無己無他凡聖不二金剛心地堅住不移寂靜無爲無有分別是名理入
此中理入者 順理信解未得證行故名理入 位在地前
行入者 證理修行入無生行故名行入 位在地上

해설

누구나 가지고 있는 본각자성의 바다 속에 도달하는 길은 두 가지가 있다. 첫째로 인식론적 방법으로, 철두철미한 이론 규명을 통해 본각자성의 해안까지 이르는 길이다.

두 번째로는 실천론적 방법으로 철두철미한 행을 통해 본각자성의 바다 속으로 첨벙 뛰어드는 길이다. 이 두 길, 즉 지(知)와 행(行)이 서로 합일(合一)이 될 때 비로소 본각자성의 광명을 볼 수 있다.

오늘날 이론적 논리추구와 진리규명을 철학의 궁극적 목표로 삼고 있는 서양철학은 기껏해야 위의 첫 번째 단계인 이입(理入)의 완성단계에 진입할 뿐이다. 이런 논리에 입각한 학문을 하다 보니 그들이 말하는 소위 최고 지성인인 학자 그룹이나 사회 고위층 그룹의 사람들이 부도덕하고 비윤리적 행동을 예사로 저지른다.

해방 이후 서양교육을 교육의 기준으로 삼아 온 오늘날 우리 사회에서도 이런 현상이 빈번히 일어나는 것도 어찌 보면 당연한 귀결이다.

이입(理入)의 이론규명 단계를 지나 반드시 행입(行入)의 실천단계가 뒤따를 때 비로소 사상이 내 몸에 체인되고 궁극적으로 학문이 완성된다.

한 걸음 한 걸음 성실히 걸어
정상에 도달하라

대력보살이 여쭈기를, "원컨대 어떤 것이 육행(六行)이온지 말씀해 주소서." 하니, 부처님께서 말씀하시길, "첫째는 십신행(十信行)이요, 둘째는 십주행(十住行)이며, 셋째는 십행행(十行行)이며, 넷째는 십회향행(十迴向行)이며, 다섯째는 십지행(十地行)이며, 여섯째는 등각행(等覺行)이다. 이와 같이 행하는 자라야 능히 알 수 있느니라."고 하셨네.

이 육행(六行) 중 앞 네 번째까지는 이입(理入)의 단계이고, 뒤 다섯 번째와 여섯 번째 행은 행입(行入)의 단계이네.

이 육행은 간략하게는 본업경(本業經)에 설해져 있고, 자세하게는 화엄경에 설해져 있네. (금강삼매경론 19)

• • • 원문

大力菩薩言云何六行願爲說之佛言一者十信行二者十住行三者十行行四者十迴向行五者十地行六者等覺行如是行者乃能知之 論曰此是第三別顯階位 唯顯行位除其果位 所以不取妙覺之地 此六行中前四位是理入階降 後二位者行入差別 於中略義在本業經 廣分別義出華嚴教

해설

중생이 수행을 통해 자성본각의 불지(佛地)에 도달하는 데는 크게 나누면 여섯 관문을 통과하여야 하는데, 첫째 관문은 십신행(十信行) 관문이고, 두 번째 관문은 십주행(十住行) 관문이고, 세 번째 관문은 십행행(十行行) 관문이고, 네 번째 관문은 십회향행(十迴向行) 관문이고, 다섯번째 관문은 십지행(十地行) 관문이고, 여섯째 관문은 등각행(等覺行) 관문이다.

그리고 십신행, 십주행, 십행행, 십회향행, 십지행 안에 제각기 10개의 문이 있고, 등각행에 하나의 문이 있어 총 51개의 문을 거쳐야 52번째 최종문인 묘각행에 진입하여 불지에 이를 수가 있다. 이 과정에 대한 구체적인 예는 화엄경의 입법계품의 선재동자의 구도행 과정에 잘 드러나 있다.

여기서 십신행은 믿음의 단계이고 십주행은 마음을 한곳에 머물게 하는 단계이고, 십행행은 일상생활에서 실천하는 단계이고, 십회향행은 중생을 위해 이타행을 닦는 단계이고, 십지행은 주객을 넘어선 이사원융행(理事圓融行)을 닦는 단계를 말하고, 등각행은 남아 있는 아주 미세한 번뇌식마저 없애는 단계를 말하며, 묘각행(妙覺行)은 곧 불지(佛地)의 단계를 말한다. 이같이 더 높은 차원으로 이어지는 수행의 길, 이것이 세세생생 이어지는 중생 교향곡의 주제곡이다. 그런데도 육체의 안락과, 식욕, 색욕, 재물욕, 명예욕, 수면욕, 즉 오욕의 충족만으로 인생이 도달해야 할 정상에 다 이른 양 겉치레 인생을 계속 살아간다면, 이야말로 죽음에 이르러서야 크게 후회하게 되는 어리석은 행동이다.

목불(木佛)은 불(佛)이면서 동시에 나무토막이다

부처님께서 말하는 것은 뜻의 말이요 글의 말이 아니며, 중생의 말은 글의 말이요 뜻의 말이 아니네.

뜻의 말이 아닌 것은 모두 공무(空無)한 것이고, 공무한 말로는 뜻을 말할 수 없네. 뜻을 말하지 않는 말은 다 망어(妄語)이네.

여기서 '뜻의 말이요, 글의 말이 아니다' 고 한 것은 말씀이 그대로 여실(如實)한 뜻이어서 빈 글(空文)이 아니기 때문이고, '글의 말이요, 뜻의 말이 아니다' 고 한 것은 그 말이 형식에 그쳐서 그 속에 참된 뜻이 없기 때문이네.(금강삼매경론 20)

• • • 원문
我所說者義語非文衆生說者文語非義非義語者皆悉空無空無之言無言於義不言義者皆是妄語
標中言義語非文者 語當實義故非直空文故 文語非義者 語止空文故不關實義故

해설

부처님의 말씀은 진리의 본바탕을 완전히 깨닫고 이 진리의 체에서 퍼져 나오는 광명을 문자를 빌려 드러낸 것이므로, 뜻의 말이지 번지레한 옷과 같은 글의 말은 아니다.

그러나 우리 중생의 말은 아직 진리의 본체를 깨닫지 못하고 드러난 형상만 분석하고 그저 형식논리로 짜맞춘 것이므로 글의 말이지 진리의 광명이 스며든 뜻의 말은 아니다.

그러므로 경을 읽을 때는 무턱대고 분석의 칼만 들이댈 것이 아니라 때로는 명상과 기도하는 자세가 필요하다.

강물의 경계를 풀고
바다가 되어라

부처님께서 말씀하시길, "장자(長者)여, 비유하건대, 강(江), 하(河), 회(淮), 해(海)가 크고 작음이 다르고, 깊고 얕음이 다르며, 이름과 모양이 다르기 때문에, 물이 강에 있으면 강수(江水)요, 물이 회(淮)에 있으면 회수(淮水)요, 물이 하(河)에 있으면 하수(河水)라 하지만, 모두 바다에 있으면, 오직 해수(海水)라고만 부르네. 법도 이와 같아서 함께 진여(眞如)에 있으면 오직 불도(佛道)라고 부르느니라."고 하셨네.

여기서 강(江), 하(河), 회(淮)는 삼승행(三乘行)에 비유한 것이고, 바다는 불도(佛道)에 비유한 것이네. 크고 작음이 다르다는 것은 삼승의 마음이 넓고 좁음이 같지 않음을 비유한 것이고, 깊고 얕음이 다르다는 것은 삼승의 지혜의 우열이 같지 않음을 비유한 것이네.

이 두 뜻에 따라 그 이름도 각각 다르네.

모두 바다에 있으면 오직 바닷물이라고만 부른다는 것은 저 삼승이 십지의 법이 공한 진여(眞如)의 바다에 들어가면 오직 불도라고만 할 뿐 삼승의 이름은 없어짐에 비유한 것이네. (금강삼매경론 21)

. . . 원문

佛言長者譬如江河淮海大小異故深淺殊故名文別故水在江中名爲江水水在淮中名爲淮水水在河中名爲河水俱在海中唯名海水法亦如是俱在眞如唯名佛道 論曰是第二答有喩有合 初中江河淮者 喩三乘行 海喩佛道 大小異者 喩三乘心寬狹不同 深淺殊者 喩三乘智優劣有異 隨前二義其名各別 俱在海中唯名海水者 喩其三乘同入十地法空眞如 唯名佛道沒三乘名

해설

본각자성의 광명이 눈에 있으면 보고, 코에 있으면 냄새 맡고, 귀에 있으면 듣고, 입에 있으면 말하고, 머리에 있으면 생각한다.
그리고 이 본각자성들의 여여(如如)한 광명이 한국에 있으면 한국혼이 되고, 중국에 있으면 중국혼이 되고, 일본에 있으면 일본혼이 되고, 미국에 있으면 미국혼이 된다.

그리고 이 본각자성의 여여한 광명이 황인종에 있으면 황인종의 정신이 되고, 흑인종에 있으면 흑인종의 정신이 되고, 백인종에 있으면 백인종의 정신이 된다.

그러나 이 모든 본각자성의 광명은 하나의 진리체인 일심(一心)이란 원래 하나의 광명에서 우러나온 빛이다.

그러므로 이 모든 개개(個個)의 존재와 혼과 정신은 결국 하나이다. 이런 큰마음이 인류의 머리와 입에만 머물지 말고 뜨거운 가슴으로, 손으로, 발로, 호흡으로 퍼져 나갈 때, 비로소 참된 인류의 구원과 평화가 이룩된다.

나무 가운데서
불꽃을 보라

나무 속에는 불의 성품이 들어 있는데도 쪼개어 찾아보면 아무리 구해도 찾을 수가 없네. 그러나 나무 가운데 불의 성품이 없는 것이 아니라서 비벼서 구하면 반드시 불이 나타나네. 이같이 한 마음도 모든 상(相)을 분석해 보아도 마음의 본성을 찾아낼 수 없지만 모든 법상(法相) 가운데는 마음의 성분이 스며 있으므로 도를 닦아 구하면 반드시 본성이 나타나네.

이것은 불의 성품은 비록 모양은 숨었으나 그 세력은 마치 국왕처럼 크므로 화성왕(火性王)이라 부르는 것과 같네.(금강삼매경론 22)

• • • 원문

木中有火大性 分析求之不得火相 而實不無木中火性 鑽而求之火必現故 一心亦爾 分析諸相
不得心性 而實不無諸法中心 修道求之一心顯故 如是火性相隱勢大如似國主 故名王也

해설

나무에 무슨 불이 있는가, 종이 위에 무슨 불이 있는가? 그러나 돋보기로 하늘의 태양 빛을 한 점에 모아 계속 비추면 종이 위에 연기가 나고 마침내 불이 피어난다.

이와 마찬가지로 중생의 마음속에 무슨 불성이 있는가?

그러나 믿음과 수행의 돋보기로 부처님의 진여광명을 모아 오직 한마음으로 정진해 나가면 마침내 중생의 마음에서 본각자성광명(本覺自性光明)의 빛이 일어난다.

일단 불이 일어나면 온 사방의 잡초를 다 태워 버릴 수 있듯이, 일단 심이 깨어나면 온갖 번뇌식을 다 태워 버리고 우주 만법의 진리와 하나가 된다.

사대문(四大門)에
우열을 두지 말라

부처님께서 말씀하시길, "장자(長者)여, 불가사의하다. 내가 미혹한 자를 위해 설하는 법이 가지가지이고 그 방편도 가지가지이지만 이 모든 법은 오직 한맛의 지혜일 뿐이다. 왜냐하면 비유컨대 한 도시에 사대문(四大門)이 열렸는데, 사람들이 이 사대문을 따라서 들어가면 모두 한 도시 안으로 들어갈 수 있는 것처럼, 저 여러 중생들이 저마다 뜻에 따라 들어가는 갖가지 법이 다르더라도 그 맛은 모두 한 가지 맛이다."고 하였네.

여기서 말한 '내가 설하는 모든 법'은 삼승교와 일승교를 통틀어 말씀하신 것이고, '미혹한 자를 위한 것'이란 일미에 도달하지 못한 자들을 위해서 설하시기 때문이고, '방편'으로 이끄는 것이란 모두 일미로 들어가게 하는 수단인 때문이네.

이는 일단 바른 관에 들면 언교(言敎)가 필요치 않기 때문이네.

'오직 한맛의 진실한 지혜일 뿐이다'라는 말은 모든 교법이 지향하는 바는 오직 참된 의미를 바로 관하는 지혜일 뿐이기 때문이네.

그리고 '한 도시'라는 것은 하나의 진실한 뜻에 비유한 것이고, '사대문이 열렸다'는 것은 네 가지 종류의 가르침에 비유한 것으로 삼승교와 일승교를 말하네.

'이 사대문이 모두 한 도시로 들어간다.'는 것은 사교(四敎)에 의해서 모두 하나의 진실로 들어감을 비유한 것이네.

'저 여러 중생들이 저마다 뜻에 따라 들어간다'는 것은 중생의 근기(根氣)의 얇고 깊음에 따라 저마다의 다른 길을 따라 하나의 교로 들어감을 비유한 것이네.

그리고 '한 도시'는 한 진실한 도리에 비유한 것이니 이곳이 바로 백성이 들어가는 곳이고 중생들이 돌아가는 곳이 되네.

여기서 '갖가지 법'이란 사대문에 합치되는 방편이고 '한 가지 맛'이란 곧 도시에 합치되는 말로 진실한 뜻을 말하네.(금강삼매경론 23)

• • •원문
佛言長者不可思議我說諸法爲迷者故方便道故一切法相一實義智何以故譬如一市開四大門是四門中皆歸一市如彼衆庶隨意所入種種法味亦復如是 論曰 是第二答 於中有三 謂法喩合 初法說言我說諸法者 謂三乘敎及一乘敎 爲迷者故者 爲未達一味者說故 方便道故者 皆入一味之方便故 入正觀時不須言敎故 一切法相一實義智者 因諸敎法所入之相唯一實義正觀智故 喩中言一市者 喩一實義 開四門者 喩四種敎 謂三乘敎及一乘敎 是四門中皆歸一市者 依四敎者皆歸一實故 如彼衆庶隨意所入者 隨根淺深隨入一敎故

해설

우주만법의 진리 그 자체인 불법대해(佛法大海)에 들어오는 문은, 교문(敎門)도 있고, 선문(禪門)도 있으며, 조계종 문도 있고, 태고종 문도 있고, 천태종 문도 있고, 진각종 문도 있고, 법화종 문도 있고, 염불종 문도 있고, 정토종 문도 있으며, 심지어는 천주교 문도 있고, 기독교 문도 있고, 천도교 문도 있고, 대종교 문도 있고, 회교 문도 있고, 유교 문도 있고, 한두교 문도 있고, 바라문교 문도 있다.

일천(一天) 강물이 동서남북으로 흘러 일단 바다로 들어서면 모든 강물이 한맛의 바닷물이 되듯이, 모든 교문의 설도 일단 불법대해에 이르고 나면 모두가 일미(一味)의 불승(佛乘)으로 원융(圓融)되는 것이다.

이런 측면에서 보면 오늘날 인류를 위협하는 종교전쟁은 아직 미성숙한 중생들의 유치한 패싸움에 불과한 것이다.

여섯 번째 여행

수행의 장애

우리는 이 여섯 번째 여행에서
원효로부터 여섯 가지의 조언(助言)을 얻음으로써
수행의 과정에서 일어나는
여러 가지 장애요인을 극복하게 된다.

『이장의』

『이장의(二障義)』는 원효대사의 번뇌사상이 가장 잘 드러난 저서로 유식학의 번뇌설을 기초로 하여 이론을 체계화하고 있다. 이장(二障)이란 수행에 장애가 되는 두 가지 요소로 번뇌장(煩惱障)과 소지장(所知障)을 말한다. 번뇌장은 실제로는 내가 없는데 내가 상주(常住)한다는 착각인 아집(我執), 즉 인집(人執)에 매달려 갖가지 번뇌식을 일으켜 자성 광명을 흐리게 하여 수행을 막는 장애를 말한다. 그리고 소지장은 객관적인 물상(物像)의 제법이 모두 환(幻)과 같이 허망한 것인데도 여기에 실체가 있다고 착각하는 법집(法執)에 얽매여 수행을 방해하는 장애를 말한다. 원효는 오직 보살행만이 이 두 가지 번뇌장을 동시에 없앨 수 있다고 강조하며 대승행의 보살수행을 적극 권장한다.

벽을 헐고
청산을 맞아들이라

이장(二障)이라고 말하는 것은 두 가지 장애로 하나는 번뇌장(煩惱障), 즉 혹장(惑障)이고, 다른 하나는 소지장(所知障), 즉 지장(智障)을 말하네.

번뇌장을 달리 번뇌애(煩惱碍)라 하고, 소지장을 지애(智碍)라 부르기도 하네.

여기서 장(障)이란 두 가지 뜻이 있는데 하나는 '막고 그치게 한다'는 뜻이고, 다른 하나는 '덮고 가린다'는 뜻이네.

'막고 그치게 한다'는 것은 유정(有情), 즉 중생들을 가로막고 억제해서 생사윤회(生死輪廻)로부터 벗어나지 못하게 한다는 뜻이고, '덮고 가린다'는 뜻은 청정한 자성(自性)을 가리고 덮어 버려서 열반(涅槃)에 이르지 못하게 한다는 뜻이네.(이장의 1)

• • • 원문

言二障者 一煩惱障亦名惑障 二所知障亦名智障 惑有二門 名煩惱碍及與智碍 障以遮止爲義 亦用覆蔽爲功 遮止有情不出生死 覆蔽理性不顯涅槃 由是二義故名爲障

해설

수행하는 데 방해가 되는 것을 장(障)이라 하고, 여기에는 번뇌장과 소지장 두 가지 종류가 있다. 이 두 가지 장애를 합쳐 이장(二障)이라 한다. 번뇌장은 스스로의 마음속에서 일어나는 생각이 수행을 방해하는 것을 말하고 소지장은 개관적인 여러 상들이 수행을 방해하는 것을 말한다.

비유컨대 원래의 달의 광명을 되찾는데 달 자체에서 생겨나는 흐린 점을 번뇌장이라 하고 바깥에서 달 표면을 가리는 크고 작은 구름을 소지장이라 한다.

스스로 족쇄를 풀고
감옥에서 나오라

번뇌장(煩惱障)은 탐내고 성내는 등의 마음의 미혹을 말하네.
망상의 번뇌를 본성으로 하여 현재의 그릇된 행동을 야기하며 몸과 마음을 고
뇌 속에 빠뜨려 어지럽게 하므로 번뇌장(煩惱障)이라 하고 또한 중생을 핍박하
고 고뇌케 하여 적정(寂靜)을 여의게 하므로 번뇌장이라 하네.(이장의 2)

・・・원문
煩惱障者貪瞋等惑 煩勞爲性 逼起現行惱亂身心故名煩惱 此當体從功能立名 又復能感界內煩
惱之報 逼惱有情令離寂靜故名煩惱

해설

수행의 첫 번째 장애요인인 번뇌장은 무엇인가?
이는 우리의 마음 가운데서 일어나는 구름 떼로, 곧 무명에서 비롯되는
갖가지 번뇌 망상을 말한다. 그럼 이 구름 떼를 어떻게 없앨 것인가? 우
선 아집에서 벗어나는 일이다.
아집이란 원래 내가 없는데 나라는 존재에 집착하여 일어나는 전도된 망상을 말한다.
이미 내가 없거늘, 어찌 나에 대한 집착이 있을 수 있으며, 나에 대한 집착이 없다면 어찌 아집에
서 비롯되는 번뇌 망상을 일으킬 수 있다는 말인가? 바로 이것이 번뇌장에서 벗어나는 길이다.

앞산에 가려
큰 산을 놓치지 말라

객관 사물에 얽매이는 법집(法執) 등의 의혹으로 말미암아 지혜의 성질을 가로
막아서 현재의 모습을 정확히 보지 못하게 하고 동시에 경계(境界)에 의해 덮이
고 가려져서 현재의 마음을 올바로 드러나지 못하게 하는 장애를 소지장이라
하네.(이장의 3)

• • • 원문

法執等惑遮止智性 不成現觀 覆蔽境性不現觀心 由是義故名所智障

해설

수행의 두 번째 장애요인인 소지장은 무엇인가?

이는 우리의 주변에서 일어나는 갖가지 형상을 말한다. 그럼 이 주변에서 생겨나는 구름 떼를 어떻게 없앨 것인가? 우리 주변의 모든 객관적인 물상들은 원래 하나인 내 마음이 주객으로 분리되어 분별망상으로부터 생겨난 것이 아닌가. 이미 한 마음인데 어찌 보는 자가 있으며 보이는 자가 있겠는가.

그리고 이미 내가 없거늘 어찌 나에 대비되는 객관적인 법이 존재하며 머리에 쌓인 잡다한 지식의 덩어리가 나의 청정한 달의 광명을 막을 수가 있겠는가?

일여(一如)의 푸른 허공에는 오직 밝은 달만이 환히 빛날 뿐이다.

세 가지 바람으로
구름 떼를 날려 버려라

번뇌를 항복받는 방법에는 아래 세 가지가 있네.

첫째는, 엄격한 계율을 잘 받아 지녀 악한 인연을 멀리하는 일이고, 둘째는, 바로 듣고 생각하는 두 가지 지혜에 의하여 욕망과 과오를 배척해 가는 일이고, 셋째는, 일상생활에서 일어나는 산란한 마음을 모아 하나의 대상에 집중하여 번뇌를 없애고 고요한 적정(寂靜)상태로 들어가는 일이네.(이장의 4)

• • • 원문

損伏差別有其三種 一遠離損伏 謂如受持禁戒遠離惡緣由 是勢力不起惡故 二厭患損伏 謂以聞思 二惠知諸欲過於彼過患修厭逆想 由是勢力不起著故 三奢摩他損伏

해설

막강한 세력으로 달려드는 이 번뇌의 구름 떼를 어떻게 막을 것인가?

계율이라는 갑옷을 입고, 선정(禪定)이라는 높은 단에 올라, 지혜라는 강풍을 일으키면 어느새 구름 떼는 사라지고 원래의 밝은 달이 중천에 높이 드러난다.

아카시아 뿌리는
완전히 뽑아 태워 없애라

번뇌의 끊음에는 세 가지 종류가 있으니, 첫째는 복단(伏斷)이고, 둘째는 영단(永斷)이고, 셋째는 무여멸단(無餘滅斷)이네.

첫째, 복단은 비유하자면 마치 돌 위에 풀뿌리를 올려놓고 날카로운 호미 등으로 그 뿌리를 단절하는 것과 흡사하네. 비록 줄기와 뿌리는 단절되었지만 아직 뿌리의 성질이 그대로 남아 있으므로 복(伏)이라 하고, 일단 줄기와 단절되어 뿌리의 성질이 지속되지 않으므로 단(斷)이라 일컫네.

둘째, 영단(永斷)은 비유하자면 마치 가마솥에 곡식과 보리를 집어넣고 불을 지펴 볶는 것과 흡사하네. 비록 솥이 칸막이 역할을 하여 곡식의 모습은 그대로 있지만, 불의 세력 때문에 종자로서의 역할을 더 이상 하지 못하네. 이로 인해 영원히 단절되었다는 뜻으로 영단이라 일컫네.

셋째, 무여멸단(無餘滅斷)은 비유하자면 마치 한 겁(劫)이 다할 때에 하늘에 일곱 개의 해가 동시에 나타나서 모든 공중과 바다와 대지를 불타게 하고, 미세한 티끌마저도 불태워 남은 것이 하나도 없게 하는 것과 흡사하네.

이같이 장식(藏識)의 바다와 무명(無明)의 대지가 다 소멸하고 이장(二障)의 미세한 잔여습기도 영원히 단멸되어 남은 것이 하나도 없게 되므로, 무여멸단(無餘滅斷)이라 일컫네. (이장의 5)

• • • 원문

所言斷者 有三差別 一者伏斷 二者永斷 其弟三者無餘滅斷 言伏斷者 譬如於石所加草根 更以
利鋤枰斷其根 永令不能生其外莖 根未滅故說名爲伏 根不續故亦名爲斷
言永斷者 譬如於火 穀麥 雖由絔隔不失穀相 而由火勢永不成種
所言無餘滅斷者 如劫盡時七日竝現 通然空界巨海大地 歇盡無遺 乃至微塵永無餘殘

우리 중생의 끊음은 복단이 대부분이다. 일시적인 세력은 제거했지만 인연을 만나면 어김없이 또 그 싹이 돋아난다. 아카시아 등걸을 베어 넘겼지만 이듬해 봄이 되면 또다시 뿌리에서 새 움이 돋아난다. 그래서 끝없이 죄를 범하는 자는 인간이고, 끝없이 용서하는 자는 신이라고 한다.

성문 연각의 끊음은 영단이다. 아직도 죽은 나무등걸과 뿌리는 그대로 남아 있다. 그래서 비록 그 세력은 없지만 아직도 남아 있는 형체에 미련이 있어 마음이 집착되는 것을 떠날 수 없다.

부처의 끊음은 무여멸단이다. 한 번 끊고 나면 남은 세력도 형체도 완전히 사라져 버린다. 철저한 무(無)로의 환원, 본래의 청정한 자리로의 귀속, 이것이 진정한 끊음의 의미이다.

나를 버리고
주객의 웅덩이에서 벗어나라

나도, 중생도, 지혜로운 자도, 보는 자도 결국 없는 것이니, 하물며 색(色), 수(受), 상(想), 행(行), 식(識) 등의 오온(五蘊)이 어찌 있을 수 있겠는가?

그러나 인연의 도리에 의하면 나와 객이 있지도 않고 없지도 않네. 없지도 아니한 까닭에 나와 객이 모두 인식하는 지혜의 대상이 되고, 있지도 아니한 까닭에 나와 객이 본래 없다는 공한 진여의 본체에 들어가네.

공한 진여의 본체에 들어 있어도 나와 객이 완전히 없다는 말은 아니고, 지혜의 인식 대상이 된다고 해도 나와 객이 항상 있다는 말은 아니네.

『화엄경』에서는 이를 두고 "일체법을 분별하되 모든 법의 상(相)을 취하지 마라. 중생을 잘 분별하면 이미 중생의 모습은 없는 것이다."라고 하였네. (이장의 6)

• • • 원문

尙無我無衆生乃至智者見者 何況當有色受想行識故 如其當因緣道理 若人若法非有非無 非無故說人法皆有量智所照 非有故說人法二空理智所證理智所證者不損人法也 量智所照者不壞二空也 如花嚴經言 分別一切法不取諸法相 善分別衆生而無衆生相

해설

영원한 바다의 연출, 파도는 크기로는 대소가 있고, 시간으로는 장단이 있고, 높이로는 고저가 있다. 분별의 눈으로 보면 상대의 경계가 펼쳐지지만, 일여(一如)의 눈으로 보면 한 생명의 바다가 출렁임일 뿐이다. 다시 말해서 모두가 바다의 물이다.

일천 강(一千江)에 비친 달은 모두가 하나의 달일 뿐이다.

수행의 지혜

우리는 이 일곱 번째 여행에서
원효로부터 열일곱 가지의 조언(助言)을 얻음으로써
수행의 과정에 필요한 지혜와 유식의 도리를 이해하게 된다.

『대혜도경종요』

『대혜도경종요(大慧度經宗要)』는 『반야경(般若經)』의 이 종지와 대요를 밝힌 책으로 총 여섯 문으로 구성되어 있다. 제1문은 이 경의 대의를 서술하고, 제2문은 이 경의 종지를 밝히고, 제3문은 이 경의 제명을 풀이하고, 제4문은 이 경의 연기를 밝히고, 제5문은 이 경의 교학상의 위치를 밝히고, 제6문은 이 경의 경문을 풀이하고 있다. 원효는 이 책 속에서 『대혜도경』을 풀이하길, 범어의 『마하반야바라밀경』을 한문으로 의역한 것이 『대혜도경』이라 하고, 대혜(大慧)가 의미하는 올바른 큰 지혜에 이르는 길은, 모든 상(相)들을 공한 것으로 보고, 생사의 흐름을 돌려 원래의 근원으로 돌아가는 데 있다고 설명한다.

『중변분별론소』

『중변분별론소(中邊分別論疏)』는 유식학의 신(信), 해(解), 행(行), 증(證)의 법상(法相)을 천명한 인도 스님 미륵의 『변중변론송』을 논석한 세친의 『중변분별론』을 풀이한 주석서이다. 원래 4권인데, 지금은 세 번째 한 권만 남아 있다. 『이장의(二障義)』와 더불어 원효의 유식학에 대한 견해를 알아볼 수 있는 대표적인 책이다.

『해심밀경소』

『해심밀경소(解深密經疏)』는 『해심밀경(解深密經)』을 풀이한 주석서로, 현존하는 자료로는 서(序) 부분만 남아 있다. 『해심밀경』은 유가행파의 근본경전으로 후세의 유식학자들에게 지대한 영향을 미쳤다. 신라승 원측의 주석서인 『해심밀경소』가 특히 유명하다.

『판비량론』

『판비량론(判比量論)』은 불교의 인식논리학을 체계화한 논(論)이다. 원효대사가 55세 때 행명사(行名寺)라는 절에서 지은 책으로 불교 논리학에 관한 여러 가지 학설들을 비교하여 정(定)과 부정(不定)을 가려서 이들 학설들을 하나의 논리체계로 회통(會通)하는 데 주안점을 두고 있다.

원효는 불교논리학의 최고봉인 인도의 진나보살의 학설을 바탕으로 호법계통의 현장법사의 이론을 비판하였다. 이런 연유로 원효는 인도 진나보살의 후신이라는 설까지 등장하였다. 여기서 비량은 불교논리학의 인명삼량(因明三量) 중 하나로 인명삼량은 현량(現量), 비량(非量), 비량(比量)을 말한다. 현량은 외계의 사물을 있는 그대로 인식하는 것으로, 예컨대 사과를 그대로 사과로 인식하는 것을 말한다. 비량(非量)은 잘못된 인식으로 환화(幻華)를 보는 것으로 예컨대 안개를 연기로 잘못 보는 것 등을 말한다. 비량(比量)은 이미 알고 있는 사실을 가지고 유추해서 알지 못하는 사실을 인식해 가는 것을 말한다. 예컨대 연기가 올라오는 것을 보고 불이 있다는 것을 추리해 가는 것을 말한다.

푸른 하늘을
보름달로 가득 채우라

이 경은 반야(般若)로 종(宗)을 삼으니, 설(說)이 없고 보일 것이 없으며, 모든 헛된 논의가 끊어진 진리의 말이네.

보일 것이 없으므로 보이지 않는 것이 없고, 얻을 것이 없으므로 얻지 못할 것이 없네.

육도(六度)의 만행(萬行)이 이에 원만하고 오안(五眼)과 만덕(萬德)이 이로 좇아 생겨나므로, 보살을 이루는 비밀장이며 모든 부처의 어머니네.(대혜도경종요 1)

• • •원문

今是經者 波若爲宗 無說無示 無聞無得 絶諸戲論之格言也 無所示故 無所不示 無所得故 無所不得 六度萬行 於之圓滿 五眼萬德 從是生 成菩薩之要藏也 諸佛之眞母也

해설

반야는 곧 지혜를 뜻한다. 바로 이 지혜야말로 성불의 열쇠가 되는 귀중한 보물이다.

그런데 이 지혜는 세속적인 객관적 지식이 아니다. 불법의 묘리에 계합된 최상의 지혜로 일심의 근원에 합치된 깨달음의 빛이다.

이처럼 지혜는 말과 글을 떠나 있고, 상(相)을 여의었으므로 설명할 수도, 들을 수도, 볼 수도, 시비할 수도 없는 절대 공(空)의 진리다. 동시에 절대 공의 진리이므로 보면 보이지 않는 것이 없고, 들으면 들리지 않는 것이 없고, 구하면 구해지지 않는 것이 없다.

그러므로 이 지혜야말로 보시, 지계, 인욕, 정진, 선정, 지혜의 육도, 즉 육바라밀과, 육안(肉眼), 천안(天眼), 법안(法眼), 혜안(慧眼), 불안(佛眼)의 다섯 가지 안목(五眼)을 두루 갖추고 있다.

이런 연유로 지혜는 모든 보살과 모든 부처를 탄생시키는 어머니가 된다.

우리가 아는 세간의 지식이란 시공의 상대 경계에 둘러싸인 나와 떨어져 있는 누적된 알음알이에 불과하다.

이런 지식들 근저에 지혜의 빛이 번뜩일 때 비로소 나와 하나가 된 근원의 지(智)로 통합된다.

팔만대장경은
그믐밤에 불을 끄고 읽어라

반야(般若)에는 세 종류가 있는데 첫째는 문자반야(文字般若)이고, 둘째는 실상반야(實相般若)이고, 셋째는 관조반야(觀照般若)이네.

이 경(經)은 뒤의 두 반야로 종(宗)을 삼는데 그 이유는 문자반야는 다만 문자로 된 경문(經文)의 교(教)이기 때문이네. (대혜도경종요 2)

• • • 원문

波若有三 一文字波若 二實相波若 三觀照波若 今此經者 後二爲宗 所以然者 文字但是能詮教故

해설

반야는 크게 세 종류로 대별되는데 문자반야, 실상반야, 관조반야가 그것이다.

문자반야는 반야를 드러내기 위한 방편적인 문자상의 반야이므로 반야 그 자체는 아니다. 달을 가리키는 손가락과 같은 반야를 말한다.

실상반야는 증득된 진리 그 자체, 즉 반야의 체(体)를 말한다.

관조반야는 모든 법의 실상을 비추어 보는 지혜를 말하는 것으로 사물의 진상을 꿰뚫어 보는 반야의 용(用)을 말한다.

간단히 말하면 문자반야는 반야의 겉모습을 말하고, 실상반야는 반야의 체를 말하며, 관조반야는 반야의 묘용을 말한다. 문자반야, 실상반야, 관조반야, 이 세 반야는 서로 떨어질 수 없는 불가분의 관계에 있다.

바다 품에 안겨
파도를 벗어나라

법의 실상은 모든 논란이 끊기어서 도무지 그렇다 할 것도 그렇지 않다 할 것도 없네.

『석론(釋論)』에서는 "일체가 실(實)이요, 일체가 실이 아니며, 일체가 실이면서도 또한 실이 아니며, 일체가 실이 아니면서도 또한 실이 아닌 것도 아니니 이것이 바로 모든 법의 실상이다." 하였네.

집착을 여의고 설하면 부당함이 없기 때문이네.

만일 집착하여 말끝에 매달리면 서로 파괴하기 때문에 실상이 아니네.(대혜도경종요 3)

• • •원문

諸法實相 絕諸戲論 都無所然 無不然故 如釋論云 一切實一切非實 及一切實亦非實 一切非實非不實 是名諸法之實相 案云 此說四句 是實相者 如其次第 許前四說 離著而說 無不當故 若有著者 如言而取 無不破壞故 非實相

모든 법의 실상은 상대와 분별을 떠나 있다. 그러므로 이런 것도 아니고 저런 것도 아니며 동시에 이런 것도 되고 저런 것도 된다. 따라서 모든 논쟁은 실상을 파악하지 못한 분별지에서 비롯된다.

오늘날 개인과 개인끼리, 민족과 민족끼리, 나라와 나라끼리 서로 싸우고 분쟁하는 것은 따지고 보면 결국 진리의 실상까지 나아가지 못하고 중간쯤 처한 어리석은 중생들의 장님 코끼리 논쟁에 불과하다.

때로는 근원으로 돌아가 하나가 되고, 때로는 지류로 흘러 나와 수많은 개체가 되는 것이 자연스럽게 이루어질 때, 비로소 진정한 인류의 화합은 가능하다.

망원경을 버리고
우주 자체가 되어라

만약 유견(有見)과 불견(不見)이 아무런 장애가 없다면 이것이 곧 해탈이네.

만일 보는 것이 있다 하면 유변(有邊)에 떨어지고, 만일 보는 것이 없다고 하면 곧 무변(無邊)에 떨어지네. 이 두 변(邊)을 여의지 못하면 곧 어느 한 변에 얽매여 결코 해탈하지 못하네.(대혜도경종요 4)

有見不見 無障無碍 即是解脫 若存能見 即墮有邊 若無見分 則墮無邊 不離邊故 即爲被縛

해설

지혜의 실상은 모든 주객(主客)이 떨어진 자리이다. 따라서 보는 자도 없고, 보이는 자도 없고, 이를 주관하는 자도 없다. 오직 일심(一心)의 흐름이 있을 뿐이다.

이미 지혜와 한 덩어리가 되고 나면, 유(有)도 무(無)도 없다. 유도 무도 없으므로 유 아닌 것도 없고 무 아닌 것도 없다.

이같이 모든 법에서 양변을 여읜 것을 해탈이라고 하며 곧 지혜를 증득했다고 한다.

서양의 이원론적 사고에 머물러 있는 한, 진정한 지혜에는 결코 도달하지 못한다.

원점 위에 앉아서
원주를 보라

과거, 미래의 음성이 비록 그대로 현재에 이르는 것은 아니지만 능히 듣게 되는 것은 삼매력 때문이네. 마치 장애물 밖의 어떤 물체를 보게 되는 것은 천안력(天眼力) 때문인 것처럼 과거, 미래의 음성도 그와 같이 비록 시간은 떨어져 있지만 듣게 되는 것이네.

이는 일찍이 있었고, 앞으로 있을 소리를 듣는 것이지, 결코 없는 소리를 듣는 것은 아니네. 만약 과거, 미래 부처님의 삼매력으로 소리가 현재에 이르게 하여 듣게 한다면, 범부나 이승(二乘)도 다 듣게 되네.(대혜도경종요 5)

彼過未音 雖不至今 而能得聞 三昧力故 如障外色 雖物所隔 而能得見 天眼力故 過未音聲 當知亦爾 雖時有隔 而能得聞 得聞會有當有之聲 非聞已滅 未生之無 若彼過未諸佛力故 聲至於今 而令聞者 凡夫二乘 皆得聽聞

해설

생각을 한곳에 모아 삼매에 들어가게 되면, 과거, 현재, 미래 모든 부처님의 설법을 다 들을 수 있게 되는데 이것은 모두 삼매에 들어갔을 때 나오는 지혜의 힘 덕분이다.

지혜의 체는 밝고 밝아서 시간과 공간을 떠나 있고, 지혜의 용은 미묘해서 과거, 현재, 미래 세계의 구석구석을 다 비출 수가 있다.

이같이 지혜의 삼매력 안에는 시공이 녹아들어 있으므로 지혜를 증득한 보살은 모든 곳과 모든 때의 소리를 능히 들을 수 있다.

한 방울 눈물 속에
사랑의 무게를 느껴라

지혜(知慧)의 첫 번째 뜻은 분명히 아는 것이니 능히 모든 지식의 경계를 분명히 밝히기 때문이네.

지혜의 두 번째 뜻은 아는 것이 없는 것이니 아는 것이 있으면 실상을 알지 못하기 때문이네.

지혜의 세 번째 뜻은 파괴하는 것이니 말할 수 있는 일체 법은 다 파괴할 수 있기 때문이네.

지혜의 네 번째 뜻은 파괴하지 않는 것이니, 모든 현상계의 가명을 파괴하지 않고 실상을 증득하기 때문이네.

지혜의 다섯 번째 뜻은 멀리 여의는 것이니 일체의 집착을 여의었기 때문이네.

지혜의 여섯 번째 뜻은 여의지 않는 것이니 일체만법의 법상을 증득해 알기 때문이네.

지혜의 일곱 번째 뜻은 여읨도 여의지 않음도 없는 것이니 일체법에 여읠 것도 여의지 않을 것도 없기 때문이네.

지혜의 여덟 번째 뜻은 파괴할 것도 파괴하지 않을 것도 없는 것이니, 일체 법에 파괴할 것도 파괴하지 않을 것도 없기 때문이네.

지혜의 아홉 번째 뜻은 아는 것도, 알지 못하는 것도 없는 것이니, 알 것이 없음으로 알지 못할 것도 없기 때문이네.

지혜의 열 번째 뜻은 의(義)라 할 것도 의(義) 아니다 할 것도 없는 것이니 일체
의 뜻을 얻을 수 없고, 일체의 뜻 아닌 것도 얻을 수 없기 때문이네.(대혜도경종요 6)

해설

지혜는 모든 사물의 근원과 지류를 두루 통괄할 수 있는 밝고 밝은 진어
의 빛을 말한다. 지류로 흘러나와 가지가지 종종법상(種種法相)을 지어
내고, 경계 짓고, 분별해 내며, 다시 근원으로 흘러들어 가서는 모든 경
계를 무너뜨리고 분별을 무너뜨려 일미의 평등법계에 노닐게 한다.

이를 두고 지혜의 묘상묘용(妙相妙用)이라 일컫는다.

강물이 마르고 나면 건너가야 할 피안(彼岸)도 없다.

도피안(度彼岸)은 네 가지 뜻이 있네

첫째, 생사(生死)의 이 언덕인 차안(此岸)에서 열반(涅槃)의 저 언덕인 피안(彼
岸)에 이르기 때문에 도피안이라 하네.

둘째, 유상(有相)의 차안에서 무상(無相)의 피안에 이르기 때문에 도피안이라
하네.

셋째, 아직 여물지 않은 지혜의 차안에서 구경지(究竟智)의 피안에 이르기 때문
에 도피안이라 하네.

넷째, 차안과 피안이 있는 데서 차안과 피안이 없는 데에 이르기 때문에 도피안

이라 하네.(대혜도경종요 7)

• • • 원문
到彼岸義 略出四義 一者 從生死此岸 到涅槃彼岸故 名到彼岸
二者 從有相此岸 到無相彼岸故 名到彼岸
三者 從未滿智此岸 到究竟智彼岸故 名到彼岸
四者 從有此彼岸 到無彼此岸 無所到故 名到彼岸

해설

도피안이란 범어 바라밀다(paramilda)를 의역한 말로 저 언덕에 이른 다는 뜻이다. 다시 말해서 생사(生死)와 유상(有相)과 불완전과 분별이 있는 고통의 이 언덕(차안)에서, 열반과 무상과 완전과 평등이 있는 안락한 저 언덕(피안)에 이른다는 뜻이다.

그럼 이 언덕은 어디 있고 저 언덕은 어디에 있는가?

아직 지혜의 실상을 증득하지 못한 사람은 경계심에 집착해 있기 때문에 떠나야 할 이 언덕이 있고, 도착해야만 저 언덕이지만, 실상을 증득한 사람은 이미 경계심이 사라졌기 때문에 떠나야 할 곳도 없고 도착해야 할 곳도 없다.

이 언덕과 저 언덕은 방편상 설정해 놓은 수행의 과정에 불과하다.

일념 일념마다
선의 씨앗을 심어라

사정단(四正斷)이라 함은 첫째, 이미 생긴 악과 불선법(不善法)에는 그것을 끊기 위하여 마음을 다잡아 부지런히 정진하는 것을 말하며, 둘째, 아직 발생하지 않은 불선법에는 이제 더 이상 발생하지 않도록 하기 위해 마음을 가다듬는 것을 말하네.

셋째, 아직 발생하지 않는 선법(善法)에 대해서는 이 선법을 일으키기 위해서는 마음을 열어 최선을 다하는 것을 말하며, 넷째, 이미 발생한 선법에 대해서는 발생한 선법이 사라지지 않고 그대로 계속 머물 수 있도록 마음을 굳게 지키는

것을 말하네.(중변분별론소 1)

• • •원문
四正斷者 一於已生惡不善法 爲令斷故 生欲策勵 發動精進 責心持心正斷 二於未生惡不善法
爲不生故 生欲策勵 乃至持心正斷 三於未生善法 爲令生故 生欲策勵 乃至持心正斷 四於已生
善法 爲欲令住 令不忘失 令修圓滿 令倍修 令增長 令廣大 生欲策勵 乃至持心正斷

해설
사정단이란 선을 기르고 악을 없애는 네 가지 바른 마음가짐을 말한다.
첫째, 이미 생겨 습관화된 악, 즉 불선법(不善法)은 다시는 생겨나지 않
도록 철저히 그 뿌리를 잘라 버리는 것을 말하고, 둘째, 아직 발생하지
않는 불선법은 영원히 발생하지 않도록 경계하는 것을 말하고, 셋째, 아
직 발생하지 않은 선법(善法)에 대해서는 한시바삐 선법을 일으킬 것을 다짐하는 것을 말하
고, 넷째, 이미 발생한 선법에 대해서는 사라지지 않도록 이를 잘 유지 확장시켜 가는 것을 말
한다.

몸뚱이를 온갖 오물로 가득 찬
가죽포대로 보라

범부는 우리의 육신이 깨끗하다고 생각하고, 감각이 즐겁다고 생각하고, 마음
이 항상 변함없다고 생각하고, 모든 법에 실아(實我)가 있다는 네 가지 전도된
생각에 빠져 있네.

그리고 고(苦), 집(集), 멸(滅), 도(道), 사제법(四諦法)을 닦아, 이 얽매임에서 벗
어나는 것을 수과단(修果斷)이라 하고 이 네 가지 잘못된 신(身), 수(受), 심(心),
법(法)을 차례로 수행하여 착각된 정(淨), 락(樂), 상(常), 아(我)를 끊어 가는 것
을 사념주(四念住)라 하네.(중변분별론소 2)

• • •원문
斷四顚倒 趣入四諦 身等離繫 是名修果斷 斷四倒者 謂四念住 隨其次第 能斷淨樂常我四倒也

해설

사념주는 사념처(四念處)라고도 하는데 그 네 가지는 다음과 같다.

첫째, 우리 중생은 부모로부터 받은 우리의 몸이 깨끗하다고 착각하는데 사실 우리 몸은 온갖 더러운 물질이 배 속에 들어 있고 아홉 구멍을 통해 이 더러운 물질이 끊임없이 배출되고 있다. 그래서 우리의 몸을 더럽다고 생각하여 몸의 집착에서 벗어나는데 이를 신념처(身念處)라 한다.

둘째, 우리 중생은 우리의 감각이 받아들이는 모든 것 예컨대 재물, 자녀, 음행, 권력 등이 모두 즐거운 것이라고 착각하는데, 사실 이것은 참된 즐거움이 아니고 고통을 일으키는 원인자에 불과하다. 그래서 우리의 감각으로 받아들이는 모든 것은 결국은 고통의 씨앗에 불과한 것이라고 생각하여 감각적 즐거움의 집착에서 벗어나는데 이를 수념처(受念處)라 한다.

셋째, 우리 중생은 우리의 마음에 항상 내가 있어 마음을 주관하고 변함없이 우리의 마음을 편안히 지켜 간다고 착각하는데 사실은 우리의 마음은 미친 소처럼 끊임없이 변화하고 생멸을 거듭한다. 그래서 이 마음을 더 이상 믿을 수 없는 것으로 보고 이 마음의 집착에서 벗어나는데 이를 심념처(心念處)라 한다.

넷째, 우리 중생은 우리 주변의 부모, 형제, 자매, 사랑하는 사람들, 좋아하는 것들, 이 모든 것이 자성(自性)이 있어 영원히 우리 곁에 지속되리라 착각하는데 사실은 내 주변의 모든 존재들은 나를 포함하여 언젠가는 사라져 버리고 마는 허망한 존재들이다. 그래서 모든 내 주변의 존재들은 무상(無常)하고 허망한 것임을 깨닫고, 이것들에 대한 집착에서 벗어나는데 이를 법념처(法念處)라 한다.

이같이 몸의 집착에서 벗어나고, 감각을 통해 받아들이는 즐거움의 집착에서 벗어나고, 마음의 집착에서 벗어나고, 법(法)의 집착에서 벗어나면, 여태 착각해 온 정(淨), 락(樂), 아(我), 상(常)은 사라지고, 고(苦)와 집(執)에서 벗어나, 멸(滅)과 도(道)의 길로 접어들어, 마침내 궁극적인 불지(佛智)에 이를 수 있다.

여덟 개의 '바를 정(正)' 자로 윤회에서 벗어나라

팔성도(八聖道)라 함은 정견(正見), 정사유(正思惟), 정어(正語), 정업(正業), 정명(正命), 정정진(正精進), 정념(正念), 정정(正定)을 말하네.

이는 곧 도(道)의 체(休)가 되며, 계(戒), 정(定), 혜(慧), 삼학(三學)에 포함되네.

즉 정견, 정사유, 정정진은 혜(慧)에 포함되고, 정어, 정업, 정명은 계(戒)에 포

함되고, 정념, 정정은 정(定)에 포함되네.(중변분별론소 3)

• • • 원문

八聖道自體者 正見正思惟正語正業正命正精進正念正定 知是八法是道支體 又此八法三蘊所
攝 如瑜伽說 此中正見正思惟正精進 慧蘊所攝 正語正業正命 戒蘊所攝 正念正定 定蘊所攝故

해설

팔성도는 일명 팔정도(八正道)로서 불교 실천 수행의 근본이 되는 여덟 가지 요소이다. 이 여덟 가지는 중도(中道)의 완전한 수행법이므로 팔정도(八正道)라 하고, 성인(聖人)이 되는 바른 길이므로 팔성도(八聖道)라고도 한다.

정견은 사물의 본질을 바르게 바라보는 것을 말하며, 정사유는 바른 생각과 인식을 말하며, 정어는 바른 말을 말하며, 정업은 바른 행동을 말한다.

정명은 바른 직업생활 및 사회생활을 말하며, 정정진은 바른 방향으로의 정진을 말하며, 정념은 바른 의식과 기억을 말하며, 정정은 마음이 항상 밝고 바른 자리에 머무는 것을 말한다.

그리고 계, 정, 혜 삼학은 불교에 입문하여 바른 도를 깨닫고자 사람이 반드시 닦아야 할 세 가지 행을 말한다.

계(戒)는 신(身), 구(口), 의(意), 즉 몸, 입, 뜻을 항상 밝고 청정하게 지켜 나쁜 행을 저지르지 않는 것을 말하며, 정(定)은 마음이 감각에 끌리지 않고, 흔들림이 없이 고요하고 편안한 상태를 항상 유지하는 것을 말하며, 혜(慧)는 모든 번뇌를 무명의 소산으로 믿고 지혜의 칼로 모든 무명과 번뇌의 뿌리를 끊고 진리를 철견하는 것을 말한다.

원효는 이 삼학과 팔정도를 하나로 통일하고 있는데, 즉 계(戒)의 구체적인 실천행동이 정어, 정업, 정명이며, 정(定)의 구체적인 실천행동이 정념, 정정이며, 혜(慧)의 구체적인 실천행동이 정견, 정사유, 정정진인 것으로 보았다.

비유컨대 물을 담는 그릇은 계요, 그릇에 담긴 물은 정이요, 물속에 비친 달은 혜이다.

이것을 우리 몸에 비유하면 내 육체가 계요, 육체 속의 마음이 정이요, 마음속의 밝은 빛이 곧 혜이다.

따라서 바른 말과 바른 행동과 바른 생활로 몸을 닦아 가고, 항상 바른 의식과 흔들림이 없는 고요한 생각으로 마음을 수행해 가고, 바른 견(見)과 바른 생각과, 바른 노력으로 지혜를 닦아 가면 마침내 본각자성(本覺自性)의 밝은 달은 둥그렇게 떠오른다.

거센 잡초의 세력으로부터
오곡을 보호하라

염법(染法)이 이미 생긴 것은 없애고, 생기지 않은 것은 일어나지 않게 하네.

반면에 정법(淨法)은 생기지 않은 것은 생기게 하고, 생긴 것은 늘리고 키워 가

네.(중변분별론소 4)

• • • 원문
染法 已生者滅 未生不起 爲上淨法 未生命生 生者增長

해설

우리 중생의 마음은 그대로 가만히 한 자리에서 머물지 못한다.

그래서 때로는 마음이 육체의 감각에 이끌리어 오염되는 방향으로 움직이기도 하고, 때로는 마음이 원래의 청정광명인 본각자성에 이끌리어 정화(淨化)되는 방향으로 움직이기도 한다.

그러므로 우리 중생은 항상 깨어난 상태에서, 나의 심이 어느 방향으로 흐르는지 시시각각 점검해 볼 필요가 있다. 정법(淨法) 방향이면 더욱 용맹정진을 하여 정(淨)한 마음을 더욱 정(淨)하게 하고, 염법(染法) 방향이면 단숨에 염(染)의 고리를 끊어 버리고 정법 방향으로 심을 돌려야 한다.

원효는 정법 방향으로 마음을 도야해 가는 과정을 정법훈습이라 하고, 염법 방향으로 마음이 염오되어 가는 과정을 염법훈습이라 칭했다.

여기서 훈습(熏習)이란 마치 우리가 안개 속으로 오랫동안 걸으면 자신도 모르게 자그마한 물방울에 옷이 촉촉이 젖어들듯이, 혹은 우리가 향을 파는 가게에 오래 있으면 향기로운 향내가 옷에 스며들듯이, 혹은 생선가게에 오래 있으면 비린내가 옷에 스며들듯이 자신도 모르게 서서히 그 향기와 냄새가 배어드는 것을 말한다.

즉 억지로 하려고 하는 조작함이나 촉박함이 없이 오랜 세월 동안 한 방향으로 묵묵히 행하다 보면 자신도 모르게 심이 그 방향으로 바뀌어 가는 현상을 말한다.

부처님은 언제나 시공에 꽉 차 있다

원래 부처님의 도는 깊고 현묘한 것이라서 조그만 빈틈도 없이 온 우주에 충만하며, 태연(泰然)하고 광원(廣遠)해서 끝 간 데 없이 넓고 묘원(妙遠)하네.

그러기에 유위(有爲)와 무위(無爲)는 모두 환화(幻化)와 같아서 아무런 구별이 없으며, 무생(無生)과 무상(無相)은 안과 밖을 모두 없애 주네.

'안과 밖을 없애 준다는 것'은 유무(有無)의 얽매임에서 벗어나서 자유롭게 풀어 준다는 뜻이고, '유위와 무위가 구별이 없다'는 것은 그것이 동일한 맛(一味)이라서 심(心)을 청정하게 해 준다는 뜻이네.

그래서 부처님의 도는 과거와 현재와 미래의 삼세에 걸림 없이 노닐며 평등하게 보고 시방(十方)을 두루 다니면서 몸을 드러내어 법계에 가득 차서 미래제가 다하도록 중생을 제도하네. (해심밀경소 1)

• • • 원문
原夫佛道之爲道也 湛爾?玄 玄於無間 泰然廣遠 遠於無邊 爾乃有爲無爲 如幻化而無二 無生無相 括內外而偕泯 偕泯之者 脫二縛而縣解 無二之者 同一味而澹神 故能遊三世而平觀 流十方而現身 周法界而濟物 窮未來而彌身

해설

시방 삼세 모든 법계에 두루 가득 찬 것이 부처님 마음이고 부처님 몸이다. 부처님이 부재한 곳은 송곳 끝 하나 꽂을 때가 없다. 발끝 닿는 곳마다 부처님 몸이요, 생각이 일어나는 곳마다 부처님 마음이며, 골골이 들려오는 개울물 소리마다 부처님 법음이다.

부처님은 좁은 절 안 법당에만 계시는 것이 아니고 사방팔방 상하 어디에도 계신다. 부처님은 내가 부른다고 해서 다가오는 것도 아니고, 내가 부르지 않는다고 해서 멀리 떠나는 것도 아니며, 내가 선한 생각과 행동을 한다고 해서 내 곁에 있는 것도 아니고, 내가 악한 생각과 행동을 한다고 해서 멀리 떠나는 것도 아니다. 부처님은 항상 지금 여기에 계신다. 이미 내 몸 위에 있고 내 마음 안에 상주해 계신다.

바른 눈만 뜨면 지금 바로 이 자리가 부처님의 자리이다.

왕에게는
왕관을 주어라

부처님께서, 한 생만 지나면 곧 부처의 지위에 오르는 미륵보살을 상대로 심원하고 비밀스런 뜻을 해설하시고 원만하고 깨끗한 국토에 노니시며 이 진실의 법륜(法輪)을 굴리셨네.

그러므로 이 경의 가르침은 매우 정밀하고 순수한 것이라서 번거롭고 화려한 것을 버리고 진실한 것만을 기록하였고, 오묘한 이치를 모아서 구경(究竟)의 도리를 밝혔고 또한 유와 무의 법상(法相)을 구체적으로 열어 밝히면서 수승한 진리는 모든 잘못된 견해를 멀리 떠나 있음을 밝혔네. (해심밀경소 2)

· · · 원문
如來對一生之大士 解彼甚深密義 居二九之圓土 轉此了義法輪 其爲敎也 極精粹焉 棄繁華而
錄實 撮要妙而宄陳 開有無之法相 示勝義之離邊

해설

부처님께서 미륵보살을 대상으로 하여 이 『해심밀경』을 설하셨다.
미륵보살이 누구던가?
바로 한 생애만 지나면 부처님의 지위에 오르게 될 대보살이 아닌가.
이 『해심밀경』은 그 뜻이 심오하고 난해하다. 왜냐하면 이미 미륵보살은 중생의 번뇌를 다 벗은 몸이라, 낮은 근기의 중생들의 이해를 돕기 위한 여러 가지 비유나 방편을 세울 필요가 없기 때문이다.
이런 까닭으로 이 『해심밀경』은 우리 범부중생들이 접근하기에 어렵다.
그러나 우리의 본각자성은 이미 미륵보살이고 부처님이니까, 마음을 한곳에 모아 집중하기만 하면 이해가 불가능한 것만도 아니다.

허공 속에서
진리의 법음을 보라

법신(法身)은 불가사의한 것이라서 모든 변설을 끊고 모든 유위(有爲)를 벗어나 있네.

모든 유위에서 벗어나 있기에 작위(作爲)되지 않는 것이 없으며, 모든 변설을 떠나 있기에 말하지 아니함이 없네.

작위되지 않는 것이 없기 때문에 모든 교화가 온 세계에 두루 하여 일시에 일어나고, 말하지 아니함이 없기에 모든 가르침이 삼천대천세계(三千大千世界)에 유전(流轉)하여 더욱 널리 퍼지네.

더욱 널리 퍼지는 말이면서 일찍이 한 말씀도 없으며, 일시에 일어나는 상(相)이면서도 본래 한 모양도 없으니 이를 부처님의 미묘한 비밀장이라 일컫네.

이 경은 바로 이 부처님의 비밀스러운 밀장(密藏)을 풀어헤치고 있으므로 『해심밀경(解深密經)』이라 하네. (해심밀경소 3)

・・・원문

法身 不可思議 絶諸戱論 極無所爲 無所爲故 無所不作 無所論極 無所不言 無不作故 入相之化 遍八荒而頓起 無言故 三輪之敎 流三千而彌誼 彌誼之說 未嘗有言 頓起之相 本來不然 是謂如來甚深密藏 今此經者 開發密藏 所以立題目 名解深密經

해설

봄의 실체를 볼 수 있는가?
볼 수는 없어도 봄이 되면 대지는 온화한 바람으로 가득 차고 수많은 생명들이 대지의 껍질을 뚫고 힘차게 돋아나지 않는가.
개나리도 피고 진달래도 피며, 제비는 옛집으로 돌아오지 않는가.
바로 이 겉으로 드러난 모든 것들이 바로 보이지 않는 봄의 실체의 드러남이 아닌가.
이같이 보이지 않으면서 모든 것이 보이고, 보이면서도 또한 보이지 않는다.
이를 두고 부처님의 비밀스런 밀장(密藏)이라 일컫는다.

눈동자의
뒤쪽을 주시하라

사분(四分)을 고집한다는 것은 삼분(三分)을 능파(能破)하기 위함이네.

그러므로 비량(比量)으로 말하자면 자증분(自證分)은 반드시 체(體)에 입각한 능자증분(能證分)이 있어야 하네(宗). 그렇게 되면 자증분은 심분(心分)에 포섭되기 때문에(因), 오히려 상분(相分)과 같다고 할 수 있네(喩).

그러나 자증분(自證分)은 응당히 심분(心分)에 속하는 상분이 아니네(宗).

따라서 자증분은 체(體)와 입각한 능자증분(能證分)이 필요 없기 때문에(因), 능자증분은 토끼뿔과도 같은 것이 되네(喩).(판비량론 1)

• • • 원문

執四分者 爲破三分 立比量云 自證必有卽體能證 心分攝故 猶如相分 自證應非心分所攝 以無
卽體之能證故 如兎角等

해설

원래의 일심이 어떻게 분화되느냐에 대한 학설에는 호법보살을 중심으로 한 사분설(四分說)과 진나보살을 중심으로 한 삼분설(三分說)이 있다.

호법보살은 원래의 한 마음이 요동하여 경계를 짓기 시작하여 보이는 자와, 보는 자와, 보는 자를 주관하는 자와, 보는 자를 주관하는 자를 다시 주관하는 자로 구분하였다.

여기서 보이는 자, 즉 객관적 대상을 상분(相分)이라 하고, 보는 자, 즉 주관적 인식작용을 견분(見分)이라 하고, 보는 자를 주관하는 자를 자증분(自證分)이라 하고, 보는 자를 주관하는 자를 다시 주관하는 자를 증자증분(證自證分)이라 한다.

이를 호법의 사분설(四分說)이라 한다.

한편 진나보살은 호법의 사분설에서 마지막 네 번째인 증자증분을 인정하지 않고 상분, 견분, 자증분으로만 삼분하였다.

이를 진나의 삼분설이라 한다.

일반적으로 불교논리학을 인명학이라고 하는데 여기에는 삼량설(三量說)이 주가 된다.

삼량은 현량(現量), 비량(比量), 비량(非量)을 말한다.

첫째, 현량은 현재 눈앞에 있는 사물을 있는 그대로 정확하게 인식하는 것을 말한다. 예컨대 눈앞의 소나무를 정확히 소나무로 인식하는 것을 말한다.

둘째, 비량(比量)은 사물과 사물을 비교 비유하고 과거와 현재, 미래를 유추하여 비교 비유해 가는 인식작용을 말한다. 예컨대, 담장 너머의 뿔을 보고 소가 있을 것이라고 추론하는 것을 말한다.

셋째, 비량(非量)은 사물을 잘못 보고 그릇되게 인식하는 것을 말한다. 예컨대 망아지를 송아지로 잘못 인식하는 것을 말한다.

여기서 현량은 바른 인식이고, 비량(比量)은 옳을 수도 틀릴 수도 있는 인식이며 비량(非量)은 잘못된 인식을 말한다.

그리고 신인명학(新因明學)에서는 논증 기법으로 주로 삼지작법(三支作法)을 활용하는데 삼지는 종(宗), 인(因), 유(喩)를 말한다.

종(宗)은 주장하는 자의 주장 내용을 말하며, 인(因)은 종(宗)의 내용을 타당하게 입증할 수 있는 근거 및 이유 제시를 말하며, 유(喩)는 종(宗)과 인(因)이 틀림없다는 것을 입증할 수 있는 구체적인 사례를 제시하는 것을 말한다. 일종의 연역법의 형식이다.

예컨대 다음과 같은 논리전개를 말한다.

사람은 죽는다(宗). 모든 생물은 죽기 때문이다(因). 토끼와 철수처럼(喩).

위의 내용을 바탕으로 원효의 논설을 비추어 보면 원효는 호법계통의 심사분설을 배척하고 진나계통의 심삼분설을 수용하고 있음을 알 수 있다. 왜냐하면 자증분 위에 또 증자증분을 두는 것은 머리 위에 다시 머리를 두는 격이고, 실제로는 존재하지 않고 단지 이름만 존재하는 토끼 뿔과 거북이 털을 설정하는 어리석은 짓과 같다고 논증하고 있기 때문이다.

손가락을 접고
달을 보아라

『성유식론(成唯識論)』에서는 비량(比量)을 내세워 말하기를, "제8식은 반드시 함께하는 의지처(所依)가 있다(宗). 그것은 식(識)의 성품이기 때문이다(因). 이것은 마치 6식 등과 같은 것이다(喩)."

그런데 여기서 인(因), 즉 매개 명사에 명백히 확정되지 않은 것이 있네.

그것은 위의 내용에 대해 다음과 같은 대등한 주장이 성립되기 때문이네.

"제8식은 반드시 함께하는 의지처가 없다(宗). 그것은 근본이기 때문이다(因).

이것은 마치 진여(眞如)와 같은 것이다(喻)."

그러나 여기에도 앞의 것과 마찬가지로 명백히 검증되지 않은 점이 있네.

그것은 능히 제 8식이 무위법(無爲法)을 생성할 수 있다고 가정한 점이네.

그런데 제8식은 전식(轉識)도 될 수 있네.

위의 내용을 비추어 볼 때 이 두 가지 주장은 서로 옳다고도 볼 수 있고, 서로 틀렸다고도 볼 수 있네.(판비량론 2)

· · · 원문

成唯識論 立比量言 第八必有俱有所依 是識性故 如六識等 此因不定 有等難故 謂有立言 第八
必無俱有所依 是根本故 猶如眞如 若言此有有法差別相違過失 能成第八是無爲故 是則前因
亦有是過 能成第八是轉識故 若言自故不成難 彼亦違自故非難也

해설

유식학에서는 대체로 인간의 심을 8식의 구조로 해석한다. 즉 안식(眼
識), 이식(耳識), 비식(鼻識), 설식(舌識), 신식(身識)의 다섯 가지 전오
식(前五識)과 의식(第六識), 말라식(第七識), 아뢰아식(第八識)의 구조
를 말한다.

여기서 안식은 눈으로 색을 보는 식을 말하며, 이식은 귀로 소리를 듣는 식을 말하며, 비식은
코로 냄새를 맡는 식을 말하며, 설식은 혀로 맛을 보는 식을 말하며, 신식은 몸으로 촉감을 느
끼는 식을 말한다. 위 다섯 종류의 감각식을 모두 합쳐 전오식(前五識)이라 이른다.

그리고 제6식인 의식은 가장 광범위한 식으로, 사유하고 논리적으로 추리하고 비판하고 종합
하는 모든 의식작용을 말한다.

제7식인 말라식은 일종의 우리가 느끼지 못하는 무의식 상태의 식으로 모든 것을 나 중심으
로 생각하는 전도된 아집식(我執識)을 말한다.

제8식인 아뢰아 혹은 아리아식은 역시 우리가 느끼지 못하는 일종의 무의식 상태의 식으로
각(覺)과 불각(不覺)의 성질을 동시에 지니고 있고, 생멸과 적멸의 두 측면을 공유하며, 진여
와 번뇌의 씨앗을 두루 포함하고 있는 식이다.

그래서 제 8식인 아뢰아식이 지니고 있는 각과 적멸과 진여와 무위의 성질을 따로 분리해 내
어 이를 제9식 아마라식이라고도 별칭하기도 한다.

우리 중생이 가지고 있는 제8식인 아뢰아식 가운데 각의 성품을 보면 중생은 곧 부처이고, 불
각의 성품을 보면 중생은 그대로 한낱 범부이다. 그러므로 아뢰아식을 소유하고 있는 중생은
부처와 같다고도 볼 수 있으며, 또한 다르다고도 볼 수 있다.

이런 맥락에서 보면 제8식 아뢰아식은 반드시 함께하는 의지처가 없다고도 볼 수 있고(각의
성질), 있다고도 볼 수 있다(불각의 성질).

물길을 거슬러 올라
무릉도원을 찾아라

증성(證成), 즉 인명(因明)의 도리는 깊고 난해한 것이라서 스스로의 조그만 알음알이로 비추어 보아 이런 것이라고 단정하며 쉽게 넘어갈 성질의 것이 아니네.

이제 부처님의 경전에 입각하여 한 부분을 드러내 놓았으니 원컨대 불도(佛道)가 삼세(三世)에 두루 유포(流布)되게 하소서.(판비량론 3)

• • • 원문
證成道理甚難思 自非笑却微易解 今依聖典擧 一隅 願通佛道流三世

해설 불교의 논리학인 인명학을 배운다는 것은 매우 어려운 일이다.

더구나 즉각적이고 감각적인 영상문화에 젖어 생각하기를 싫어하는 현대인에게는 더더욱 그렇다.

그런데도 오만한 현대인은 여태까지 안이하게 살아오면서 얻어들은 조그만 지식의 알갱이로 자기 세계를 구축한 좁은 관견으로 주변의 모든 것을 이해하고 해석하려는 어리석은 잘못을 끊임없이 저지르고 있다.

치열한 논리전개와 수행을 거쳐 광대한 바다에 이르러 보아야 여태까지 자신이 보아 왔던 호수가 좁은 줄을 알고, 공중 높이 올라가 보아야 여태 자신이 보아 왔던 산이 낮은 줄을 알 수 있다.

여덟 번째 여행

수행의 심화

우리는 이 여덟 번째 여행에서 원효로부터
스물네 가지의 조언(助言)을 얻음으로써
수행 과정에 꼭 필요한 우주와 나의 관계를 정립하고
'사람이 곧 부처'라는 '인즉불(人卽佛)' 사상에 눈뜨게 된다.

『화엄경소』

『화엄경소』는 『화엄경』을 풀이한 주석서로 원래는 8권이었으나 현재는 서문과 제3권만 남아 있다. '모든 중생을 이롭게 한다.'는 원효의 대중불교운동의 이상관과 그의 각종 경서에 대한 독자적인 견해가 이 책 속에 잘 드러나 있다. 원효는 『화엄경』의 원래 제목인 『대방광불화엄경(大方廣佛華嚴經)』을 다음과 같이 풀이하고 있다. "법계가 무한하니 '대방광'이요, 행덕이 끝없으니 '불화엄'이다. 그래서 '대방광불화엄'이라 했다. '대방'이 아니고는 '불화'를 넓힐 수 없고 '불화'가 아니면 '대방'을 장식할 수 없다. 이 때문에 '방'과 '화'를 함께 들어 '광엄'의 뜻을 밝히는 것이다. '경'이라 한 것은 이지러짐이 없이 완전한 법의 바퀴가 공간적으로는 온 우주를 채우고, 시간적으로는 과거, 현재, 미래의 삼세에 걸쳐 수없는 중생들을 교화하는 지극한 법도와 궁극의 표준이 되는 까닭에 그렇게 불렀다. 이제 그 근본의 뜻을 들어 표제로 삼아 『대방광불화엄경』이라 한다. 즉, 부처님의 밝은 광명으로 온 시공을 가득 채우고 장엄하게 하여 모든 중생을 구제한다는 뜻으로 경의 제목을 붙였다는 것이다.

『법화경종요』

일반적으로 '종요(宗要)'는 각 경의 가장 주된 중심사상을 뜻하는 말로 각 경 속에 들어 있는 종지와 대요를 말한다. 이 종요는 원효의 자유분방한 독창적인 사상이 유감없이 드러나 있는 저술 형태이다. 여기에는 『법화경종요』, 『열반경종요』, 『무량수경종요』, 『미륵상생경종요』 등이 있다.

『법화경종요(法華經宗要)』는 『묘법연화경』, 즉 『법화경』의 종지와 대요를 설한 책으로, 여섯 문으로 구성되어 있다. 제1문은 이 경의 대의를 서술하고, 제2문은 이 경의 종지를 드러내고, 제3문은 이 경의 묘용을 드러내고, 제4문은 이 경의 제명의 뜻을 밝히고, 제5문은 이 경의 교학상의 위치를 밝히고, 제6문은 이 경의 경문을 풀이하고 있다. 원효는 이 경 속에 모든 부처님이 세상에 출현한 큰 뜻이 설해져 있고, 모든 중생이 부처가 되는 길과 방편이 설해져 있다고 강조하며 이 경을 특히 중시하고 있다.

『열반경종요』

『열반경』은 '일체중생 실유불성(一切衆生 悉有佛性)', 즉 모든 인간은 누구나 부처가 될 수 있는 부처의 씨앗을 가지고 있다는 유명한 구절이 설해져 있는 경으로 '인류 역사상 최초로 인간을 창조의 주체자 자리에 우뚝 세운 위대한 인간 선언서'이다. 원효는 이 『열반경』의 대요와 종지를 그의 명저, 『열반경종요(涅槃經宗要)』에서 네 문으로 갈라 이를 잘 해설하고 있다. 제1문에서는 이 경을 설하게 된 인연을 밝히고, 제2문에서는 이 경의 근본 되는 종지를 밝히고, 제3문에서는 이 경의 본체를 드러내고, 제4문에서는 이 경의 교판적 위치를 설하고 있다. 원효는 이 경을 평하기를 불법의 큰 바다요, 대승경전의 비밀스런 뜻을 포괄하고 있어서, 그 깊은 뜻을 측량하기 어렵다고 극찬하고 있다.

한 알의 모래 속에
우주를 담아라

무장무애(無障無碍)한 법계의 법문을 살피면 법 아니면서 법 아닌 것이 없고 문 아니면서 문 아닌 것이 없네.

절대적 자유의 세계로 들어가는 가르침은 특정한 진리를 설하는 것이 아니면서도 그 모두가 진리에 합당하며 그 세계로 들어가는 길이 되네.

진리는 크지도 않고 작지도 않으며, 빠르지도 않고 느리지도 않으며, 움직임도 아니고 고요함도 아니고, 하나인 것도 아니고 여럿인 것도 아니네.

이런 까닭에 진리의 세계는 크고 작은 공간적 상대성, 빠르고 느린 시간적 상대성, 움직임과 고요함이라는 운동적 상대성, 그리고 부분과 전체라는 구조적 상대성을 초월해 있네.

대(大)가 아닌 까닭에 극미한 곳에 넣어도 남음이 없고 소(小)가 아닌 까닭에 태허(太虛)를 넣어도 넉넉함이 있네.

빠르지 않기 때문에 능히 삼세 겁(三世劫)의 파랑(波浪)을 안을 수 있고 삼세 겁의 파랑이 찰나 속으로도 들어가네.

움직임도 고요함도 아니기 때문에 생사가 열반이고 열반이 생사이네.

일(一)도 아니고 다(多)도 아닌 까닭에 한 법이 일체법이고 일체법이 한 법이네.

이렇게 무장무애(無障無碍)한 걸림 없는 법이 법계법문의 묘술이 되니 모든 보살이 드는 문이요, 삼세제불이 나오는 문이며, 이승사과(二乘四果)가 눈멀고 귀먹어 접근할 수 없는 경계요, 범부와 낮은 선비가 놀라며 코웃음 치는 경계이네.

이 법문에 든 사람은 한 생각에 능히 무변삼세(無邊三世)를 드러낼 수 있고 시방세계를 온통 한 티끌 속에 넣을 수 있으니, 이 같은 도술을 어찌 가히 생각으로 측량할 수 있겠는가.

이 법에 참여한 사람은 지금 그리고 여기라는 절대적 현재에서 초월을 경험하네.

그 초월은 상대적 시간과 공간을 떠나 있으므로 언어나 사유로 접근할 수 없네.

그렇지만 그 진리의 자리에 서서 이 일을 보게 되면 하루에 세 번 문을 나서는 것과 같이 평범하고 열 사람이 방 안에 앉은 듯 당연한 세계이니 무엇이 그리 기특한 일이 되겠는가.

법계의 대상을 손대거나 멸각시키지 않고 오직 주관의 망념만 없애므로 한 치의 손상 없이 있는 그대로의 일상적인 경험세계가 바로 진리의 영역이 되네.

하물며 수미산이 겨자씨 속에 들어가고 아주 좁은 공간에 많은 사람이 들어가는 것이, 마치 너른 창고에 곡식이 쌓이듯 하니, 만물이 우주의 품속에 아무런 장애 없이 안겨드는 것도 당연한 일이네.

봉황이 푸른 구름을 타고 높이 올라 산악의 낮음을 바라보는 것과 같고 하백이 한바다에 이르러 시냇물이 좁았음을 겸연쩍이 여김과 같으니 배우는 자는 이 경전의 넓은 문에 들어서야 비로소 여태까지 배운 것이 트인 공부가 아니었음을 알게 되네.

그렇지만 날개 짧은 새는 산림에 의지해서 자라고 있고, 송사리처럼 작은 물고기는 작은 여울에 살면서도 본성에 편안한 법이니 비록 보잘것없는 방편의 가르침이라도 내버릴 수 없네.

이 경문은 바로 원만무상(圓滿無上)의 돈교법문(頓敎法門)이라서, 법계법문을 널리 열고 무변행덕을 드러내어, 가히 닦음에 이를 수 있게 하네.

또한 이 법문을 끝없이 펼쳐도 모든 것에 들어맞으니 가히 깨달음에 이를 수 있게 하네.

이 문에 들어감이 없이 들어간 사람은 들어섬이 없기 때문에 들어서지 않음이 없고, 이 덕을 닦은 자는 얻음이 없는 까닭에 얻지 않음도 없네.

이 속에 삼현십성(三賢十聖)이 원만한 행이 다 들어 있고, 삼신 십불(三身 十佛)

의 모든 덕이 다 구비되어 있으니, 그 문장의 밝음과 뜻의 무궁함을 어찌 말로 다 할 수 있겠는가.(화엄경소 1)

• • • 원문

原夫無障無碍法界法門者 無法而無不法 非門而無不門也
爾乃非大非小 非促非奢 不動不靜 不一不多
由非大故作極微而無遺 以非小故爲大虛而有餘 非促之故能含三世劫波 非奢之故擧體入一刹
不動不靜故 生死爲涅槃 涅槃爲生死 不一不多故 一法是一切法 一切法是一法
如是 無障無礙之法 乃作法界法門之術 諸大菩薩之所入也 三世諸佛之所出也 二乘四果之聾盲
凡夫下士之所笑驚
若人得入是法門者 卽能不過一念普現無邊三世 復以十方世界咸入一微塵內 斯等道術豈可思議
然依彼門用看此事 猶是一日三出門外 十人共坐堂內偓然之域有何奇特
況乎須彌入於芥子者 梯米入於大倉也 方丈內乎衆座者宇宙內於萬物也 內入甚寬何足爲難乎哉
若夫鳳凰翔于靑雲下觀山岳之卑 河伯屆乎大海顧羞川河之狹 學者入乎此經普門 方知曾學之醞醱也
然短翮之鳥庇山林而養形 微喬之魚潛洰流而安性 所以淺近敎門亦不可已之耳
今是經者斯乃圓滿無上頓敎法輪 廣開法界法門顯示無邊行德 行德無畏而示之階階故可以造修矣 法門無涯開之的故可以進趨矣
趣入彼門者卽無所入故無所不入也 修行此德者卽無所得故 無所不得也
於是三賢十聖無行而不圓 三身十佛無德而不備 其文郁郁 其義蕩蕩 豈可得而稱焉

해설

원효의 무애(無碍)사상이 가장 잘 드러난 명문이며, 진리를 그려 내는 언어의 모습을 유감없이 보여 주는 묘문(妙文)이다.
모든 상대적 대립을 초월한 중도의 뜻이 무엇인지를 파헤치고 또한 모든 존재의 원융을 시도한 글이다.
화엄경의 이법계(理法界), 사법계(事法界), 이사무애법계(理事無碍法界), 사사무애법계(事事無碍法界)의 요지를 잘 드러내고 있다.
산봉우리 하나하나가 하늘을 배경으로 그리는 곡선도 그 자체로 완전하고 아름답지만,
동시에 이들 개개의 산봉우리 곡선들이 서로 어우러져서 때로는 솟고, 때로는 숨고, 때로는 달리고, 때로는 떨어지고, 때로는 안고, 때로는 배척하면서 그리는 곡선의 묘합은 더더욱 아름답다.
참고로 화엄경의 법계무애사상을 시각적으로 가장 잘 표현한 것이 화엄도량 영주 부석사의 무량수전 앞에 펼쳐져 있는 소백산맥과 태백산맥의 어우러진 산봉우리 곡선이다.
여기에 의상대사의 숨은 뜻이 놓여 있다.

어둠은 다만
빛의 부재이다

여래는 빛을 발하여 온 시방(十方)의 세계를 널리 비추고 이를 통해 여러 대중의 어둡고 막힌 장애를 없애 주며 또한 여래의 몸도 온 법계에 두루 퍼져 여러 대중을 깨닫게 해 주네.(화엄경소 2)

• • • 원문
此中如來放光普照十方 令諸大衆除滅闇障覺如來身周遍法界

해설

태양이 서산으로 넘어갈 때 만드는 노을은 황홀하기 이를 데 없다.

흰구름도, 먹구름도, 큰 구름도, 작은 구름도, 높은 구름도, 낮은 구름도, 먼 구름도, 가까운 구름도, 빠른 구름도, 느린 구름도, 이 모두가 아름다운 빛의 연출로 장관을 이룬다.

구름 그 자체는 보잘 것이 없지만 태양의 광명을 받을 때는 환희의 광채를 발하는 눈부신 황금덩어리로 제각기 바뀐다.

이같이 우리 중생과 개개의 사물들은 그 자체로는 미미한 존재에 불과하지만 일단 부처님의 광명을 받아 각자 각자가 원래부터 지니고 있는 자성광명이 점화되어 빛을 발하기 시작하면 황홀하기 이를 데 없는 아름다운 빛의 존재로 탈바꿈하게 된다.

부처님이 보리수 아래서 새벽에 떠오르는 별을 보고 정각했을 때, 보리수는 황금나무로 바뀌고, 흙무더기에 지나지 않던 산하대지는 맑고 청정한 광명의 땅으로 바뀐다.

빛을 품은 구름이 아름답듯이 자성광명에 눈뜬 이는 먼저 자신을 빛내고, 그 다음 주위 사람들마저 눈부신 빛으로 환희에 젖게 한다.

이것이야말로 진정한 수행자의 과보이다.

머리로 하여금
발바닥의 노고에 감사케 하라

천폭상륜(千輻相輪)이란 부처의 발바닥에 있는 천개의 바퀴살 무늬로서 가르침을 믿고 따르는 신행(信行)을 상징하네.

처음으로 믿음을 일으킨 자는 우선 바라밀을 닦는 10가지 마음을 내어 그것을 점점 늘려 가는데 지(止)와 관(觀)을 병진시켜 현수보살의 자리에 이르게 되네. 이런 의미에서 부처님 두 발의 상륜(相輪)에서 빛이 나온다고 하네.(화엄경소 3)

• • • 원문

相輪卽是千輻輪相 爲表信行 始發起者 初起十心 增至百千 止觀雙運 入賢首位故 從兩足相輪
而出也

해설

우리 몸의 맨 아래 부분에 위치하면서 우리 몸을 지탱해 주고 대지의 호흡을 직접 받아들이는 부분은 발바닥이다. 이 발바닥이야말로 건물의 지반과 같은 것이고, 연꽃의 진흙 속 뿌리와 같다.

모든 수행의 바탕은 믿음이다. 이 믿음의 크기에 따라 수행의 규모가 결정된다. 이는 마치 지반 공사의 강약에 따라 건물의 규모가 결정되는 이치와 같다.

또한 아래에 있다는 것은 하심(下心)을 말한다. 산꼭대기는 높고 높아도 물 한 방울도 저장할 수 없지만, 비록 낮고 낮은 데 위치한 산골짜기는 골골의 물을 모아 뭇 중생의 목을 축여 준다(上德若谷).

원효는 천촌만락을 누비며 무애행을 행할 때 그의 호를 복성거사(卜性居士)라 칭했는데 여기서 복(卜)자는 하지하(下之下)의 뜻으로, 아래 하(下)자의 아래 부분만 떼어 내어 만든 글자로 무한한 겸손과 하심(下心)의 극치를 상징한다.

한 떨기 들꽃 속에서
역(易)을 읽어라

개체와 전체는 서로를 안고 기대고 있는 분리될 수 없는 통일체라서 일체의 모순으로부터 해방되어 있네.

또한 존재 전체의 의미는 개체 가운데 구현되어 있네. 그러므로 하나의 개체 속에서 전체를 볼 수 있고, 개체는 전체의 너른 품에 안주하네.

서로는 서로에 스며들 수 있는(相入) 인연이라서 중생세계의 삶은 흡사 여러 거울이 서로 서로 다른 거울을 비추듯 얽혀 짓는 업(業)이니 '나는 나, 너는 너라는 분리된' 실체에 고착된 삶이 아니라

어디에도 얽혀 있으면서 어디에도 걸림이 없는 자유자재한 삶이네.

이른 일러 문수의 법문이라 하네.(화엄경소 4)

• • • 원문
一切法入一法故一中解無量 一法入一切法故無量中解一也 所以能得互相入者 展轉互爲鏡影而生 非實而生故無障 礙是謂濡首菩薩法門

해설

우리 몸의 새끼손가락에 조그만 가시 하나가 박혀도 우리는 온몸으로 아픔을 느끼며, 우리의 온몸은 이 가시로부터 새끼손가락을 보호하기 위해 모든 주의와 힘을 기울인다.

이윽고 새끼손가락이 가시의 고통으로 부터 벗어나게 되면, 우리의 온몸도 고통에서 벗어나 원래의 안락한 상태로 되돌아간다. 이같이 부분이 아프면 전체가 아프고, 부분이 안락하면 전체도 안락하다.

반대로 전체가 기능이 떨어지면 부분 부분도 제 기능을 발휘하지 못하고, 한 부분이 고장 나면 다른 부분도 작동이 되지 않는다.

이같이 모든 법계의 존재들은 하나의 큰 생명덩어리이다.

모두가 공생의 원리인 상생의 도리에 의해 더불어 존재케 하고, 더불어 존재해 간다.

우리 중생이 한 그릇의 밥을 먹으면 우리 몸도 지탱하지만 우리 몸을 터전으로 살아가는 수많은 작은 생물들의 생명도 동시에 살려 간다.

이를 두고 『화엄경』에서는 상즉상입(相卽相入)이라 하고 사사무애법계(事事無碍法界)라 일컫는다.

이웃의 따스한 손길에서
부처의 화신을 보라

겹겹으로 두루 비추는 광명을 통해 부처의 색신(色身)이 온 누리에 가득함을 보

여 주고, 열 대목에 걸쳐 부처님의 공덕을 찬탄함으로 부처님이 갖춘 내덕(內德)이 온 누리에 두루 함을 밝히네.(화엄경소 5)

• • • 원문
十重光明遍照顯佛色身無所不遍 十重說偈讚佛功德明佛內德亦無不周

해설

우리는 생각하기를 부처님 몸 따로 있고, 보살 몸 따로 있고, 너 몸 내 몸이 제각기 따로 있다고 본다.
그러나 천지에 가득 찬 존재가 내 몸이고, 천지를 이끄는 모든 원리가 바로 내 마음이 아닌가?
즉 모든 중생의 몸이 곧 부처의 몸이고 부처의 몸이 곧 모든 중생의 몸이다.
중생의 몸이 곧 부처의 몸이기에 모든 선행을 스스로 이룰 수가 있으며, 부처의 몸이 중생의 몸이기에 온갖 모습으로 나타나서 중생을 구제할 수가 있다.
내가 어려움에 처할 때 나를 도와주는 이웃의 따스한 손길은 곧 관세음보살의 자애로운 천 개의 손 가운데 하나이다.

연꽃 속에서
진속일여(眞俗一如)의 묘리를 보라

『묘법연화경』은 곧 시방삼세(十方三世)의 모든 부처님이 이 세상에 출현하신 큰 뜻이고 모든 존재들이 전부 부처가 되는 길로 들어서는 하나의 넓은 문이네.
글이 교묘하고 뜻이 깊어 묘법의 극치에 이르렀고 말이 활짝 펴이고 이치가 탁 트여 법을 드러내지 않음이 없네.
글과 말이 교묘하고 활짝 피었으므로 꽃처럼 화려하면서 그 속에 열매를 품었으며, 뜻과 이치가 깊고 트였으므로 진실하면서 방편을 함께하였네.
이치가 깊고 트였다는 것은 둘도 없고 다름도 없음이요, 말이 교묘하고 활짝 피었다는 것은 방편문을 열어 진실을 보임이네.(법화경종요 1)

• • • 원문

妙法蓮華經者 斯乃十方三世諸佛 出世之大意 九道四生 咸入一道之弘門也 文巧義深 無妙不
極 辭敷理泰 無法不宣 文辭巧敷 華而含實 義理深泰 實而帶權 理深泰者 無二無別也 辭巧敷
者 開權示實也

해설

연꽃은 뿌리를 수면 아래 진흙 속에 두고, 줄기를 물속에 두고, 잎을 수면
위에 두고, 꽃송이를 허공에 세운 꽃대에 두고 푸른 하늘을 이고 있다.
여기서 진흙 속의 뿌리는 속세에 살아가고 있는 우리 중생을 말하며, 흐
린 물속의 줄기는 신심을 바탕으로 수행을 시작하여 수행의 중간단계
에 올라 있는 행자를 말하며, 수면 위의 잎은 성문 연각을 말하며, 수면을 벗어나 공중으로 솟
아 있는 꽃대는 보살을 말하며, 꽃대 위의 화려한 꽃송이는 바로 부처님을 상징한다.
이같이 연꽃은 그 속에 가지가지 종류의 모든 세계와 모든 존재를 다 포함하고 있다.
그러므로 중생이 지극한 신심으로 "나무묘법연화경!" 하면 그 한소리에 삼천대천세계의 온
시공이 진동하고 그 속에 있는 모든 불, 보살, 성문, 연각, 유정, 무정들이 일시에 감응한다.
실로 이 묘법연화경 속에는, 불보살의 중생 교화를 위한 자비의 광명이 빛나고, 중생들의 부
처가 되기 위한 쉼 없는 수행 정진의 계, 정, 혜 향기가 그대로 스며 있다.
이런 연유로 부처님 스스로 이 묘법연화경을 경중의 최고경이라고 거듭 천명하셨다.

중생세계가
곧 열반세계이다

일체 중생이 모두 내 아들이고, 모든 법이 본래부터 항상 적멸한 모습이라서,
불자가 도(道)를 수행하여 마치면, 오는 세상에 곧 부처가 되네.
그리고 중생계가 곧 열반계이니 중생계를 여의지 않고서도 바로 그 자리에서
여래의 모습을 드러내네.
이를 두고 능히 일불승(一佛乘)을 탄 사람이라 일컫네.(법화경종요 2)

• • • 원문

一切衆生 皆是吾子故 又言 諸法從本來 常自寂滅相 佛子行道已 來世得作佛
謂衆生界 卽涅槃界 不離衆生界 有如來蔣故 是謂能乘一佛乘人也

해설

부처님은 광명(光明) 그 자체이며 모든 존재는 그 광명으로 인하여 그 존재를 가능케 해 간다. 그러므로 모든 존재들은 곧 부처님의 아들이며, 부처님은 곧 모든 존재들의 아버지가 된다.

모든 중생들은 누구나 부처가 될 수 있는 씨앗인 불성을 그 자신 속에 지니고 있다. 그래서 수행을 계속해 나가면 처음에는 초승달만큼 보이던 불성이 점점 그 광명을 드러내기 시작하여 반달이 되고 마침내 원형의 보름달이 되어 부처님과 다름없는 경지에 접어든다.

천태종에서는 삼제원융(三諦圓融)의 논리를 전개하고 있는데, 삼제는 공제(空諦), 가제(假諦), 중제(中諦)를 말한다.

공제는 형이상학적인 진리 본체로 전체 세계를 말하고, 가제는 형이하학적인 유형적인 사물로 개별 세계를 말한다.

중제는 공제와 가제를 포괄하는 세계로 차별적 개별적 유한적 세계와 평등적 전체적 무한적 세계를 동시에 포괄하는 세계를 말한다.

위의 삼제는 따로따로 분리되어 존재하는 것이 아니고 서로 두루 원융되어 존재하는데 이것이 곧 삼제원융세계이며 곧바로 제법실상의 세계이다.

중생의 삶은 가제에 이끌리는 삶이다. 그러나 가제 속에는 공제도 있고, 중제도 있다.

그러므로 수행한다는 것은 곧 가제 속에서 공제를 보고, 공제 속에서 가제를 보아서 궁극적으로는 중제 속에 이 모든 것을 원융하며, 이법계(理法界) 가운데서도 사법계(事法界)를 보고, 사법계 가운데서 이법계를 동시에 볼 수 있는 혜안을 갖추는 것을 말한다.

수면 위에 활짝 피어
하늘을 짝하라

연꽃은 흙탕물 속에서도 피어날 뿐만 아니라, 또한 향기롭고 조촐하여 온갖 아름다움을 갖추고 있네.

이것은 이 경이 설한 불승(佛乘)이 번뇌의 흙탕에서 벗어나고 생사의 바다로부터 뛰어나서 온갖 덕이 미묘함을 비유한 것이네.

그리고 이 꽃은 또한 꽃잎이 넓고 꽃 속이 깊을 뿐만 아니라 물방울이 묻지 않고 흙탕물에 물들지 않네.

이것은 이 경이 설한 일승법문이 광대하고 도리가 깊어서 말을 여의고 생각이 끊긴 절묘함에 비유한 것이네.(법화경종요 3)

• • • 원문
此花非直出離泥水 亦乃圓之香潔 衆美具足 喩於此經所說佛乘 出煩惱濁 離生死海 衆德圓滿
之微妙也 四者 此花非直荷廣 耦深 亦乃不着水滴 不染塵垢 喩於此經所說一乘法門廣大 道理
甚深 離言絕慮之絕妙也

해설

육체를 지닌 인간은 이따금 불선(不善)한 생각도 하고 불선한 행동도 하지만 인간의 육체 속에 스며 있는 불성은 언제나 원래 모습 그대로 청정하고 밝고 순수하다.

그리고 육체는 태어남과 죽음이 있지만 불성은 생사를 초월하여 언제나 영원한 현재로 그 자리에서 찬연히 빛나고 있다.

그리고 육체는 시공 속에 집어넣을 수가 있지만 불성은 시공을 초월해 존재하므로 언설이나 생각으로는 도저히 붙잡을 수가 없다.

그러므로 우리들이 일상생활을 할 때는 항상 연꽃과 같은 자세로 세속에 있되 세속에 물들지 말고, 세속을 떠나되 마치 연꽃이 뿌리를 물속의 진흙에 두고 있듯 세속을 무시해서도 안 된다. 이를 두고『금강경』에서는 '머문 바 없이 그 마음을 내라(應無所住而生其心).'고 설한다.

울타리를 박차고 나와
부처의 미소를 잡아라

『금광명경(金光明經)』에서 이르기를 "법계(法界)에는 분별이 없다. 그러므로 다른 승(乘)이 없이 같건마는 중생을 제도하기 위하여 분별하여 삼승(三乘)을 설한다. 부처님은 이 모든 법의 실상(實相)을 아신다."라고 하였네.

그리고 논(論)에서 이를 해석하기를 "실상이란 여래장을 가리킴이니, 이는 법신의 바탕으로서 변하지 않는 모습을 말한다."라고 하였네.

또 이르기를 "같다는 것은 모든 부처님의 법신의 체상은 모든 범부, 성문, 연각과 같아 그 체성이 서로 평등하여 차별이 없음을 말한다."라고 했네.

요컨대 여래의 법신과 여래장성은 일체 중생이 평등하게 소유한 것으로서 능히 일체를 운전하여 다 같이 본원(本原)의 지리에 돌아가게 하는 근본이네. 이를 일러 일승성(一乘性), 즉 일승리(一乘理)라 일컫네.(법화경종요 4)

해설

인간의 겉모습은 빈부귀천의 무수한 차별이 있지만 인간의 본래 자리는 비고 비어 모두 하나의 진여의 광명으로 동일하다.

인간의 겉모습은 황인종, 백인종, 흑인종이 있고 한국사람 일본사람 서양 사람이 있지만, 인간의 본래 자리에서는 모두가 하나의 바다로 출렁인다.

인간의 본래 모습인 법신은 동서남북도 없고, 많고 적음도 없고, 귀하고 천함도 없고, 깨끗하고 더러움도 없고, 부처니 보살이니 성문이니 연각이니 중생이니 따위의 분별도 없다. 그저 그대로 하나의 일심이고 광명이고 진여이고 한 생명의 너울거림이다.

바로 이 중생의 법신을 저마다 되찾는 길이 곧 나를 살리고 너를 살리고 이웃을 살리고 나라를 살리고 인류전체를 살리는 길이며 아울러 세계가 상생하는 길이다.

한 방울의 바닷물 속에서
모든 강의 맛을 보라

일승교(一乘敎)란 시방삼세(十方三世) 모든 부처님이 처음의 성도(成道)로부터 열반에 이르기까지 그 중간에 설한 모든 말씀과 가르침은 결국 다 일체지(一體智)에 이르도록 한 가르침임을 말하네.

방편품에 이르기를 "이 모든 부처님들이 한량없는 방편과 갖가지 인연 비유 언설을 통해 중생을 위하여 모든 법을 설한 것은 다 일불승(一佛乘)을 위한 것이다. 모든 중생들이 이 부처님의 법을 듣고 마침내 일체종지(一切種智)를 얻게 된다. 이 가르침은 시방삼세에 두루 통하여 한량없고 끝이 없으므로 광대(廣大)라 하고, 마디마디 구절구절 일미(一味) 일상(一相)들이 곧바로 불승이 되므로 심심(甚深)이라 한다"고 했네.(법화경종요 5)

• • • 원문
一乘敎者 十方三世 一切諸佛 從初成道 乃至涅槃 其間所說 一切言敎 莫不令至 一切智地 是故 皆名爲一乘敎 如方便品言 是諸佛亦以無量無數方便 種種因緣譬喩言辭 而爲衆生 演說諸法 是法皆爲一佛乘故 是諸衆生 從佛聞法 究竟皆得一切種智故 是敎遍通十方三世 無量無邊 所以廣大故 一言一句 皆爲佛乘 一相一味 是故 甚深如是

해설

지리산 정상으로 올라가는 길은 수없이 많다.
그러나 모든 길이 정상을 향해 일직선으로 나 있는 것은 아니다.
때로는 오른쪽으로 돌아가고, 때로는 왼쪽으로 돌아가고, 때로는 내려가고, 때로는 올라가고, 때로는 거꾸로 가기도 하지마는 결국은 모든 길은 정상으로 이어진다. 어떤 길은 넓고 직선적인 것도 있고, 어떤 길은 좁고 희미한 것도 있고, 어떤 길은 보일 듯 말 듯 하는 것도 있고, 어떤 길은 구비 구비 돌아가는 것도 있다. 그러나 이 모든 길도 끝까지 따라가면 결국 정상으로 이어진다.
부처님의 가르침도 마찬가지다.
어떤 가르침은 아주 근기가 낮은 중생을 위한 가르침도 있고, 어떤 가르침은 성문과 연각을 위한 가르침도 있고, 어떤 가르침은 상근기의 보살을 위한 가르침도 있다.
그러나 이 모든 가르침도 알고 보면 결국 중생들을 불법의 대해(大海) 쪽으로 이끌어 주기 위한 하나의 방편이다.
손가락 하나 튕기고 발가락 하나 움직이며, 한 생각 일으키는 것도 이 모두가 성불의 길에 이르는 일보 일보가 된다.
그러니 어찌 일상생활에서 매사를 신중하게 처신하지 않을 수 있겠는가?

필부의 주름 골에 떠 있는
불성의 달을 보라

일승인(一乘因)이란 두 종류가 있으니, 하나는 성인(性因)이요, 다른 하나는 작인(作因)이네.

첫째, 성인(性因)이란 모든 중생이 지니고 있는 불성(佛性)을 말하는 것으로 이것이 곧 삼신(三身)의 과(果)를 가져오는 원인이 되네.

〈상불경보살품(常不輕菩薩品)〉에서, "나는 여러분들을 가벼이 여기지 않습니다."라고 설하고 있네.

이는 모든 중생이 다 불성이 있다는 것을 보여 주기 위한 말이네.

그리고 증상만(增上慢)의 무리와 두 종류 성문(聲聞)의 무리는 아직 근기(根機)가 익지 않았으므로 부처님이 수기(授記)를 주지 않고 보살에게만 수기를 주었는데 이것은 방편으로 이들을 발심(發心)시키기 위해서이네.

그러므로 이승(二乘)과 무성유정(無性有情)도 다 불성이 있어서 장차 반드시 성불할 수 있네.

두 번째로 작인(作因)이란 성인(聖人)이나 범부(凡夫)나 불도(佛道)나 외도(外道)나 도분(道分)이나 복분(福分)이나 일체 선근(善根)의 연(緣)이 다 같이 최상의 보리에 이르는 씨앗이 됨을 말하네.

그래서 중생이 예배하거나, 합장하거나 한 손을 들거나 혹은 조금 머리를 숙이거나 혹은 산란한 마음을 달래기 위해 잠시 탑 주위로 들어가 한 번 '나무불!'이라 부르더라도 다 성불의 씨앗이 되네.

요컨대 범부와 성인과 일체 중생과 불자와 그 밖의 다른 어떤 종교인이라도 일체의 선근이 모두 다 불성에서 나와서 다 같이 불성의 본원으로 돌아가네.

이러한 본말(本末)을 오직 부처님만이 알고 계시네. 이런 뜻에서 광대심심(廣大

甚深)하다고 하며, 이를 일러 일승인(一乘因)이라 하네. (법화경종요 6)

해설

모든 중생들의 성불할 수 있는 인(因)은 누구나 똑같다.

왜냐하면 모든 중생들은 부처와 똑같이 성불할 수 있는 진여청정자성체(眞如淸淨自性體)인 불성을 저마다 가지고 있기 때문이다.

그러나 모든 중생이 부처가 될 수 있는 연을 다 같이 가지고 있다고는 볼 수는 없다. 왜냐하면 중생 각자가 아득한 과거로부터 끝없이 윤회해 오는 과정에서 저마다의 기질과 습성을 자신도 모르게 쌓아 왔기 때문이다.

그러므로 수행의 핵심은 우선 자신의 염오(染汚)된 기질을 깨끗하게 하고, 불성의 씨앗이 잘 피어나도록 선한 연을 짓는 데 있다.

삼신불은 곧 천지인의 묘용이다

일승과(一乘果)는 두 종류가 있는데 본유과(本有果)와 시기과(始起果)가 그것이네.

먼저 본유과는 본래부터 갖추고 있는 법신불을 말하네.

〈여래수량품(如來壽量品)〉에, "여래는 여실히 삼계(三界)의 참모습을 보되, 생사도 없고 물러서거나 벗어남도 없으며, 또한 세상에 머물거나 열반에 드는 것도 없으며 실(實)도 아니고 허(虛)도 아니며, 여(如)도 아니고 다름(異)도 아니다.”라고 했네.

살펴보건대 이것은 일법계(一法界)에 나아가서 일법체(一法体)를 드러낸 것이네. 과체(果体)가 있는 것도 아니므로 실(實)이 아니고, 과체가 없는 것도 아니므로 허(虛)도 아니며, 진체(眞体)만도 아니므로 여(如)가 아니며, 그렇다고 속제(俗諦)만도 아니므로 이(異)도 아니네.

시기과(始起果)란 삼신 중 나머지 이신(二身), 즉 보신과 화신으로, 논에 이르기를 “보신보리(報身菩提)는 십지행(十地行)이 만족하여 상주(常住)의 열반증(涅槃證)을 얻은 결과이다.”고 했네.

또 경(經)에 “내가 실로 성불한지는 한량없고 끝없는 백·천·만·억 나유타 겁이다.”고 하였네.

응화신 보리는 감응해 보일 만한 데를 따라 시현(示現)함이니, 석가궁에서 나와, 나무 아래서 성도한 부처님과, 시방분신(十方分身)의 모든 부처를 말하네. 이는 〈견보탑품〉에서 밝힌 바와 같네.

요컨대 일체중생이 다 만행을 닦으면 다 같이 이와 같은 불보리과(佛菩提果)를 얻게 되니 이것을 일승과(一乘果)라 일컫네.(법화경종요 7)

• • • 원문
一乘果者 略說有二種 謂本有果及始起果 本有果者 謂法佛菩提 如壽量品云 如來如實知見 三界之相 無有生死 若退若出 亦無在世及滅度者 非實非虛 非如非異 案云 此文就一法界 顯一果體 非有體故非實 非無體故非虛 非眞諦故如如 非俗諦故非異
始起果者 謂餘二身 如論說言 報佛菩提者 十地行滿足 得常涅槃證故 如經言 我實成佛已來 無量無邊百千萬億那由他劫故 應化菩提者 隨所應見而爲示現 謂出釋宮 樹下成道 及與十方分身諸佛 如寶塔品之所廣明 總而言之 一切衆生 皆修萬行 同得如是 佛菩提果 是謂一乘 一乘果也

해설

삼신불(三身佛)은 하나의 불신(佛身)을 그 성질상 세 종류로 나눈 것을 말하는데 법신불(法身佛), 보신불(報身佛), 응신불(應身佛)을 말한다. 첫째, 법신불은 영겁토록 변치 않는 우주에 두루 가득 차 있는 진리의 본체를 인격적인 부처의 몸에 비유한 것이고, 둘째, 보신불은 오랜 수행의 결과 얻어지는 불신(佛身)으로 진리가 유형화된 영구적인 몸을 말한다.

셋째, 응신불은 곧 화신불(化身佛)을 말하는데 진리의 모습이 단지 눈에 보이지 않는다는 이유로 진리를 외면하고 진리와 어긋나는 행동을 하는 중생들을 구제하기 위해 방편상 지어내는 모든 종류의 변화된 모습들을 말한다.

부처님을 통해 말해 보면 비로자나불은 법신불이고, 아미타불은 보신불이고, 역사적인 실존 인물인 석가모니불은 화신불이다. 그러나 이 모든 부처의 근원지는 결국 일심이다.

구름의 고향을
찾아라

여래가 일생 동안 설한 교문(教門)을 요약하며, 세 가지 종류에서 벗어나지 않네. 그 첫째는 근본법륜(根本法輪)이요, 둘째는 지말법륜(枝末法輪)이요, 셋째는 모든 것을 거두어 근본으로 돌아가게 하는 귀본법륜(歸本法輪)이네.

먼저 근본법륜이란 부처님이 처음으로 도를 이루고 화엄회상에서 보살을 위하여 널리 일승(一乘)의 인과(因果)의 법문을 열었으니 이것이 곧 근본교(根本教)이네.

그러나 박복하고 둔한 근기의 중생이 많아, 일승의 인과(因果), 즉 일인(一因) 일과(一果)의 법문을 감당하지 못하므로, 일불승(一佛乘)을 방편상 나누어 삼승(三乘)을 설하니 이것이 곧 지말교이네.

40여 년 동안 부처님은 삼승교를 설하여 중생의 근기를 성숙시켜, 마침내 법화회상에 이르러 비로소 삼승을 회통하여 일승에 돌아가게 하니, 이것이 곧 지말을 거두어 근본으로 돌아가게 한 귀본법륜이네.(법화경종요 8)

• • • 원문

如來一代所說教門 略攝不出三種法輪 何者爲三 一者 根本法輪 二者 枝末法輪 三者 攝末歸本

法輪 根本法輪者 謂佛初成道 華嚴之會 乃爲菩薩 廣開一因一果法門 謂根本之教也 但薄福鈍
根之流 深不堪聞一因一果故 於一佛乘 分別說三 謂枝末之教也 四十餘年 說三乘之教 陶練其
心 今至法華之會 始得會三歸一 卽攝末歸本教也

해설

석가모니 부처님께서 보리수 아래서 정각을 이루신 후 진리본체 모습 그대로를 설한 것이 화엄경이며 이시기가 곧 근본 법륜기이다.

그러나 중생들의 근기가 낮아 진리의 본모습을 그대로 이해해 받아 들이는 데는 무리가 따랐다. 그래서 부처님께서는 방편상 진리를 중생들의 근기와 수준에 맞게 각색하여 가르치기 시작하였다. 처음에는 쉬운 법문부터 시작하여 차례차례 법문의 수준을 높여 가며 40년간 중생의 근기를 향상시켜 갔는데 이 시기를 지말 법륜기라 한다.

이후 중생의 근기가 향상되어 일정한 수준에 도달했으므로 부처님께서는 드디어 진리의 본모습을 다시 설하기 시작했는데 이 시기에 설한 법문이 법화경과 열반경이며 이 시기를 귀본 법륜기라 한다.

위의 내용을 보면 부처님은 매우 뛰어난 교육방법가임을 알 수 있다.

진리는 원래 모양도 없고, 소리도 없고, 냄새도 없고, 맛도 없고, 감촉도 없고, 의식 속에 잡히지도 않는다. 이런 진리의 본체를 중생들의 어두운 마음으로 포착하기는 매우 어렵다.

그래서 부처님은 무형의 진리에 방편상 옷을 입히고 소리를 넣어서 중생들의 오감과 의식으로 접근이 가능하도록 만들어 중생들을 일단 진리의 바닷가에까지 이끌고 가서는, 드디어 이 모든 방편상의 옷과 소리를 다 내던져 버린 후, 진리의 본 바다로 풍덩 뛰어들게 한 것이다.

중생의 몸짓 속에
숨은 부처를 보라

『보성론(寶性論)』에 "일천제(一闡提)는 열반성(涅槃性)이 없으므로 열반에 들지 못한다는데, 그 뜻이 어떠한가?"

이는 대승(大乘)을 비방한 업인(業因)을 나타내 보이기 위해서이네.

왜냐하면 대승을 비방한 마음과 대승을 구하지 않는 마음을 돌이키지 않으면 무량겁을 지내도 불지(佛地)에 오를 수가 없으므로 짐짓 이런 말을 통해 자극을 주었던 것이네.

그러나 일천제도 사실은 본유의 청정성(清淨性)이 있기 때문에 성불할 수 있네.

이를 통해 보건대 대부분의 교(敎)에서 이승(二乘)은 절대로 성불하지 못한다거나 무성유정(無性有情), 즉 일천제는 불지에 오르지 못한다는 말은 다 방편에 불과한 말이네.

그러므로 오직 일승(一乘)만 있고 제2의(第二義)는 없으며, 일체 중생이 다 부처가 될 수 있다는 말이 이 경전의 진실한 요의(了義)가 되네.(법화경종요 9)

해설

일천제는 중생 가운데서도 그 본성이 트이지 못해 성불할 수 없는 자를 일컫는 말인데 이것은 방편상으로 한 말이지 결코 사실이 아니다.

왜냐하면 모든 중생은 부처가 될 수 있는 씨앗인 불성을 누구나 가지고 있기 때문이다.

다만 지나치게 아집과 법집에 묶여 대승의 넓은 문을 모르고 오히려 대승을 비방하는 행동만 일삼는다면 무량겁의 세월이 흘러도 그 불성의 씨앗이 싹이 틀 수 없다.

그러나 한 생각 돌이켜 하화중생(下化衆生)의 보살도 길로 접어들면 곧바로 불성의 씨앗이 발아하여 보리의 나무는 무럭무럭 자라날 수 있다.

이미 씨앗이
너 머리골에 내려와 있다

원래 열반의 도(道)라는 것은 도(道)라고 할 것도 없으면서 또한 도 아닌 것도 없고, 머무는 곳이 없으면서 또한 머물지 않는 곳도 없네.

그래서 그 도는 지극히 가깝기도 하면서 지극히 멀기도 하고, 그 도를 증득하는 자는 지극히 고요하기도 하면서 지극히 떠들썩하기도 하네.

지극히 떠들썩하기도 하기 때문에 여덟 종의 음성을 두루 떨치어 온 허공을 가득 채우고도 그치지 않고, 지극히 고요하기 때문에 열 가지 상(相)을 멀리 벗어나서 진제(眞際)와 합치어 깊은 곳에 이르네.

또한 지극히 멀기 때문에 가르치는 말끝만 붙들고 따라가면 일천 겁을 지내도 그 도에 이르기가 어렵고, 지극히 가깝기 때문에 말을 잊고 스스로 내심으로 반조하여 찾으면 한 생각이 지나기도 전에 곧바로 도에 진입할 수 있네.(열반경종요 1)

・・・원문

原夫涅槃之爲道也 無道而無非道 無住而無不住 是知其道 至近至遠 證斯道者 彌寂彌喧 彌喧之故 普震八音 遍虛空而不息 彌寂之故 遠離十相 同盡際而湛然 由至遠故 隨敎逝之 線歷千劫而不臻 由至近故 忘言尋之 不過一念而自會也

해설

도(道)는 바깥으로의 모든 상(相)과 생각을 여의고 회광반조(廻光反照)하여 자신의 본래 자리인 자성(自性)을 내관하면 곧바로 얻을 수 있는 지극히 가까운 곳에 있지만, 바깥의 색과 소리의 외물에 이끌리면 몇만 겁의 무수한 세월이 흘러도 도달할 수 없는 머나먼 곳에 있다.
바깥으로 달리는 생각을 거두어 모아서 스스로의 마음속의 자성광명을 관하면 곧 도에 이룰 수 있다는 말은 곧 선문의 '직지인심 견성성불(直指人心 見性成佛)'을 말한다.

중(中)의
실체를 찾아라

『열반경』은 곧 불법의 큰 바다로 방등(方等)의 비장(秘藏)이라서 그 가르침의 깊은 뜻은 참으로 이해하기 어렵네.

그 가르침은 넓고 넓어서 끝 가는 데를 알 수 없으며, 깊고 깊어서 속 깊이를 헤아릴 수가 없네.

속 깊이를 헤아릴 수 없기 때문에 밑바닥까지 이르지 못하는 데가 없고, 끝 가는 데를 알 수 없기 때문에 해당되지 않는 곳이 없네.

그래서 여러 경전들의 부분 부분을 통괄하고 온갖 물의 흐름들을 일미(一味)의 바다로 귀납(歸納)시키고, 지극히 공평하고 바른 부처님의 가르침을 열어 보이어 백가(百家)의 서로 다른 쟁론(爭論)들을 화회시키네.

그래서 시끄럽고 시끄러운 사생(四生)들로 하여금 모두 무이평등(無二平等)의 참 성품으로 돌아오게 하고, 어둡고 어두운 긴 잠에서 깨어나 깨달음의 극과(極果)에 이르게 하네.

큰 깨달음의 극치는 참성품을 증득(證得)하였으면서도 증득하였다는 마음의 상(相)이 없는 진(眞)과 허(虛)를 합쳐 하나가 된 것을 말하네. (열반경종요 2)

해설

모든 생각들이 모여서 한 생각으로 수렴되고 이 한 생각마저 떨어지는 자리가 곧 도가 드러나는 자리이다.

도는 곧 바다요, 천체요, 본체요, 모든 분별이 사라진 무이평등(無二平等)의 근본자리이다. 그러므로 도의 자리에 서면 개별과 천체가 통일되고, 이(理)와 사(事)가 원융되고, 진(眞)과 속(俗)이 하나이고, 염(染)과 정(淨)이 둘이 아니다. 이런 근본자리에 들어서면 인종 차별도, 민족 차별도, 국가 차별도 없어지고, 온 인류는 진리의 파장으로 너울대며 하나의 인류로 이어진다. 나아가 주변의 식물, 동물, 산과 강들까지도 다 같은 하나의 대생명의 파동으로 연결된다.

따라서 세계평화와 인류공존의 길은 비록 돌아가는 길 같지만, 가장 확실한 길은 세계의 인류 한 사람 한 사람이 저마다 수행을 거쳐서 자신의 자성광명을 드러내어 평등한 일미의 법해(法海)인 도(道)의 자리에 들어서는 데 있다.

경계에 집착하면
곧 중생이다

부처님이 증득(證得)하신 도(道)의 체(體)는 바깥 경계가 없는 무한경계에 두루 이르고, 그 용(用)은 모든 중생들에게 미치므로 먼 곳까지 제도하는 데는 이보다 나은 것이 없네. 이보다 나은 것이 없다는 뜻에서 '대(大)'라고 하네.

이같이 체와 용이 무이평등(無二平等)하여 아무런 구별이 없으니 이미 건너갈 열반이라는 저쪽 언덕도 없고 벗어날 생사라는 이쪽 언덕도 없네.

이쪽 언덕에 떠날 곳이 없으니 떠나지 않을 곳도 없네.

이를 일러 '대멸(大滅)'이라 하네.

그리고 저쪽 언덕에 따로 건너갈 곳도 없으니 또한 건너가지 못할 곳도 없네.

이를 일러 '대도(大度)'라 하고, 이를 앞의 '대멸'과 합쳐 '대멸도(大滅度)'라 하네. (열반경종요 3)

• • • 원문

欲明如來所證之道 體周無外 用遍有情 廣包遠濟 莫是爲先 依莫先義 故名爲大 大體大用 無二無別 旣無彼岸可到 何有此岸可離 無所離故 無所不離 乃爲大滅 無所到故 無所不到 方是大度 以是義故 名大滅度

해설

마음에 분별이 있는 것이 중생이고 마음에 분별이 사라지고 무이평등(無二平等)한 자애심에 계합된 것이 곧 부처이다.

분별심에 놓여 있는 중생의 눈에는 이쪽 언덕(此岸)과 저쪽 언덕(彼岸)의 경계상이 나타나지만, 진여일미의 평등한 자리에 처한 각자(覺者)의 눈에는 이쪽 언덕과 저쪽 언덕의 경계가 아예 없다.

따라서 떠나야 할 이 언덕도 도달해야 할 저 언덕도 없다. 이 언덕과 저 언덕의 경계가 무너졌기 때문에 떠나지 못할 곳도 없고, 또한 도달되지 못할 곳도 없다.

모두가 이 언덕이면서 저 언덕이요, 또한 저 언덕이면서 이 언덕이다.

이것이 바로 진리의 본성인 무주(無住)의 묘리(妙理)이다.

'경전'은 무한한
시공의 영혼이다

'경(經)'이라는 말은 큰 성인(聖人)의 격언(格言)으로 시방(十方)을 관통하여 어디서나 동일한 법규(法揆)이고 천대(千代)를 지내어도 변화거나 바꾸어지지 않는 진리의 말씀으로 항상 여법(如法)한 것을 말하네. (열반경종요 4)

• • • 원문

所言經者 大聖格言 貫十方而一揆 歷千代而莫二 法而且常 故名爲經

해설

경(經)이란 시간과 공간의 상대성과 차별성을 떠난 절대적 영원한 진리의 본체를 설해 놓은 부처님의 말씀을 말한다. 다시 말해서 우주의 진리를 온전히 깨달으신 부처님의 말씀을 그대로 기록해 놓은 것을 말한다. 율(律)은 부처님 법을 따르는 무리들이 반드시 지켜야 할 계율, 즉 규율을 말한다.

그리고 논(論)은 부처님의 제자들이 부처님의 법에 입각하여 중생들이 불법의 진리를 보다 잘 체득할 수 있도록 찬술한 논저를 말한다. 위의 경, 율, 논은 합쳐서 삼장(三藏)이라 한다.

참고로 소(疏)라는 것은 위의 삼장을 중생들이 이해하기 쉽도록 풀이해 놓은 주석서를 말하고, 종요(宗要)는 어느 한 경전의 가장 중심된 주제인 종체(宗体)와 대요를 간추려 적은 것을 말한다.

따라서 부처님의 말씀인 경이야말로 모든 불법이론의 출발점이요, 귀결점이 된다. 그리고 경은 시공을 초월해 있는 진여 그 자체이므로 부처님 당시나 지금이나 조금도 손감 없이 진리의 원형 그대로 우주에 충만해 있다.

그러므로 경을 읽을 때 이해가 되지 않는 경우는 온전한 진리 그 자체인 경을 의심할 것이 아니라 자신의 심의 수행정도를 의심할 것이며 더욱 군건한 신심 속에 수행정진을 거듭해 가야 할 것이다.

부처님이 태어나기 전에도
진리의 말씀은 있었다

수보리가 여쭈기를 "모든 법은 평등한 것이어서 성문(聲聞)이 만들어 낸 것도 아니며, 부처님이 만들어 낸 것도 아니라서, 부처님이 계시든 계시지 않든 모든 법의 성품은 항상 공하였으니, 성품이 공한 것이 곧 열반이라고 하셨습니다. 그런데 어찌하여 열반은 공(空)해도 열반의 법만은 공하지 않다고 하십니까?"

부처님이 대답하시길 "그렇고 그러하다. 모든 법은 모두 필경에는 공한 것이어서 열반까지도 공한 것이 사실이다. 그런데 만일 처음으로 발심한 행자가 열반까지 공하다는 말을 들으면 마음에 갈피를 잡지 못하고 두려움마저 느낄 것이다. 그래서 처음 발심한 행자들을 염려하고 보호하기 위하여 생멸하는 것은 모두 환화(幻化)와 같으며, 생멸을 떠난 것은 환화(幻化)와 같지 않다고 한 것이다."(열반경종요 5)

· · ·원문
須菩提言 如佛自說 諸法平等 非聲聞作 乃至非諸佛作 有佛無佛 諸法性常空 性空卽是涅槃 云何言 涅槃一法不如化 佛言 如是如是 諸法平等 乃至性空 卽是涅槃 若新發意菩薩 聞一切皆畢竟空 乃至涅槃 亦皆如化 心卽驚怖 爲是新發意菩薩故 分別生滅者如化 不生滅者不如化

해설

진리의 법은 부처님이 임의로 만들어 낸 것도 아니며 더구나 위정자들이 다수의 의견에 따라 혹은 합의에 의해 인위적으로 만들어 낸 것도 아니다. 그러므로 진리는 부처님이 탄생하기 전에도 있었고, 부처님이 세상에 계실 때에도 있었고, 부처님이 멸한 후에도 여여(如如)하게 그대로 있다.

진리는 객관적으로 드러난 유형의 물질이 아니므로 물건을 얻듯이 그렇게 얻는 것도 아니며 수학공식을 잊어버리듯이 그렇게 잊는 것도 아니다. 진리의 본모습은 무상(無相)이고, 무생(無生)이고, 무주(無住)이며, 모든 작위(作爲)가 공(空)하다.

사유(思惟)의 거울 면에 비칠 수 있는 것은 어떤 것이든 진리의 본체는 아니다.

진리는 절대 주관이며 동시에 절대 객관이며, 절대 주관이 아니며 동시에 절대 객관도 아니다. 그런데도 방편상 부처님의 진리를 배워서 알 수 있는 것이고, 닦아서 얻을 수 있는 것으로 설하고 있다.

그러나 이 말은 아직 근기가 낮은 중생을 위해 진리의 바다에 이르는 길을 드러내는 데 불과한 것이지 진리 그 자체는 아니다. 그래서 여법(如法)한 진리에 이르는 길은 모든 객관적인 상(相)과 주관적인 사유(思惟)를 비우고 비워서 철저한 공(空)의 세계로 들어가는 데 있다.

50층 아파트 꼭대기에 갇힌 사람이 어찌 대지(大地)의 따스함과 부드러움을 알 것인가?

책이나 TV영상을 통해 아무리 대지의 모습을 알리고 해도 무리이다. 설혹 한 줌의 흙을 만져보아도 진정한 대지의 본질을 알 수는 없다. 자신 스스로 직접 콘크리트 벽을 벗고 벗어나서 내리고 내려 아스팔트길을 지나 무한하게 펼쳐진 대지 위에 이르러 맨발로 흙의 온기를 느낄 때에만 비로소 흙의 실체를 알 수 있다.

번뇌를 내지 않음이
곧 열반이다

번뇌를 끊어 없앤다는 것은 번뇌가 이미 생겼던 것을 끊어 없앤다는 것이요,

번뇌를 내지 않는 것은 번뇌가 일어나기 전에 미리 막는다는 뜻이네.

번뇌가 이미 생겼던 것을 끊어 없앤다는 것은 지나간 일을 바라보고 하는 일이

라서 다소 미진함이 있고, 번뇌가 일어나기 전에 미리 막는다는 것은 뒤에 따라

올 결과를 미리 보고 하는 말이라서 궁극적으로 완성된 단계이네.

이러한 도리에서 번뇌를 끊어 없애는 것을 열반이라 하지 않고, 번뇌를 내지 않

는 것을 열반이라 하네. (열반경종요 6)

・・・원문

斷除之稱 遣於已生 不生之辭 遮於未起 遣已生者 望前之義 義在不足 故說菩薩 遮未起者 望

後之義 義在究竟 故說諸佛 依是道理 精別而言 斷煩惱者 不名涅槃 不生煩惱 乃名涅槃

해설

열반(涅槃)이란 범어의 니르바나(nirvana)를 음역한 말로 적멸, 멸도,

원적(圓寂), 무위(無爲), 무작(無作), 무생(無生)의 뜻이다.

즉 모든 번뇌의 속박에서 해탈하고, 진리를 궁구하여 미혹한 생사를 초

월하여 불생불멸의 법을 체득한 경지를 말한다. 우리가 흔히 알고 있는 중생들의 육체적인 죽음을 뜻하는 것이 아니다.

원효는 열반의 뜻을 적극적으로 해석하여 자신도 모르게 번뇌를 일으키고 나중에 이를 끊는다는 소극적인 단계에서 한 차원 뛰어올라, 불법의 진리를 터득하여 번뇌가 아예 생기기 전의 자성진여(自性眞如)를 그대로 지키고 드러내는 것으로 보았다.

삼신은 곧 일심이다

열반은 총(總)이니 ⊙자의 전체 모습에 해당되고, 법신(法身), 반야(般若), 해탈(解脫)의 세 개의 법은 별(別)이니 ⊙자의 안부분에 있는 각각 세 개의 점에 해당되네.

이렇게 열반을 별과 총으로 보는 데는 4종의 뜻이 있네.

첫째는 마땅히 법신, 반야, 해탈의 세 개의 법을 동시에 갖추어야 열반을 이루게 되고, 하나씩 따로 들면 열반을 이루지 못한다는 뜻이네.

이는 ⊙자 안의 세 개의 점을 따로 떼어 놓아서는 이 모양을 이루지 못하는 것과 같네.

이 이치를 경에서는 "해탈의 법은 열반이 아니요, 마하반야도 또한 열반이 아니다."라고 하였네.

둘째, 법신, 반야, 해탈의 세 개의 법이 평등하게 두루 이루어져야 열반을 이루네.

비록 이 세 개의 법을 갖추었더라도 어느 것이 승(勝)하고 어느 것이 열등하다면 열반을 이루지 못하네.

이는 마치 ⊙안에 있는 세 개의 점이 만약 옆으로 일렬로 있으면 좌(左)와 우(右)의 분별이 생김과 같네.

이 이치를 경에 이르기를, "⊙안의 세 개의 점이 횡으로 나란히 있으면 이 모양을 이루지 못한다"라고 하였네.

셋째, 법신, 반야, 해탈의 세 개의 법이 일시에 되어야 열반을 이루네.

비록 세 개의 법이 우열이 없더라도 만약 먼저 되고 뒤에 되는 것이 있으면 열반을 이루지 못하네.

이는 마치 ⊙안의 세 개의 점이 상하로 일렬로 있으면 반드시 남과 북의 분별이 생기는 것과 같네.

이 이치를 경에 이르길 "⊙안의 세 개의 점이 종(縱)으로만 나란히 있으면 이 모양을 이루지 못한다"라고 하였네.

넷째, 법신, 반야, 해탈의 세 개의 법이 동체가 되어야 열반을 이루네.

이는 마치 경에 "허공이 움직이지 아니하고 걸림이 없는 것과 같다"라고 하듯이 이 세 개의 법이 비록 선후가 없더라도 각각 별체(別體)로만 있으면 총(總)을 이루지 못하네.

이는 마치 ⊙안의 세 개의 점이 비록 횡(橫)으로도, 종(縱)으로도 있지 않더라도 각각 제각기 따로 있으면 이 모양을 이루지 못하는 것과 같네.

이 이치를 경에 이르기를 "⊙안의 세 개의 점이 각각 따로 있으면 이 모양을 이루지 못한다"라고 하였네. (열반경종요 7)

해설

열반은 곧 법신, 반야, 해탈의 묘합을 의미한다. 즉 법신, 반야, 해탈이 삼이면서 일이고, 동시에 일이면서 삼이 되는 원융의 절대 경지를 말한다. 반야는 앞서 설명한 삼제 가운데 진리의 본체인 공제(空諦)를 말하며 이를 관할 때 내 몸은 곧 보신불이 된다.

해탈은 삼제 가운데 가제(假諦)를 말하는 것으로 이는 진리가 겉으로 드러난 모든 상과 나의 색신을 말한다. 이를 관할 때 내 몸은 곧 응신불, 즉 화신불이 된다.

법신은 삼제 가운데 중제를 말하는 것으로 공제와 가제의 중도를 말한다. 이를 관할 때 내 몸은 법신불이 된다.

위의 공제, 가제, 중제를 삼제라 하며 법신, 반야, 해탈을 삼덕이라 하고, 보신불, 응신불, 법신불을 삼신불이라 한다.

그런데 이 삼제, 삼덕, 삼신불은 바깥의 다른 어느 곳에 있는 것이 아니라 내 몸 속에 두루 구비되어 있다. 다시 말해서 이 몸이 삼덕 삼제 삼신불의 궁극적인 근본 자리이다.

이 진리를 아는 자를 여래라 하고 모르는 자를 범부중생이라 한다.

일심 주변의
모든 담을 허물어라

불성(佛性)의 체(体)는 바로 일심(一心)이니, 일심의 성품은 모든 변견(邊見)을 초월해 있네.

모든 변견을 멀리 떠났으므로 도무지 해당되는 것이 없네.

해당되는 것이 없기 때문에 해당되지 않는 것이 없네.

그러므로 심(心)에 나아가 논하면 심은 인위(因位)도 아니고 과위(果位)도 아니며, 진제(眞諦)도 아니고 속제(俗諦)도 아니며, 인(人)도 아니고 법(法)도 아니며, 기(起)도 아니고 복(伏)도 아니네.

그러나 이를 다시 연(緣)을 들어 논하면 심(心)은 기(起)도 되고 복(伏)도 되고, 법(法)도 되고 인(人)도 되며, 속제(俗諦)도 되고 진제(眞諦)도 되며, 인위(因位)도 되고 과위(果位)도 되네.

이런 뜻에서 "그런 것도 아니요, 그렇지 않은 것도 아니다."라고 하네. (열반경종요 8)

해설

모든 중생이 지니고 있는 불성의 근본체인 일심의 바다는 물의 시각에서 바라보면 거기에는 오로지 물이 있을 뿐이다.

진제와 속제, 아집과 법집, 일어남과 엎드림, 움직임과 고요함, 원인과 결과, 주관과 객관, 이 모든 것이 사라지고, 무엇 하나 분별될 수 있는 것은 도저히 찾아볼 길이 없다. 그저 평등한 일미의 진여법수(眞如法水)가 있을 뿐이다.

그러나 파도의 시각에서 바라보면 대소(大小), 장단(長短), 고저(高低), 진속(眞俗), 인법(人法), 주객(主客), 염정(染淨) 등의 분별이 뚜렷이 드러난다.

이를 두고 진공묘유(眞空妙有)의 묘법이라 일컫는다.

불성의 씨앗을 틔우지 않으면
영원한 범부이다

중생에게 부처가 될 성품은 있다고도 할 수 없고, 없다고도 할 수 없네.

따라서 있기도 하고 없기도 하네.

어찌하여 중생에게 부처가 될 성품이 있다고 말하는가?

이는 모든 중생이 부처가 될 불성을 가지고 있기 때문이네.

중생들에게 있어서 항상 부처의 성품이 끊어지지 않는 것은 마치 등불의 불꽃과 같네.

이 불꽃이 활활 타오르면 마침내 보리를 이루네.

이런 측면에서 중생에게 부처가 될 성품이 있다고 말하네.

그럼 어찌하여 중생에게 부처가 될 성품이 없다고 말하는가?

이는 아직도 현재의 중생 상태로는 부처의 법을 온전히 드러내지 못하기 때문이네.

그러기에 중생에게는 부처가 될 성품이 없다고 말하네.

이같이 중생에게는 부처가 될 성품이 있다고 해도 옳고 없다고 해도 옳기 때문에 이를 두고 중도(中道)라 일컫네.(열반경종요 9)

해설 불성은 부처, 즉 각자(覺者)가 될 수 있는 씨앗을 말한다.
해바라기 씨앗은 씨앗 그 자체를 해바라기 꽃이라고 부를 수 없다.
씨앗, 물, 공기, 햇빛 등의 인연이 서로 적절히 조화롭게 만나서 한데 어우러져야 비로소 싹이 나고 잎과 줄기가 자라서 아름다운 해바라기 꽃을 피울 수 있다.
그리고 나무에는 불이 없지만 집중적으로 오랫동안 마찰하면 불이 생긴다.
마찬가지로 불성도 수행에 의해 떡잎이 나고 줄기가 자라야 비로소 불법을 정각할 수 있다.
이런 측면에서 중생을 불성이 있다고도 볼 수도 있고, 없다고도 볼 수 있다.
불성 그 자체는 씨앗으로 부처가 될 수 있는 하나의 가능성에 불과하다.

시공 속에서 시공을 벗어나
부처를 만나라

수나라 때 천태 지자대사가 신인(神人)에게 묻기를, "북방에서 사종(四宗)을 내세운 것은 경(經)의 뜻에 맞는가?" 하였네.

신인은 "잃은 것이 많고 얻은 것은 적다"고 했네.

지자대사는 다시 물었네.

『성실론(誠實論)』의 논객들이 오시교(五時敎)를 내세운 것은 부처님의 뜻에 맞는가?"

신인은 대답하기를 "북방의 4종을 내세운 것보다는 조금은 나으나 그래도 잃은 것이 많다."했네.(열반경종요 10)

• • • 원문
隋時 天台智者 問神人言 北立四宗 會經意不 神人答言 失多得少 又問成實論師立五教 稱佛意不 神人答曰 小勝四宗 猶多過失

해설

5시(五時)는 부처님이 50년간 설법한 것을 시간상으로 구분한 것을 말한다.
즉, 최초의 설법인 화엄시로부터 차례로 아함시, 방등시, 반야시, 법화열반시를 말한다.

그리고 4종(四種)은 경의 내용에 따라 분류한 것을 말하는데 장교(藏敎), 통교(通敎), 별교(別敎), 원교(圓敎)를 말한다.

장교는 경, 율, 논, 삼장을 말하는데 분석 위주의 좁은 소승 부류의 교를 말한다.

통교는 성문, 연각, 보살의 삼승(三乘)이 함께 받은 법을 말하는데 이 교를 좁게 해석하면 소승류의 장교에 떨어지고, 넓게 해석하면 별교와 원교로 곧바로 통하므로 통교라 한다.

별교는 차별관인 사(事)를 떠나서 평등관인 이(理), 즉 공(空)의 도리를 논한 반야경 같은 교를 말한다. 이 별교는 나머지 세 가지 교와 뚜렷이 구별되므로 별교라 칭한다.

마지막으로 원교는 모든 법을 원만히 성취한 최고의 교를 말하는데 천태종에서는 법화경을 여기에 배치했다.

그러나 이 모든 인위적인 분류도 무형의 진리를 고스란히 포괄하기에는 역부족이다.

무형의 절대적인 진리를 유형의 상대적인 5시 4교의 범주로 분류하여 담는다는 그 자체가 이미 모순이다. 그야말로 잠자리채로 용을 잡는 격이며, 소라껍질로 바닷물을 재는 격이며, 깔때기로 하늘의 전체 모습을 엿보려는 것과 다름없는 어리석은 짓이다.

그러므로 불법의 진리는 모든 인위(人爲)와 유위(有爲)를 떠나 있다.

수행의 나룻배

우리는 이 아홉 번째 여행에서 원효로부터
서른두 가지의 조언(助言)을 얻음으로써
수행의 한 방편인 타력불교를 이해하게 되고
신심을 더욱 돈독히 가지게 된다.

『유심안락도』

『유심안락도(遊心安樂道)』는 원효의 정토사상을 잘 드러낸 저서로 그 문체가 퍽 유려하고
아름답다. 총 일곱 문으로 구성되어 있는데 첫째 문은 교법의 근본이치가 무엇인지를 밝히
고, 둘째 문은 극락세계의 처소를 밝히고, 셋째 문은 극락세계에 대한 의심의 과보를 밝히
고, 넷째 문은 극락세계에 태어나는 인연을 밝히고, 다섯째 문은 극락세계에 태어나는 중생
의 근기를 구별하고, 여섯째 문은 극락세계에 태어남의 어려움과 쉬움을 밝히고, 일곱째 문
은 극락세계에 대한 의혹을 풀어 주고 있다. 이 『유심안락도』는 일본 정토종 성립에 지대한
영향을 미친 책으로 높이 평가되고 있다.

『무량수경 종요』

『무량수경종요(無量壽經宗要)』는 정토경인 『무량수경』의 종지와 대요를 밝힌 책으로 네 문으로 구성되어 있다. 제1문은 이 경의 대의를 기술하고, 제2문은 이 경의 근본을 드러내고, 제3문은 이 경의 왕생에 따른 사람의 근기를 구별하고, 제4문은 이 경의 경문을 해석하고 있다. 원효는 이 경 속의 무량수국은 결국 정토(淨土)로서 자성이 맑고 깨끗하기만 하면 대승, 소승, 범부 중생에 관계없이 누구나 이 정토로 나아가 무상의 대도를 이룰 수 있다고 말한다.

『아미타경소』

『아미타경소(阿彌陀經疏)』는 『아미타경』을 풀이한 주석서로 그의 저서 『무량수경종요』 및 『유심안락도』와 더불어 그의 정토사상의 핵을 이루고 있는 저서다. 원효는 『아미타경』을 다음과 같이 풀이한다. "이 경은 지덕이 충만하신 석가세존께서 출세하신 대의요, 세간 출세간의 중생들이 도에 들어가는 문이며, 발원하는 대로 정토로 들어가는 길이다. 이 경 이름만 들어도 바른 길에 들어서서 물러섬이 없고, 입으로 부처님의 명호를 부르면 삼계를 떠나 돌아옴이 없는데, 하물며 예배하고 전념으로 찬탄하고 부르고 관한다면 그 묘덕을 어찌 다 말할 수 있겠는가?"

『미륵상생경종요』

『미륵상생경종요(彌勒上生經宗要)』는 미륵사상의 중심인 『미륵상생경』의 종지와 대요를 밝힌 책으로 십 문으로 구성되어 있다. 제1문은 이 경의 대의를 설하고, 제2문은 이 경의 종취를 설하고, 제3문은 소승 대승의 시비를 가리고, 제4문은 여러 종류의 미륵경의 동이(同異)를 가리고, 제5문은 미륵현신의 처소를 밝히고, 제6문은 미륵출세의 시절을 밝히고, 제7문은 현세와 내세의 유무를 밝히고, 제8문은 미륵 3회 설법의 증감을 논하고, 제9문에서는 발심의 시기를 밝히고, 제10문은 수행결과로 얻는 증과에 대해 설하고 있다.

『증성가』

『증성가(證性歌)』는 원효가 대중불교운동을 전개할 때 정토신앙을 노래한 시로 칠언(七言)의 한시로 되어 있다. 보조국사 지눌이 지은 『법집별행록병입사기(法集別行錄幷入私記)』에 8구가 들어 있고, 최자(崔滋)가 지은 『만덕산백련사원묘국사비명(萬德山白蓮社圓妙國師碑銘)』에 4구가 들어 있다.

한 생각 쉬어
고와 락의 경계를 넘어서라

중생의 원래 심성(心性)은 두루 통달하여 어디에든 걸림이 없네.

그 크기로 말할 것 같으면 넓고 광대한 허공과 같고, 깊기로 말할 것 같으면 깊고 거대한 바다와 같네.

그 크기가 허공과 같이 넓고 광대하므로 그 평등한 본체는 어떤 특정한 형상을 벗어나 있고, 깨끗하고 더러움의 경계마저 벗어나 있네.

또한 그 깊이가 바다와 같이 깊고 거대하므로 그 성품이 윤택하고 부드러워 어떠한 인연이라도 따르며 거역하는 일이 없네.

이같이 중생의 성품은 원래 크고 밝은 것이지만 어떤 때는 번뇌의 망풍(妄風)으로 인하여 오탁(五濁)에 빠져 오랜 세월 유전(流轉)하며, 고통의 심연에 깊이 떨어져 가라앉고 떠다니기도 하네.

또 어떤 때는 선근(善根)의 힘으로 모든 번뇌를 다 끊고 고통의 세계를 벗어나 열반의 세계로 나아가 영원한 적멸의 낙을 즐기기도 하네.

그러나 고통의 세계에 헐떡거리는 중생의 삶이나 열반의 세계에서 적멸의 즐거움을 누리는 적정의 삶도 다 같이 꿈속의 한바탕 유희에 불과하네.(유심안락도 1)

• • • 원문

衆生心性 融通無 礙 泰若虛空 湛猶巨海 若虛空故 其體平等 無別相而可得 何有淨穢之處 猶巨海故 其性潤滑 能隨緣而不逆 豈無動靜之時 爾乃或因塵風 淪五濁而久轉 沈若浪而長流 或承善力截四流而不還 至彼岸而永寂 若斯動寂 皆是大夢

해설

원래 우리의 마음은 허공과 같아서 때로는 맑고 맑은 가을 하늘이 전개되기도 하고, 때로는 우중충한 안개에 덮이기도 하고, 때로는 태풍이 몰아치기도 하고, 때로는 번개와 뇌성이 온 허공을 흔들어 대기도 한다. 그러나 다음 날이면 언제 그랬느냐는 듯이 다시 평온한 푸른 하늘이 전개된다.

또 우리의 마음은 바다와 같아서 갖가지 파도의 모양을 끊임없이 연출하지만 그 파도들은 결국은 하나의 바다이며 그 본성은 물이다.

그런데 우리 중생들은 우리의 조그만 육체 속에 스며 있는 조그만 마음만이 내 마음인 것으로 착각하여 내 육체 밖의 것은 모두 남으로 경계 지어 주객을 나누어 가지가지 번뇌 망상을 피워 낸다.

알고 보면 지금 보이는 내 조그만 육체와 마음은 주객으로 갈라 놓기 이전의 원래의 내 무한한 몸의 일부이며 천지에 가득 찬 내 본래 마음의 한 파장에 불과하다.

따지고 보면 어찌 고요함과 거침을 구획 지을 수 있는가?

그저 끝없는 출렁임 그 자체가 바다의 본성이 아닌가?

일심의 근원에서 보면 부처와 중생이 모두 하나의 생명이다.

제 모양을 잃는 고통을 감수하라

깨닫고 보면 여기 속(俗)이랄 것도 없고 저기 진(眞)이랄 것도 없고, 더러운 세계인 예토(穢土)랄 것도 없고 깨끗한 세계인 정토(淨土)랄 것도 없네.

본래 이 모든 것은 일심(一心)이라서 생사(生死)와 열반(涅槃)이 둘이 아니네.

그러나 본원의 자리로 돌아가기 위한 깨달음을 얻기 위해서는 수많은 공덕을 쌓아야 하네. 그 까닭은 장구한 세월 동안 중생들이 꿈속에 빠져 생사의 유전을 통한 엉뚱한 길을 걸어왔기 때문이네.

그래서 부처님께서 중생을 구제하려 수많은 방편과 가르침의 그물을 펴시었네. 그러나 시간 인연 상으로, 멀고 가까움이 있고, 불법(佛法)이 흥할 때도 있고 쇠약해질 때도 있으니 부처님 가르침을 듣고 선한 공덕을 쌓아 가기란 그렇게 쉬운 것만은 아니네. (유심안락도 2)

• • • 원문

以覺言之 無此無彼 穢土淨國 本來一心 生死涅槃 終無二際

然歸原大覺積功乃致 隨流長夢 不可頓開 所以聖人垂迹 有遠有近 所設言敎 或衰或興

해설

근원적인 진리의 절대 세계에서는 부처와 중생이 하나이고, 진과 속이 하나이지만, 유한적인 현상의 상대 세계에서는 부처와 중생이 분명히 차이가 나고, 진과 속이 확연히 구별된다.

예컨대 방패와 창은 다 같이 쇠로 만들어졌지만, 방패는 사람을 보호하는 데 사용되고 창은 사람을 죽이는 데 사용된다. 비록 방패와 창의 기본 재료인 체(體)는 다 같이 쇠이지만, 그 쓰임, 즉 용(用)은 이같이 확연히 다르다.

그래서 창이 방패로 바뀌기 위해서는 우선 현재의 자기 모습을 잃는 고통을 감수해야만 한다. 다시 말해서 용광로에 들어가서 자신의 모습을 해체하고 원래의 바탕인 쇠로 되돌아가야 한다.

이 같은 고통을 감수해야만 비로소 본바탕으로 돌아가 새로운 삶으로의 전환이 가능하다. 바로 이 용광로 속으로 기꺼이 뛰어드는 것이야말로 여태까지의 습(習)을 없애고 원래의 청정자성으로 되돌아가려는 수행이며 도야이다.

오계(五戒)를 지켜
청정자성을 되찾아라

석가모니 부처님께서 이 사바세계에 출현하시어 살생, 투도, 사음, 망어, 음주의 다섯 가지 악을 경계하도록 하시어, 선근의 공덕을 쌓도록 하시고, 아미타불 부처님께서는 극락세계에 계시면서 아홉 부류의 대중들을 연꽃 위에 태어나도록 제도하시는데,

이 모든 것은 크게 깨닫기 위한 예비단계로 선(善)한 공덕을 쌓도록 하는 하나의 방편이네.(유심안락도 3)

• • • 원문

至如牟尼世尊 現此娑婆 誡五惡而勸善 彌陀如來 居彼安養 引九輩而導生斯等權迹不可具陳矣

영원한 진리 그 자체인 석가모니 부처가 이 사바세계에 화신불로 태어나서 설한 다섯 가지 계, 즉 '산 생명을 죽이지 말고, 남의 물건을 훔치지 말고, 음행을 하지 말고, 거짓말하지 말고, 술 먹지 말고' 등의 오계는 모두 다 중생들의 심을 훈습하여 원래의 청정자성으로 되돌리는 데 그 목적이 있다.

또한 아미타불 부처가 극락세계에 들어온 사람을 아홉 종류, 즉 상상품, 상중품, 상하품, 중상품, 중중품, 중하품, 하상품, 하중품, 하하품으로 분류하여 연꽃 위에 태어나도록 한 것은 중생들을 선한 방향으로 이끌어 이들을 계도하기 위한 하나의 방편이다.

모든 강은 바다로 향하듯이 모든 선행 하나하나는 곧 성불의 길로 이어진다.

늘 지극한 기쁨이
심천(心泉)에서 솟게 하라

극락세계는 언제나 좋은 벗들과 시방(十方)의 불국토를 거닐며 즐길 수 있는 근심과 고통이 영원히 사라진 안락한 곳이네.

항상 진리의 법음(法音)이 울려 퍼짐을 듣고 형상이 없는 경계에 들어가 부처님의 광명을 보고 생사를 벗어난 깨달음을 얻게 되네.

생사를 벗어난 깨달음을 얻기 때문에 나지 않음이 없고, 형상이 없는 경계에 들어가므로 형상 아닌 것이 없네.

그러므로 지극히 청정하고 즐거운 생각이 끝없이 이어지네.

이 같은 이유로 시방의 모든 부처님들이 한결같이 찬탄하시며 삼승(三乘)의 모든 성인들이 다 같이 여기에 살도록 권하시네.

그런데 자세히 살펴보면 부처님께서 이 극락세계를 찬탄하시며 권하시는 뜻은 중근기와 하근기의 중생을 거두어 보호하시고자 한 것임을 알 수 있네.

왜냐하면 이곳 사바세계는 여러 가지 악한 것이 많기 때문에 이러한 것에 얽히게 되면 깨달음을 향한 길에서 그만 물러서고 말기 때문이네.

반면에 극락세계는 완전한 선(善)으로만 충만된 세계이기 때문에 오직 불지(佛地)를 향해 나아감만 있지 결코 뒤로 물러남이 없기 때문이네.(유심안락도 4)

• • • 원문
勝侶相從 數遊十方佛土 於玆遠送以難慰之憂勞 況復聞法響音入無相 見佛光明悟無生故 無所不生入無形故 無所不形 極淨極樂 非心意之所度 無際無限豈言說之能盡 如是淨土 十方諸佛之所歡勸 三乘聖衆之所遊居 然審察如來歡勸意者 爲欲攝護中下根故 娑婆世界 雜惡之處 於緣多退 安養寶刹 純善之地 唯進無退

해설

무엇이 가장 큰 즐거움인가?
모든 중생이 회구하는 극락세계의 즐거움이 가장 큰 즐거움이다.
극락세계의 즐거움은 무엇인가?
좋은 벗들과 정화된 불국토를 거닐며 부처님의 진리의 말씀을 듣고 모든 형상과 근심 걱정을 떠나 지극히 청정한 생각에 잠긴다.
사바세계의 거센 여러 가지 욕망, 즉 재물욕, 색욕, 명예욕, 식욕, 수면욕 등의 헐떡거림을 영원히 여의고, 오로지 진리의 법음 속에서 궁극적인 성불을 향해 도반들과 정진해 가는 것 그 자체가 극락의 즐거움이다.
진리의 삶, 생명의 삶, 성불을 향한 희망적인 삶 그 자체가 극락세계의 진정한 즐거움이 된다는 것은 지금의 우리 중생세계에서 삶의 방향을 설정하는 데에 시사하는 바가 매우 크다.

좋은 환경에 처하면
좋은 생각으로 좋은 행을 쌓아 가라

극락세계에는, 깨달음의 길에서 물러나게 하는 사바세계의 네 가지 인연이 없네.
첫째 극락세계는 수명이 길고 병고가 없기 때문에 뒤로 물러남이 없는 데 반해, 사바세계의 중생들은 수명이 짧고 많은 병고가 있기 때문에 뒤로 물러남이 있네.
둘째 극락세계는 모든 부처님과 보살들이 선지식이 되어 보살펴 주기 때문에 물러남이 없는 데 반해, 사바세계에는 많은 악지식들이 많기 때문에 물러남이 있네.

셋째 극락세계에는 여인이 없기 때문에 육근의 경계가 모두 도(道)로 나아가는 인연으로 되어 물러남이 없는 데 반해, 사바세계는 여인이 있어 육근이 흐려져 물러남이 있네.

넷째 극락세계는 털끝만큼이라도 악을 지을 만한 땅이 없어 오직 선한 마음만 있기 때문에 물러남이 없는 데 반해, 사바세계는 악심과 무기심(無記心)이 있기 때문에 물러남이 있네.(유심안락도 5)

• • • 원문:
四緣者 一由長命無病故不退 穢土由短命多病故退 二由諸佛菩薩 爲善知識故不退 如經言 得與如是 諸上善人會一處故 穢土由多惡知識故退也 三由無有女人 六根境界 並是進道緣 故不退 如經曰 眼見色卽發菩提心等 穢土由有女人故退 四由唯有善心故不退 經云 無毛端許造惡之地 穢土由有惡心無記心故退也

해설

진리의 세계에서 멀어지게 하는 인연은 첫째, 육체의 생명에 지나치게 집착하는 것이고, 둘째, 육체와 감각의 욕망충족이 생의 모든 목적인 양 여기에 빠져드는 것이고, 셋째, 색정에 이끌리는 것이고, 넷째, 사람들의 마음 씀씀이가 삿되고 악한 것이다.

이와는 반대로 진리의 세계로 들어가게 하는 인연은 첫째, 영원한 생명에 대한 믿음으로 육체의 병과 죽음의 불안에서 벗어나는 것이고, 둘째, 정법(正法)으로 정도(正道)로 인도해 주는 선지식을 믿고 따르는 것이고, 셋째, 남자니 여자니 따위의 모든 분별상에서 벗어나 여여평등(如如平等)의 적정 상태에 머무는 것이고, 넷째, 마음이 오염됨이 없이 오직 원래의 청정자성을 그대로 지키고 드러내는 것이다.

이를 통해 보건대, 진리에 가까이 다가가거나 혹은 진리에서 멀어져 가는 것은, 주변 환경과 자신의 심의 의지적 용(用)과의 상호작용임을 알 수 있다.

참된 수행으로
무정세월을 극복하라

서방의 극락세계에 사는 대중들은 그 수명이 길기 때문에 한평생 수행하면 십지(十地)에 오를 수 있지만, 사바세계는 그 수명이 짧고 모든 악이 난무하므로 여러 몇 겁을 두고 닦아도 수고롭기만 하고 괴로움만 더하여 마침내 뒤로 물러서고 마네.
『화엄경』에서는 "사바세계의 일 겁(一劫)은 서방 극락세계의 하루 낮 하루 밤에 불과하다"고 말하네.(유심안락도 6)

· · · 원문
西方長壽 一生修行登地 娑婆短命多劫劬 勞猶退 故華嚴曰 如此娑婆世界一劫 於西方安樂世界爲一日一夜

해설

'즐거이 하면(樂), 오래가고(永), 오래가면 결국 이룬다(成)'는 말이 있다.
우리 중생세계는 여러 가지 악의 유혹에 둘러싸인 불바다와 같은 세계이고, 극락세계에 비하면 마치 하루살이와 같은 세계이다.
수명이 짧음으로 마음이 안정되지 못하고 요동하여 수행을 즐길 수 없고, 즐기지 않고 억지로 하기 때문에 오래 지속될 수가 없고, 오래 지속되지 못하기 때문에 이루지 못한다.
마치 부싯돌을 비벼 불을 피울 때처럼 처음에는 열심히 비벼 대나 중도에 그만두면 불을 피울 수 없는 것과 같은 이치이다.
극락세계의 하루가 우리 중생세계의 일 겁과 같다고 했다.
그러나 시간은 상대적이다. 비록 사바세계에 있어도 보리삼매에 접어들면 극락에 가지 않아도 이미 극락세계의 시간의 흐름 속에 진입한 것과 같다.

발아래서 바로
극락으로 이르는 길을 찾아라

극락 국토는 어디에 있는가?

사실 서방 극락세계인 아미타불국토는 원융하고 융통하기 때문에 동과 서라는
방향의 한계가 없네.

다만 중생의 근기가 다양하여, 사바세계와 극락세계가 갈라지게 되네.

극락정토를 네 가지로 구분할 수 있는데, 법성토(法性土)와 실보토(實報土)는
일미(一味)로 평등하여 모든 법계에 두루 하기 때문에 다른 세계에서는 가히 측
량할 수 없는 세계이고, 수용토(受用土)와 변화토(變化土)는 기원(祈願)에 따라
감응하고 근기(根機)에 따라 생겨나는 세계이기 때문에 앞의 두 세계보다 작은
세계이네.(유심안락도 7)

· · · 원문

彼土所在者 佛土圓融 本無東西 扣機多端 方現此彼
西方淨土 通成四土 一法性土 二實報土 三受用土 四變化土 於中法性實報 一味平等 周遍法界
非餘所測 受用變化 酬願垂感 隨機所欲 指方可得 故小

 해설 진정한 극락세계는 모든 시공과 염정(染淨)의 분별을 떠난 청정한 진여
법성세계(眞如法性世界) 그 자체이다. 극락세계는 부처님의 광명세계
그 자체로서의 극락세계와 청정한 수행터로서의 극락세계로 구분된다.
부처님의 광명세계 그 자체로서의 극락세계에는 법성토와 실보토가 있
고, 중생들의 성불을 위한 수행처로서의 극락세계에는 수용토와 변화토가 있다. 우리가 흔히
'극락왕생한다' 라고 말할 때의 극락은 바로 수용토와 변화토로 흔히 말하는 아마타불 극락
세계를 말한다.

요컨대 진리를 깨닫기 위한 진리에 입각한 진리의 길을 걷는 수행인들이 모여 서로 진리의 법
락을 조촐하게 즐겨 가는 청정한 세계가 곧바로 극락이다. 그러므로 극락세계는 이곳 사바세
계에서도 청정한 진리의 법음 속에 사는 사람에게는 항상 열려 있다.

작은 의혹으로
신심을 깨뜨리지 말라

아무리 큰 선행을 쌓더라도 부처님의 가르침에 대해 의심과 의혹을 일으키는

자는 큰 이익을 얻지 못하네.

그러므로 모든 부처님의 위없는 지혜는 응당 밝게 믿어야 하네.

여래의 진실한 말씀은 이치에 합당하기 때문에 의심할 여지가 추호도 없네.

뒤에 가서 의심의 과보를 받을 때 후회해도 이미 때가 늦으니, 평소 의심과 의

혹을 일으키는 일은 극구 삼가야 하네. (유심안락도 8)

• • • 원문

其有菩薩 生疑惑者 爲失大利 是故應當 明信諸佛 無上智慧 如來眞言 無合致怪 後悔難追 可
不愼哉

해설

믿음이야말로 이 생사의 언덕에서 저 열반의 언덕으로 넘어가는 나룻배
이다. 믿음은 99%가 없다. 오로지 100%가 있을 뿐이다. 99%의 믿음은
믿음이 아니다. 나머지 1%에 의해 언제라도 맑고 청정한 하늘이 온통
검은 먹구름 떼로 뒤덮어 버릴 위험성을 그 자체 속에 내포하고 있다.

의심이 많은 사람은 아미타불을 관하고 염불을 하여 비록 극락정토에 태어나더라도 500여 년
동안은 아무런 근심걱정은 없지만 부처님을 만나 뵙지도 못하고 불법도 듣지 못하여 성불을
향한 수행의 대열에는 끼이지 못하는 과보를 받는다.

동쪽으로 기울어진 나무는 언젠가는 반드시 동쪽으로 기운다고 했다. 마찬가지로 한 마음을
불법진리를 향해 일단 던졌다면 추호의 의심도 없이 수행 정진해 가면 된다.

강물이 끊임없이 흘러가면 때로는 돌아가고 때로는 비켜 가는 일이 있더라도 결국에는 바다
에 도착하듯이 중생이 믿음의 배를 타고 불법의 강을 따라 끊임없이 나아가면 반드시 성불의
근원에 도달할 수 있다.

열 가지 바른 생각으로
정토로 진입하라

십념(十念)을 지녀서 보리심을 내어 아미타불을 지극 정성으로 염불하면 반드시 극락세계에 왕생하는데, 그럼 그 십념은 무엇인가?

첫째, 일체의 모든 중생에게 항상 자애로운 마음을 일으켜 중생의 수행을 방해하지 않네. 만일 중생의 수행을 방해하는 자는 결코 극락세계에 왕생하지 못하네.

둘째, 일체의 모든 중생에게 연민의 정을 깊이 일으켜 잔인하거나 해치는 마음을 없애네.

셋째, 불법을 보호하고자 하는 마음을 일으켜 이를 위해 육신과 목숨을 아끼지 않으며, 일체 모든 법을 비방하는 생각을 없애네.

넷째, 인욕하는 가운데 선정(禪定)의 마음을 일으키네.

다섯째, 마음을 청정하게 하여 이익과 편함을 탐하지 않네.

여섯째, 일체의 모든 지혜를 일으켜 항상 마음에 지니네.

일곱째, 일체의 중생이 존귀하다고 생각하고 거만한 생각을 버리고 겸손한 하심(下心)을 지니네.

여덟째, 세속적인 말과 화제에 흥미를 내거나 집착하지 않네.

아홉째, 깨달음을 이루려는 생각을 항상 마음에 두고 여러 가지 선근의 인연을 짓고 잡다한 생각을 멀리하네.

열째, 정념으로 부처님을 공경하고 일체 의심을 버리네. (유심안락도 9)

• • • 원문
若能十念相續 不斷念彼佛者 卽得往生
一者於一切衆生 常生慈心 於一切衆生 不毀其行 若毀其行 終不往生 二者於一切衆生 深起悲

心 除殘害意三者發護法心 不惜身命 於一切法 不生誹謗 四者於忍辱中 生決定心 五者深心清
淨 不深利養

六者發一切種智心 日日常念 無有廢忘 七者於一切衆生 起尊重心 除我慢意 謙下言說 八者於
世談話 不生味著心 九者近於覺意 深起種種 善根因緣 遠離憒擾散亂之心 十者正念觀佛 除去
諸想

해설

위의 십념을 요약하면 무아(無我)의 바다에 들어가 모든 차별상을 버리
고 살려고 하는 모든 중생을 기꺼이 살리려고 노력하는 데 있다. 이는
사바세계의 중생들이 살아가는 방식과는 반대의 삶이다.

모든 고기가 탁류를 따라 흘러가는데 그중에 몇몇 마리가 탁류의 흐름
을 거슬러 상류의 청정한 근원을 향해 역류해 가는 것과 같다. 역류해 간다는 것은 외롭고 어
려운 길이지만 그러나 바로 그 길이 영원한 생명으로 통하는 길이고 삶의 향기가 밴 참다운
길이다.

힘이 부족하면
배를 빌려 저 언덕에 이르라

비유컨대 자기의 힘으로만 가면 부지런히 가도 여러 날 만에 겨우 수십 리쯤 가
겠지만, 만약 배를 타고 가거나 바람의 힘을 빌리면 하루 만에 능히 천 리도 갈
수 있네.

그런데도 앉은뱅이는 '어떻게 하면 하루 만에 천 리를 갈 수 있겠는가?' 라고
의심만 하네.

이처럼 세간에서 배를 부리는 사공의 힘만 빌려도 보통사람의 생각을 능히 뛰
어넘는 일을 할 수 있는데,

하물며 여래인 법왕의 힘을 빌리면 어찌 불가사의한 일을 능히 이루지 못하겠
는가.(유심안락도 10)

自力勤行 要逕多日 至一由旬 若寄他船 亦因風勢 一日之間 能到千里 可言鰲者 云何一日至千
里耶 世間船師 之力尙作 如是絶慮之事 何況如來法王之勢 而不能作 不思議事耶 是爲對治第
一疑也

해설

위의 비유는 극락세계로 인도하는 아미타불의 불가사의한 힘에 대한
사람들의 의심을 제거하기 위해서 내세운 비유이다.

바위는 스스로 물위에 뜰 수 없지만 배 위에 실으면 떠서 어디론가 옮길
수도 있고, 앉은뱅이는 스스로는 그 자리에 꼼짝 못하나, 배나 비행기를
타면 몇천 리도 갈 수 있다. 이와 같이 극락정토에 계신 아미타불을 믿고 염불하면 필연코 아
미타불 부처님의 불가사의한 본원력에 의해 극락정토에 태어나서 물러서지 않는 정진력을
발휘하여 마침내 부처의 자리에 오를 수가 있다. 특히 원효는 이 『유심안락도』에서 '광명진
언'을 소개하며 이 진언의 영험에 대해 다음과 같이 말했다.

"만일 어떤 중생이 어디서든 이 진언을 얻어 듣되 두 번이나 세 번, 또는 일곱 번 귓가에 스쳐
지나치기만 해도 곧 모든 업장이 사라지게 된다. 만일 어떤 중생이 십악업과 오역죄와 사중죄
를 지은 것이 세상에 가득하여, 목숨을 마치자 곧바로 나쁜 세계에 떨어졌을지라도, 이 진언
을 108번 외운 모래를 죽은 이의 시신 위에 흩어주거나 묘소 위나 탑 위에 흩어주면, 묘소 속
의 영가가 비록, 지옥, 아귀, 아수라, 축생 세계에 있더라도 이 광명진언의 위력으로 즉시 몸에
광명을 얻게 되고, 모든 죄의 업보로부터 벗어나 서방 극락세계에 왕생하게 된다."

참고로 비로자나불 즉 법신불의 광명 그 자체이며 모든 죄업을 소멸하고 모든 소망을 성취시
켜준다는 〈광명진언(光明眞言)〉의 내용은 다음과 같다.

'옴 아모가 바이로차나 마하무드라 마니 파드마 즈바라 프라바를타야 훔'

움직이는 물과
고요한 물의 본성은 같다

대저 중생의 심성(心性)은 원융하게 통하여 막힘이 없어 크기는 허공과 같고 맑
기는 큰 바다와 같네.

허공과 같으므로 그 체가 평등하여 차별상이 있을 수 없네.

그러므로 어찌 더러운 예토(穢土)가 따로 있겠는가?

또한 큰 바다와 같으므로 그 성품이 젖고 미끄러워 인연을 거슬리지 않고 따르거늘 어찌 동정(動靜)이 없을 수 있겠는가?

때로는 번뇌 망상의 진풍(塵風)에 이끌리어 오탁(五濁)의 악세(惡世)에 떨어져 끝없이 윤회하면서 고해(苦海)의 물결에 휩쓸리기도 하고, 때로는 선근을 심어 4류(四流)의 번뇌를 끊고 다시는 돌아오지 않는 열반의 세계에 이르러 길이 적멸의 낙에 만족하기도 하네.

그러나 알고 보면 이러한 동(動)과 적(寂)은 다 한바탕 꿈에 지나지 않네. (무량수경종요 1)

• • • 원문

言大意者 然夫衆生心性 融通無碍 泰若虛空 湛猶巨海 若虛空故 其體平等 無別相而可得 何有淨穢之處 猶巨海故 其性潤滑 能隨緣而不逆 豈無動靜之時 爾乃或因塵風 淪五濁而隨轉 沈若浪而長流 或承善根 截四流而不還 至彼岸而永寂 若斯動寂 皆是大夢

해설

중생의 마음의 묘용은 끝이 없다. 마치 큰 화폭 위에 붓을 든 화공과 같이 온갖 물상을 다 그릴 수가 있다.

중생의 마음을 선하게 운용하면 정토의 극락세계도, 그리고 연꽃 위에 노니는 천인도, 선인도, 성공가도, 미인도, 성인(聖人)도 그릴 수 있다.

그러나 중생의 마음을 악하게 운용하면 예토의 사바세계도, 축생세계도, 아귀, 아수라, 지옥세계도, 그리고 온갖 사나운 악귀, 살생자도, 추한 자도, 실패자도, 탐욕스런 자도, 음욕한 자도, 어리석은 자도, 시기하는 자도 다 그릴 수 있다.

그러나 이 모든 것은 한낱 선(線)과 색의 집합에 불과하다. 아무리 아름답고 즐겁고 행복한 세계의 그림도, 아무리 추하고 슬프고 불행한 세계의 그림도 알고 보면 스크린 위에 일시적으로 비친 하나의 일시적인 영상에 불과하다.

영원히 변함없는 것은 모든 선과 색과 광선을 떠났으면서 동시에 언제라도 모든 선과 색과 광선을 받아들일 수 있는 흰 화폭과 스크린이 있을 뿐이다. 이 화폭과 스크린이야말로 모든 중생심의 본원자리이다.

그러므로 중생심이 곧 부처이면서 악귀이며, 창조자이면소 피조물이며, 극락이면서 지옥이며, 차안이면서 피안이며, 영원이면서 찰나이다.

이 중 어느 쪽을 드러낼 것인가는 세세생생 살아오면서 알게 모르게 길들이고 길들여진 중생 저마다가 가지고 있는 식(識)의 습기(習氣)에 따른다.

깨달음에 이르러
두 언덕의 경계를 벗어나라

깨달음의 경지에서 말하면 정토(淨土)도 없고 사바세계인 예토(穢土)도 없네.

예토와 불보살의 정토가 본래 한마음일 따름이니 생사 열반의 이제(二際)가 결국 둘이 아니네.

그러나 일심의 근원으로 돌아가는 각(覺)은 많은 공(功)을 쌓은 뒤에야 비로소 얻는 것이니 생사의 흐름을 따르던 긴 꿈을 단번에는 깰 수 없네.(무량수경종요 2)

···원문
以覺言之 無此無彼 穢土淨國 本來一心 生死涅槃 終無二際 然 歸原大覺 積功乃得 隨流長夢
不可頓開

해설

우리는 흔히 정토, 즉 서방극락세계와 이곳 중생세계인 예토는 따로 구분되어 있는 것으로 알고 있다. 그래서 정토는 죽어야만 왕생할 수 있고 공간적으로 시간적으로 먼 쪽에 있는 저쪽 세계로 인식하고 있다.

그러나 진리의 세계에서 보면 그렇지 않다. 정토이든 예토이든 모두 내 마음인 바로 이 일심의 형상에 불과하다. 즉 마음이 맑아 정토가 되면 정토가 생겨나고 마음이 염폐져 예토가 되면 예토가 생겨난다. 모든 것은 이 일심의 조작에 불과하다. 그러므로 일심 속에서 정토와 예토는 둘이 아니다.

그러나 곧바로 모든 마음의 무명을 떨치고 번뇌 망상을 넘어 일심의 밝은 본원자리로 들어가는 것은 그렇게 쉬운 일은 아니다. 왜냐하면 중생이 의미하듯이 수없는 생을 되풀이해 오는 동안, 무명에 의한 중생의 습(習)에 젖은 그릇된 생활을 거듭해 왔기 때문이다.

그래서 이런 중생들의 전도된 삶을 바른 자리로 이끌기 위해서 수많은 불보살들이 탄생하여 수만 가지 방편을 펼쳐 왔다. 이 중에 한 분이 바로 아미타불 부처님이다. 아미타불 부처님의 밝은 광명을 관하면서 부처님의 명호를 부르면 내 마음의 어두운 무명의 그림자는 사라지고 번뇌 망상이 쉬어서 마침내 일심의 정토가 이룩되고 서방극락이 전개된다.

무상 무생에 누워
영원한 기쁨을 누려라

극락은 옥으로 만들어진 숲에서 불어오는 향기로운 바람이 항상 따스하고 시원한 기온을 유지해 줌으로, 겨울의 춥고 여름의 무더움을 찾아볼 수 없네.

또한 신선들과 더불어 여러 종류의 공덕을 두루 갖춘 연못 물 속에서 목욕을 즐길 수 있으므로 늙고 노쇠해짐을 염려할 필요가 없네.

그리고 훌륭한 도반들과 함께 시방(十方)의 모든 부처님세계에 노닐므로 모든 근심과 고통을 떠난 경지에 머물 수 있네.

하물며 항상 불보살들의 설법의 메아리를 듣고 무상(無相)에 들어 부처님의 광명을 보고 무생(無生)을 깨닫는 즐거움은 어디에 비할 수 있겠는가?

무생을 깨달았으므로 생(生)아님이 없고, 무상(無相)에 들었으므로 상(相)으로 나타내지 못할 것이 없네.

지극히 깨끗하고 지극히 즐거워 생각으로 헤아릴 수 없으며 끝이 없고 한이 없으니 어찌 이 즐거움을 말로써 다 할 수 있으랴. (무량수경종요 3)

· · · • 원문

王林芳風 溫凉 常適 本無多寒夏熱之煩 群仙供會 時浴八德蓮池 由是長別偏可厭之皓皺 勝侶
相從 數遊十方佛土 於玆遠送以難慰之憂勞
況復聞法響入無相 見佛光悟無생 悟無生故 無所不生 入無相故 無所不相 極淨極樂 非心意之
所度 無際無限 豈言說之能盡

해설

극락세계의 특징은, 첫째, 주변의 물리적 환경이 모두 청정하고, 둘째, 사회의 구성원들이 모두 청정하고, 셋째, 몸뿐만 아니라 마음까지 깨끗이 씻을 수 있는 팔공덕수가 넘쳐흐르는 신비한 연못이 있고, 넷째, 유한한 육체의 생로병사에 대한 근심 걱정이 없고, 다섯째, 항상 진리의

법음이 들려와 진리의 법락을 즐길 수 있는 곳으로 되어 있다.

그럼, 극락정토는 우리가 흔히 알고 있듯이 이생을 떠난 후에야 갈 수 있는 사후세계만을 말

하는 것일까?

이생에서도 자신의 주변 환경을 청정하게 만들고 주위의 구성원들의 마음을 정화시키고 청정수로 몸을 씻고 진리의 법수(法水)로 마음을 씻고 유한하고 허망한 육체적 삶만이 참된 삶의 전부가 아님을 깨닫고 수행을 통해 자신 속에 깃든 진리의 광명을 찾아 하루하루 정진해 나간다면 이생이 곧 극락정토로 변한다.

때로는 불보살의 공덕을 앞당겨 빌려 쓰라

정토(淨土)는 다 여래의 원행(願行)으로 이루어진 세계이지 왕생하는 이들의 자력에 의해 이루어진 세계는 아니네.

더구나 정토는 중생들의 공업(共業)으로 이루어진 예토(穢土)와는 전혀 다른 별개의 세계이므로 청정토(淸淨土)라는 통칭이 붙어 있는 것이네. (무량수경종요 4)

• • • 원문

淨土 皆是如來願行所成 非生彼者 自力所辨 不如穢土外器世界 唯由衆生共業所成 是故 通名 淸淨土也

 해설

정토는 아미타불 부처가 전생에서 법장비구로 수행할 때 세운 대원력에 의해 건립된 세계이다. 그러므로 이 세계에 태어나기 위해서는 아미타불 부처님의 대원력에 합치되기만 하면 된다.

마치 한 선량한 독지가가 모든 편의시설을 지어 놓고 그가 그 건물을 지을 때의 서원에 합당한 사람이면 누구나 들어와서 그 편의시설을 활용하고 누릴 수 있는 것과 같은 이치이다.

정토에 왕생하기 위해서는 우선 부처님의 원력을 굳게 믿고, 부처님의 원력에 맞도록 수행해 가면 된다.

그러므로 극락정토도 이승이든 저승이든 부처님의 원력에 합당한 길로 스스로 정진해 갈 때 가능한 것이지 마치 뜻밖의 선물처럼 갑자기 주어지는 것은 결코 아니다.

색상의 분별을 넘어
무색의 바탕 위에 앉아라

어떤 법은 한결같이 유루(有漏)이니, 이것은 염오된 심과 심소법(心所法)등이
서로 응하여 유루가 되므로 오종(五種)의 무루(無漏)의 모양이 없기 때문이네.
또 어떤 법을 한결같이 무루(無漏)이니 이것은 도(道)를 보았을 때의 심과 심소
법(心所法) 등이 응하여 자성(自性) 해탈에 있으므로 오종(五種)의 유루(有漏)의
모양이 없기 때문이네.
또 어떤 법은 유루이기도 하고 무루이기도 한 것이니, 이것은 과보로서의 무기심
(無記心)과 심소법 등이 얽매이기도 하고 얽매임에서 벗어나기도 하기 때문이네.
비록 이것은 무루이기는 해도 고제(苦諦)이니 업의 번뇌로 말미암아 일어난 것
이기 때문이네.
또 어떤 법은 유루가 아닌 소위 아주 깊고 깊은 법이니, 이는 헤아림에 떨어지
지 않기 때문이네. (무량수경종요 5)

* * * 원문

一者有法 一向有漏 謂諸染汚心心所法等 由相應義 是有漏故 而無五種無漏相故 二者有法 一
向無漏 謂見道時 心心所法等 由有自性解脫義故 而無五種有漏相故 三者有法 亦有漏 亦無漏
謂報無記心心所法等 隨眠所縛故 諸纏所離故 雖復無漏 而是苦諦 由業煩惱所生起故 四者有
法非有 漏謂諸甚深法不墮數故

해설

'유루(有漏)'의 루(漏)는 '샌다' 또는 '누설된다'의 뜻으로 유루는 중
생의 눈, 귀, 코, 혀, 몸, 마음 등의 여섯 가지 문을 통해 새어 나오는 온
갖 종류의 번뇌식을 통틀어 일컫는 말이다. 고제(苦諦)와 집제(集諦)가
여기에 속한다. 무루(無漏)는 유루와 대(對)가 되는 말로 여러 가지 번
뇌식에서 벗어난 식을 말한다. 멸제(滅諦)와 도제(道諦)가 여기에 속한다.
일반적으로 의식작용의 본체를 심왕(心王)이라 하고, 객관사물을 인식할 때 심왕에 종속되어
심왕의 뜻을 좇아 일어나는 모든 정신작용을 통틀어 심소법(心所法)이라 한다. 심왕이 국왕이
라면 심소법은 국왕의 신하와 같은 역할을 한다. 무기법(無記法)은 선도 악도 아닌 성질로

선악의 어떤 결과도 끌어오지 않는 중간성(中間性)을 말한다. 그러나 수행에 있어서는 수행을 방해하기도 한다.

위의 용어해설을 토대로 생각해 보면 세상의 모든 법은 순전히 번뇌식에만 이끌리어 계속 염오(染汚)되어 가는 법과, 순전히 자성청정심에 이끌리어 계속 정화(淨化)되어 가는 법과 염오되기도 하고 정화되기도 하는 법으로 대별할 수 있다.

우리 중생의 법은 완전히 정법(淨法)도 아니고, 완전히 염법(染法)도 아니다.

때로는 누구나 가지고 있는 본각자성(本覺自性)의 무루법에 의해 밝고 맑은 정법을 일으키기도 하고, 때로는 다섯 가지 감각과 마음에서 일어나는 여러 가지 번뇌식에 이끌리어 어둡고 탁한 염법을 일으키기도 한다.

문제는 이런 정법과 염법의 과정을 끝임없이 되풀이하면서 과연 어느 방향을 향해 한 걸음 한 걸음 나아가느냐에 있다. 정법 염법 과정을 거듭 하면서도 정법을 향해 한 걸음 한 걸음 나아가는 삶이야말로 생각하는 삶이고 수행하는 삶이고 바른 삶이다.

원과 행을 겸비하여
피안에 이르라

상배인(上輩人)의 왕생(往生)의 인(因)은 첫째, 집을 떠나 욕심을 버리고 사문(沙門)이 되는 것이니, 이는 정인(正因)을 일으키는 방편을 말하네.

둘째, 보리심을 내는 것이니 이는 정인(正因)을 밝힌 것이네.

셋째, 오로지 아미타불 부처님만을 생각하는 것이니 이는 관(觀)을 닦음을 밝힌 것이네.

넷째, 여러 가지 공덕을 짓는 것이니 이는 행(行)을 일으킴을 밝힌 것이네. 바로 이 행(行)과 관(觀)이 만업(滿業)을 돕네.

다섯째, 저 아미타불 극락정토에 태어나기를 간절히 원하는 것이네.

이 중 앞의 네 가지는 행(行)이고 마지막 다섯 번째는 원(願)이니, 이 원(願)과 행(行)이 합쳐질 때 비로소 저 극락정토에 왕생할 수 있네.(무량수경종요 6)

上輩之因 說有五句 一者 捨家棄欲而作沙門 此顯發起正因方便 二者 發菩提心 是明正因 三者
專念彼佛 是明修觀 四者 作諸功德 是明起行 此觀及行爲助滿業 五者 願生彼國 此一是願 前
四是行 行願和合 乃得生故

해설

극락왕생하는 자는 크게 삼품으로 분류한다.

원과 수행에서 가장 뛰어난 상배인과, 그다음으로 뛰어난 중배인과, 그
다음으로 뛰어난 하배인을 말한다.

상배인이 되기 위한 요건은 첫째, 출가스님이 되는 일이고, 둘째, 상구
보리 하화중생의 보리심을 내는 일이고, 셋째, 아미타불 부처님을 항상 마음속으로 관하는 일이
고, 넷째, 여러 가지 공덕행을 행하는 일이고, 다섯째, 아미타불이 상주하여 설법하고 있는
아미타불 극락정토에 태어나기를 간절히 원하는 일이다.

이 다섯 가지를 충족시킬 때 극락정토의 상품 연화대에 왕생할 수 있다.

마음의 대지 위에
기쁨의 씨앗을 뿌려라

중배인(中輩人)의 왕생의 인(因)은 첫째, 비록 사문이 되지는 못했지만 위없는
보리심을 내는 것이니 이는 정인(正因)을 밝힌 것이네.

둘째, 오로지 부처님을 관하는 것이고, 셋째, 크고 작은 선을 닦는 것이고, 넷
째, 저 국토에 태어나기를 원하는 것이네.

앞의 행(行)과 뒤의 원(願)이 합해질 때 왕생할 수 있네. (무량수경종요 7)

中輩之中 說有四句 一者 雖不能作沙門 當發無上菩提之心 是明正因 二者 專念彼佛 三者 多
小修善 此觀及行爲助滿業 四者 願生彼國 前行此願 和合爲因也

해설

중배인이 갖추어야 할 요건은 첫째, 비록 출가스님은 되지 못했지만 위
없는 보리심을 내는 일이고, 둘째, 아미타불 부처님을 일념으로 관하는
일이고, 셋째, 가능한 많은 선행을 닦는 일이고, 넷째, 극락정토에 왕생

하기를 간절히 원하는 일이다.

위의 네 가지 요건을 충족시키면 극락정토의 중품 연화대에 왕생할 수 있다.

성자의 거룩한 모습을
마음에 조각하라

하배인(下輩人)의 왕생의 인(因)은 첫째 비록 많은 공덕을 짓지는 못하더라도 위없는 보리심을 내는 것으로 이는 정인(正因)을 밝힌 것이네. 둘째 십념(十念)으로 오로지 부처님을 생각하는 것이니 이는 만업을 돕네. 셋째 저 국토에 태어나기를 원하는 것이니 앞의 행과 이 원(願)이 합쳐질 때 비로소 왕생의 인(因)이 이루어지네.(무량수경종요 8)

• • • 원문

下輩內說二種人 二人之中 各有三句 初人三者 一者 假使不能作諸功德 當發無上菩提之心 是 明正因 二者 乃至十念 專念彼佛 是助滿業 三者願生彼國 此願前行和合爲因

 해설　하배인이 갖추어야 할 요건은, 비록 출가스님도 되지 못하고 많은 공덕행도 짓지 못했지만, 첫째, 위없는 보리심을 내고, 둘째, 오로지 아미타불 부처님을 지극정성으로 관하고, 셋째, 극락정토에 왕생하기를 간절히 원하는 일이다.

위의 세 가지 요건을 충족하면 극락정토의 하품 연화대에 왕생할 수 있다.

요컨대 상배인이든, 중배인이든, 하배인이든 극락정토에 왕생하기 위한 필수요건은 첫째, 위없는 보리심을 내는 일이고, 둘째, 아미타불 부처님을 일념으로 관하는 일이고(아미타불을 떠올리면서 '나무아미타불!'이라고 끊임없이 염불하는 일), 셋째, 극락정토에 왕생하기를 간절히 원하는 일이다.

요컨대 무엇보다 간절히 원하면, 그 원을 이루기 위해 부처님을 생각하기 마련이고, 부처님을 생각하면 저절로 보리심은 생겨나기 마련이다.

제도하는 자와
제도받는 자를 함께 보라

왕생의 정인(正因)은 보리심을 말하는 것이니, 위없는 보리심을 발한다는 것은 세간의 부귀행복과 이승(二乘)의 열반을 돌아보지 않고 한결같이 삼신(三身)의 보리만을 원하는 것을 말하네.

총괄적으로 말하면 이같이 말할 수 있지만 보다 구체적으로 말하면 두 종류의 정인이 있는데 첫째는 일을 따라 발심하는 것이고, 둘째는 이치를 따라 발심하는 것이네.

첫 번째의 일을 따라 발심한다는 것은 번뇌가 수없이 많지만 다 끊기를 원하는 것이고, 선법이 한없이 많지만 다 닦기를 원하는 것이고, 중생이 끝없지만 다 제도하기를 원하는 것을 말하네.

두 번째의 이치를 따라 발심한다는 것은 모든 것은 다 꿈과 환(幻)과 같아서 유무(有無)도 아니며 말을 떠나고 생각을 여읜 경계로 믿고, 보다 넓고 큰마음을 내는 것을 말하네.

비록 번뇌와 선법은 보이지 않지만 그렇다고 닦고 끊을 것마저 없다고 버리지 않네.

비록 끊고 닦기를 원하지만 무원삼매(無願三昧)를 어기지 않으며 비록 무량한 중생을 다 건지기를 원하지만 능히 제도하는 주체와 제도받는 중생이라는 생각을 두지 않네.

이리하여 능히 공(空)과 무상(無相)의 도리를 따르네.

저 『금강경』의 "이렇게 한량없이 많은 중생을 제도하지만 실은 한 중생도 제도받은 중생이 없다."라고 설한 도리와 상통하네. (무량수경종요 9)

• • • 원문

言正因 謂菩提心 言發無上菩提心者 不顧世間富樂 及與二乘涅槃 一向志願三身菩提 是名無
上菩提之心 總標雖然 於中有二 一者 隨事發心 二者 順理發心
言隨事者 煩惱無數 願悉斷之 善法無量 願悉修之 衆生無邊 願悉度之
所言順理而發心者 信解諸法 皆如幻夢 非有非無 離言絕慮 依此信解 發廣大心 雖不見有煩惱
善法 而不撥無可斷可修 是故雖願悉斷悉修 而不違於無願三昧 雖願皆度無量有情 而不存能
度所度 故能順隨於空無相 如經言 如是滅度無量重生 實無衆生得滅度者 乃至廣說故

해설

보리심이 무엇이냐. 곧 사홍서원(四弘誓願)을 말한다.

사홍서원이란 모든 보살이 마음속에 항상 품고 있는 네 가지 넓은 서원을 말하는데, 첫째, 모든 중생을 다 제도하겠다는 서원이고, 둘째, 모든 번뇌를 다 끊겠다는 서원이고, 셋째, 모든 법문을 다 배우겠다는 서원이고, 넷째, 불도를 꼭 이루고 말겠다는 서원을 말한다.

위의 네 가지 큰 서원을 가슴에 품고, 세상의 여러 가지 유혹들을 꿈과 같고 환(幻)과 같이 보아, 여기에 걸리지 않고, 오로지 불법진리에 합당한 길로만 묵묵히 수행해 가는 구도자를 보살이라고 하는데 이 보살행이야말로 극락왕생의 요건 중 가장 으뜸이 된다.

한바탕 꿈에서 깨어나 세상을 관조하라

중생 마음의 본바탕인 참마음은 상(相)을 여의고, 성(性)을 여의어서 마치 바다와 같고 허공과 같네.

허공과 같으므로 원융되지 않는 상이 없고 동서의 처소가 없으며, 바다와 같으므로 지켜야 할 성품이 없네.

그러나 어찌 고요하고 움직이는 때가 없으랴.

그러므로 때로는 염오된 업(業)으로 인하여 오탁(五濁) 악세(惡世)의 물결을 따라 길이 흐르기도 하고, 때로는 거룩한 인연을 따라, 각종 번뇌를 끊고 길이 적멸하기도 하네.

그러나 이 모든 움직임과 고요함은 한바탕 꿈에 지나지 않네.

깨달음이 경지에서 보면 생멸의 흐름도 없고, 열반의 적멸도 없으니 사바의 예토(穢土)와 불국(佛國)의 정토(淨土)가 본래 한마음이며, 생사와 열반이 결국 이제(二際)가 아니네.

그러나 둘이 없는 깨달음은 취하기가 어렵고 하나의 미혹한 꿈은 버리기가 쉽지 않네. (아미타경소 1)

• • • 원문
夫衆生心之爲心地 離相離性如海如空 如空之故無相不融 何有東西之處 如海之故無性是守
豈無動靜之時 爾乃或因染業隨五濁而長流 或承淨緣 絶四流而永寂 若斯動靜皆是大夢 以覺
望之無流無寂 穢土淨國本來一心 生死涅槃終無二際 然無二之覺取之良難 迷一之夢去之不易

해설

만법은 끊임없이 변화해 간다. 이 끊임없는 변화를 고인들은 역(易)이라 칭했다.

우리 인간의 마음도 끊임없이 변화해 간다. 살아 있는 생명의 특징은 변화이다. 변화가 있기에 중생이 성문도 되고, 연각도 되고, 부처도 될 수 있다. 또한 변화가 있기에 선인이 악인이 되기도 하고, 악인이 선인으로 바뀌기도 한다. 그러나 변화해 가는 와중에서도 변하지 않는 것이 있는데, 바로 이것이 변화의 본바탕인 변화의 주체자이다. 이 변화의 주체자인 변화의 본체를 깨달을 때 경계를 넘어서서 더 이상 유무(有無), 동정(動靜), 염정(染淨), 생사(生死) 등의 상대적 차별에 의해 미혹되지 않는다. 그럼 어떻게 변화의 본체를 깨달을 것인가?

비구니스님 수행 도량인 불영사 절에는 스님은 많아도 비구니 스님은 한 분도 없더라.

진리의 법음을
온몸으로 맞이하라

귀로 이 경의 이름을 들으면 일승(一乘)에 들어가서 돌아옴이 없고, 입으로 아미타불부처님의 명호를 부르면 삼계(三界)를 벗어나서 다시는 삼계로 떨어지는 일이 없네.

하물며 예배하고 전념으로 찬탄하고 부르고 관(觀)하는 공적을 어찌 말로써 다할 수 있겠는가?

정토를 발원한다 함은 황금으로 이루어진 극락세계의 아름다운 연못에 목욕하여 생사가 있는 염법(染法)의 인(因)을 여의고, 옥(玉)으로 된 극락세계의 나무숲 아래 노닐어 생사가 없는 성과(聖果)를 향하게 됨을 일컫는 것이네.

더구나 아미타불의 광명을 보고 무상(無相)을 얻으며 법성(法性)의 설법을 듣고 무생(無生) 얻음을 어디에 비할 것인가.

이런 연후에 여러 단계의 수행을 거쳐 생사의 고삐를 풀고 번뇌의 숲을 없애고 한 걸음도 옮기지 않고 시방세계에 두루 노닐며 한 생각도 하지 않고 끝없는 삼세(三世)에 두루 모습을 드러내니 그 즐거움이 끝이 없네.

이로 미루어 보건대 어찌 극락이란 말이 헛되다 할 것인가.(아미타경소 2)

• • • 원문

耳聞經名則入一乘而無反 口誦佛號則出三界而不還 何況禮拜專念讚詠觀察者哉 淨土可願者
浴於金妙蓮池則離有生之染因 遊玉樹檀林則向無死之聖果 加復見佛光入無相 聞梵響悟無生
然後乃從第五門出 回驂 生死之苑 憩煩惱之林 不從一步普遊十方世界 不舒一念遍現無邊三世
其爲樂也可勝度乎 極樂之稱豈虛也哉

해설

아미타불의 뜻은 무량수(無量壽), 무량광(無量光)으로 무한한 수명과, 무한한 광명을 뜻한다. 아미타불에 귀의한다는 말은 바로 이 무한한 광명과 무한한 수명에 귀의한다는 뜻이다.

청정한 연꽃 위에
광명으로 태어나라

극락세계에 부모가 있다고 하지만 그것은 태생(胎生)이 아니고 다만 화생(化生)으로 태어나므로 방편상으로 짐짓 부모가 있다고 말한 것이네.

그래서 경에 "만일 중생들이 저 아미타불 부처님의 명호를 받아 지녀서 믿으면, 이 공덕으로 말미암아 목숨을 바칠 때 아미타불께서 여러 성중들과 더불어 친히 오셔서 맞이하므로 그 공덕과 기쁨이 두 배로 늘어난다.

그리고 극락세계에 태어날 때 여인의 더러운 태 속에 들어가 태어나는 것이 아니고, 신통과 광명으로 순정(純淨)하고 아름답고 묘한 보배 연꽃 가운데서 저절로 화생(化生)한다."고 하였네. (아미타경소 3)

• • • 원문

雖有父母而非胎生 寔是化生假爲父母 如彼經言 若四衆能正受彼佛之名號 以此功德 臨命終時阿彌陀佛 卽與大衆往此人所 令其得見 見已尋生慶悅倍增功德 以是因緣 所生之處永離胞胎穢欲之形 純處鮮妙寶蓮華中自然化生 具大神通光明赫奕

 해설
극락세계는 부모도 없고 여자도 없다.
그러므로 구태여 여자의 몸을 빌려 태어날 필요가 없이, 곧바로 연꽃 위에서 화생한다.
생명체가 태어나는 종류는 크게 네 가지가 있는데, 태생(胎生), 난생(卵生), 습생(濕生), 화생(化生)을 말한다.
태생은 동물처럼 태를 통해 태어나는 것을 말하고, 난생은 새처럼 알을 통해 태어나는 것을 말하고, 습생은 모기처럼 물을 통해 태어나는 것을 말하고, 화생은 변화하여 생겨나는 것을 말한다.
천상, 지옥, 극락 등에 태어나는 무리들은 주로 화생을 통해 생겨난다.
그리고 부처님께서는 중생들이 저마다 바라는 모습대로 자신의 몸을 화생시켜 중생들을 제도한다. 예컨대 어떤 중생이 선생님의 충고를 듣고 그 충고에 따라 구제되기를 바란다면 부처님께서는 잠시 자신의 몸을 선생님의 모습으로 화생시켜 그 중생을 제도한다.
이를 두고 부처님의 몸은 하나이면서 여럿이고, 여럿이면서 하나이고, 또한 하나도 아니며 유도 아니고 무도 아니라고 한다.

큰마음을 일으켜
정토(淨土)를 안아라

극락정토에 왕생할 수 있는 두 가지 인(因)을 밝히고 있으니, 첫째는 정인(正因)
이고, 둘째는 조인(助因)이네.
정인은 보리심으로 적은 선근(善根)의 복덕 인연으로는 저 나라에 태어날 수 없
고, 큰 보리심으로 많은 선근을 쌓은 후에야 비로소 태어날 수 있네.
조인(助因)은 아미타불 부처님의 명호를 항상 마음에 지니고 오로지 일심으로
염불하는 일이니, 이것은 아미타여래의 불가사의한 공덕으로 이루어진 명호
(名號)이기 때문이네.(아미타경소 4)

・・・원문
明二種因 一者正因 二者助因 正因中言不可以少善根福德因緣得生彼國者 顯示大菩提心攝多
善根以爲因緣乃得生故
第二明助因者 執持名號一心不亂 故阿彌陀如來不可思議功德所成之名號故

해설

극락정토에 들어갈 수 있는 주된 씨앗은 무엇보다 대자대비의 보리심
을 내어 모든 악업을 끊고 우선 스스로 자심청정(自心淸淨)을 이룩하는
일이다.
그다음 보조되는 씨앗으로 아미타불의 명호를 일념으로 암송하는 일이
다. 즉『나무아미타불』하고 온 몸과 마음으로 부르는 일이다.
이렇게 되면 스스로 참회하여 세세생생 무명에 이끌리어 신(身), 구(口), 의(意) 삼업(三業)으
로 지은 악업을 단절하고 회복한 청정자성(淸淨自性)의 빛과 아미타불 부처님의 불가사의한
본원력(本願力)의 빛으로 인하여 살아서도 자심정토(自心淨土)요, 죽어서도 극락왕생을 성취
하게 된다.

한 점의 붉은 선행으로
온 산을 붉게 물들여라

극락에 태어나는 자는 비록 구품(九品)의 품계가 있지만 모두 대승의 발심에 의한 선근(善根)의 인(因)을 두루 갖추었으므로 허물이 될 만한 것은 조금도 없네.
극락에 태어나는 사람은 큰마음을 일으켜 왕생하므로 누구도 작은 과위(果位)를 얻지 않네.
이들은 모두 큰마음을 갖추어서 물러나지 않으므로 소승의 과를 증득하는 일은 결코 없네.(아미타경소 5)

• • • 원문
生彼國者 雖有九品齊因大乘發心善根 所以等無譏嫌之名也 有人難言 若要發大心方生淨土者
不應生彼而證小果 彼無退具故 若乃退大而證小果無有是處故

해설
극락정토에 태어나는 데는 아홉 종류의 구별이 있는데, 이는 보리심의 깊이와 선행(善行)의 다소와 아미타불을 관하는 관행의 깊이에 따라 구분될 뿐이지, 근본적으로는 극락정토에 태어난 중생은 모두가 보리심과 선행과 관행을 두루 갖추었으므로 9품의 품계에 관계없이 소승의 불과(佛果)에 머물지 않고, 모두 대승의 마음으로 불퇴전(不退轉)의 수행력을 얻어 마침내 성불의 대과(大果)를 달성할 수 있다.
극락에 태어난다는 것은 그 자체가 궁극적인 목적이 되는 것은 아니고, 불퇴전의 대승심을 얻어 반드시 성불할 수 있는 길 위에 확고하게 올라섬을 말한다.
다시 말해서 극락이란 현재의 여러 가지 조건이 완전히 구비되어 무한한 즐거움을 누리는 데 놓여 있는 것이 아니고, 미래의 확실한 성불(成佛)의 희망을 향해 한 걸음 한 걸음 나아가는 데 있다.

새로운 날개를 돋게 하여
푸른 하늘을 가져라

극락정토에 태어난 이는 시방의 부처님께 두루 공양드리어 신통을 얻고 날개를 얻네.

그리고 불법(佛法)의 법락(法樂)으로 제일의 맛으로 삼고, 선정삼매로 음식을 삼네.

극락정토의 음식에는 두 가지가 있으니 하나는 내식으로 위에서 말한 선열식(禪悅食)이고, 다른 하나는 외식(外食)으로 밥을 먹고자 하면 칠보로 된 발우가 자연히 앞에 나타나서 그 속에 백 가지 맛을 갖춘 음식이 자연히 가득해지네.

그러나 극락에 사는 이는 이 음식을 먹지 않고 다만 빛과 모양을 보고 소리를 듣고 냄새를 맡고 생각하기만 하는 것으로 만족하네.(아미타경소 6)

* * * 원문

供養十方佛報得通作翼 愛樂佛法味禪三昧爲食故 然彼土食有二種 一者內食 如此論說 二者 外食 如餘經說 如兩卷經言 若欲食時 七寶鉢器自然在前 百味飯食自然盈滿 雖有是食而無食 者 但見色聞香意以爲足

해설

날개를 얻는다는 것은 물리적인 공간을 마음대로 날 수 있다는 의미보다는 마음이 어느 곳에도 물들거나 집착함이 없이 자유자재로 그 묘용을 발현할 수 있음을 말한다.

그리고 식사에는 내식으로 순수한 진리에 대한 희열로 정신의 배를 불리고, 외식으로 갖가지 향과 색과 미를 갖춘 음식으로 형상의 배를 불린다는 말은 아직 극락정토에 태어난 이들이 유상 무상(有相 無相)의 경계를 완전히 벗어나 있지 못함을 말해 준다. 그러나 불법진리의 법락으로 최고의 맛을 삼기 때문에 언젠가는 상(相)과 색(色)을 떠나 진리의 법락만으로 살아가는 단계에 진입하여, 결국에는 이 법락마저 뛰어넘어 부처의 경지에까지 이를 수가 있다.

뜨지도 말고 가라앉지도 말고
유유히 나아가라

미륵보살이란 이곳 말로 자씨각사(慈氏覺士)이니 현겁(賢劫)의 천불(千佛) 가운데 다섯 번째의 여래이네.

수행 시 얻은 자정(慈定)으로 그 마음을 두루 닦아 완성된 성품을 이루어 자씨(慈氏)라 일컬어졌으며, 성불하기에 이르러서도 그대로 그 이름을 부르게 되었네.

도솔타라고 하는 것은 이곳 말로 번역하면 지족(知足)이 되니 욕계의 육천(六天) 가운데서 네 번째 천(天)을 말하네.

아래의 세 천(天)은 욕정이 무거워 가라앉게 되고, 위의 두 천(天)은 방일하여 마음이 들뜨기 쉽네.

그러나 이 네 번째 천(天)인 도솔천은 욕심이 가볍고 방일하는 마음이 적어서 가라앉지도 않고 들뜨지도 않고 티끌에 섞이지도 않기 때문에 지족(知足)이라 하네.

모든 용구를 받아 쓸 때 직접 손으로 조작을 하지 않고 생각에 따라 저절로 되므로 천(天)이라 하고, 보살은 인간에서부터 승천(昇天)하기 때문에 상생(上生)이라 하네.

행하는 자가 정려(靜慮)로 생각하고, 살피는 것을 일러 관(觀)이라 하고, 부처님의 글을 듣고 좋은 구절을 설하여 법우(法雨)로 흠뻑 젖게 하여 불종(佛種)의 꽃과 열매를 맺게 하므로 불설(佛說)이라 하네.

만약 어떤 사람이 이 경을 받아 가지고 저 천(天)을 관하고 살피면 능히 묘락(妙樂)의 정처(淨處)에 나서 자씨(慈氏)의 지인(至人)을 이어받아 불퇴전의 성인 계단(聖階)에 올라 죽음이 있는 속된 티끌세계를 벗어날 수 있네. (미륵상생경종요 1)

• • • 원문

彌勒菩薩者 此云慈氏覺士 賢劫千佛之內 是其第五如來 弗沙佛時 無習慈定 熏修其心 遂成常
性 從此已來 每稱慈氏 乃至成佛 猶立是名也 兜率陀者 譯言知足 欲界六天之中 是其第四天
下三沈欲情重 上二浮輕逸心多 此第四天 欲輕逸少 非沈非浮 莫蕩於塵 故名知足 諸受用具 不待
營作 隨念自然 故名爲天 菩薩從人昇天 故曰上生 行者靜慮思察 名之爲觀 聞金口 演玉句 澍
法雨之沃聞 成佛種之華菓 故言佛脫 若人受持此經 觀察彼天 則能生妙樂之淨處 承慈氏之至
人 登無退之聖階 謝有死之凡塵

해설

지난 세상에 출현한 부처님은 석가모니불을 포함하여 일곱 분이 계셨
는데, 첫 번째, 비바시 부처님, 두 번째, 시기 부처님, 세 번째, 비사분 부
처님, 네 번째, 구류손 부처님, 다섯 번째, 구나함모니 부처님, 여섯 번
째, 가섭부처님, 일곱 번째, 석가모니 부처님이다. 이 중에서 첫 번째, 비
바시 부처님과 두 번째, 시기 부처님과 세 번째, 비사부 부처님은 과거세의 장엄겁에 나신 세
분의 부처님이고, 네 번째, 구류손 부처님과 다섯 번째, 구나함모니 부처님과 여섯 번째, 가섭
부처님과 일곱 번째, 석가모니 부처님은 현겁에 나신 네 분의 부처님이다.

현재 도솔천에 설법하고 계시는 미륵보살이 이 세상에 부처님으로 탄강하시면 석가모니 부
처님을 이어 현겁 다섯 번째 부처님이 된다.

육욕천(六欲天)은 삼계(三界), 즉 욕계, 색계, 무색계 중 욕계에 딸린, 여섯 종류의 천계(天界)
를 말하는데 그 명칭은 아래서 위로 올라갈수록 열거하면 다음과 같다.

첫 번째는 사왕천(四王天)으로 수미산 허리 주위에 있는 천으로 동쪽의 지국천, 서쪽의 광목
천, 남쪽의 증장천, 북쪽의 다문천을 말한다. 두 번째는 도리천으로 수미산 꼭대기에 있는 천
으로 제석천이 중심이 된다. 세 번째는 야마천이고, 네 번째는 도솔천이고, 다섯 번째는 화락
천이고, 여섯 번째는 타화자재천이다. 야마천부터 타화자재천까지는 공중에 있는 천이다.

이 중에서 욕계 네 번째 천인 도솔천은 물질적 욕망에 끌려 가라앉지도 않고, 관념적 이상에
끌려 들뜨지도 않는 중심에 위치한 천(天)이다.

그래서 도솔천은 불법을 수행하기에 가장 이상적인 곳이다.

미래의 메시아를
영접하라

관(觀)에는 두 종류가 있으니 첫째는 저 도솔천의 의보(依報)의 장엄함을 관하
는 일이고, 두 번째는 미륵보살의 정보(正報)의 수승함을 관하는 일이네.

생각을 오로지하여 관하기 때문에 삼매(三昧)라 이름하고 지혜를 닦는 것이 아니고 오로지 듣고 생각하는 데만 집중하므로 전광삼매(電光三昧)라 하네.

이를 경안(輕安)함이 없는 욕계의 인(因)이라 하네.

행(行)에는 세 종류가 있는데 첫째는 미륵보살의 이름을 듣고 공경하는 마음으로 그 앞에서 지은 죄를 참회하는 것이고, 두 번째는 미륵불의 이름을 듣고 이 명호(名號)가 지니고 있는 덕을 공경하고 믿는 것이고, 세 번째는 탑과 땅을 곱게 단장하며 향과 꽃으로 미륵불을 공양하며 여러 가지 불사를 행하는 일이네.

위의 관과 행이 합해져서 하나의 뿌리가 될 때 비로소 네 가지 불과(佛果)가 이루어지네.(미륵상생경종요 2)

• • • 원문

所言觀者 有其二種 一觀彼天依報莊嚴 二觀菩薩正報殊勝 專念觀察 故名三昧 而非修慧 唯在聞思 此但名爲電光三昧 而無輕安 是欲界因也 所言行者 略有三種 一者聞大慈名 敬心悔前所作之罪 二者聞慈氏名 仰信此名所表之德 三者行於掃塔塗地 香華供養等諸事業 如不文說 此觀此行 合爲一根 所生之果 略有四種 一者牙莖離土之果 二者華葉蔭涼之果 三者妙華開敷之果 四者芳菓成就之果

해설

도솔천에 태어나기 위해서는 관(觀)과 행을 두루 닦는 것인데, 관은 미륵보살이 상주해 있는 도솔천의 장엄함과 미륵보살의 수승함을 항상 마음속에 떠올리는 것을 말한다.

행은 미륵보살 명호 아래 여태까지 지은 죄를 참회하고, 미륵보살의 구제력을 믿고 공경하고, 탑과 미륵상을 새겨 향과 꽃으로 공양하는 일이다.

믿음과 예경이야말로 모든 성취의 지름길이다.

한 그루 꽃나무에서
수행의 과보(果報)를 보라

4종의 불과(佛果)는 첫째, 싹과 줄기가 땅을 여의는 과(果)이고, 둘째, 꽃과 잎이 시원한 그늘이 되는 과이고, 셋째, 묘한 꽃이 활짝 피어나는 과이고, 넷째, 향기로운 열매가 성취되는 과이네.

첫째, 싹과 줄기가 땅을 여의는 과는 이전부터 지어 온 죄를 항복받아 멸해 버리는 것으로 이는 앞의 첫 번째 행으로 인한 결과이네.

둘째, 꽃과 잎이 시원한 그늘이 되는 과는 삼도(三途)와 변지(邊地)의 사견(邪見)에 떨어지지 않는 것으로 앞의 두 번째 행으로 인한 결과이네.

셋째, 묘한 꽃이 활짝 피어나는 과는 도솔천의 의보(依報)와 정보(正報)의 묘보(妙報)를 얻는 것으로 앞의 세 번째 행으로 인한 결과이네.

넷째, 향기로운 열매가 성취되는 과는 무상도(無上道)의 불퇴전을 얻는 것으로 앞의 두 관(觀)으로 인한 결과이네. (미륵상생경종요 3)

· · · 원문

第一牙莖離土果者 伏滅前來所作衆罪 是因初行所得果也 第二華葉蔭涼果者 不墮三途邊地耶見 因第二行所得果也 第三妙華開敷果者 謂得兜率依正妙報 因第三行之所得也 第四芳菓成就果者 於無上道得不退轉 依前二觀之所得也

해설

수행의 결과 얻는 네 가지 종류의 과보를 화초에 비유하여 설명하고 있다.

수행 결과 과거의 죄업에서 벗어나는 것을 싹과 줄기가 흙에서 벗어나는 일에 비유하고, 지옥 아귀 축생과 삿된 생각에서 벗어나는 것을 잎이 시원한 그늘을 주는 데에 비유하고, 도솔천에 태어나는 것을 묘한 꽃이 활짝 피어나는 일에 비유하고, 마침내 무상도의 불퇴전에 들어 불법을 증득하는 것을 향기로운 열매가 성취되는 일에 비유하고 있다.

거듭 몸을 벗어
한 길로 가라

근기가 상품(上品)인 사람은 부처님을 관하는 삼매를 닦고 참회하는 행법을 닦아 곧 현재의 몸으로 미륵보살을 만나 보며 마음의 우열에 따라 대소(大小)의 차이를 나타내네.

이것은 『관불삼매경(觀佛三昧經)』 및 『대방등다라니경(大方等陀羅尼經)』에 설한 내용과 같네.

중품(中品)인 사람은 관불삼매(觀佛三昧)를 닦고, 혹은 모든 정업(淨業)을 닦아 현재의 몸을 버린 뒤에 도솔천에 태어나서 미륵보살을 만나 보고 불퇴전(不退轉)의 자리에 이르게 되네.

이는 『미륵상생경』에 설한 내용과 같네.

하품(下品)인 사람은 보시(布施), 지계(持戒) 등 갖가지 선업(善業)을 닦고 미륵보살을 보기를 발원하여 현재의 몸을 버린 뒤에 업에 따라 다시 지상에 태어나서 미륵보살이 성도(成道)하여, 지상에서 삼 회의 설법에 의해 중생을 제도할 때 비로소 구제되네.

이는 『미륵하생경』과 『성불경』에서 설한 내용과 같네.

그러므로 『미륵하생경』과 『성불경』은 하품의 사람을 위해 설한 경이네.(미륵상생경종요 4)

• • • 원문

上品之人 或修觀佛三昧 或因懺悔行法 卽於現身 得見彌勒 隨心優劣 見形大小 此如觀佛三昧海經及大方等陀羅尼經說也 中品之人 或修觀佛三昧 或因作諸淨業 捨此身後 生兜率天 得見彌勒 至不退轉 是故 上生經所說也 下品之人 修施戒等 種種善業 依此發願 願見彌勒 捨此身後 隨業受生 乃至彌勒 成道之時 要見世尊 三會得度 是如下生成佛經說 是卽上生所爲 爲中品人 餘二經者 爲下品人也

해설　미륵보살의 수승한 세계에 들어가는 부류는 세 종류가 있는데, 첫 번째는 현재의 이 몸을 가지고, 그대로 도솔천에 왕생하는 부류이고, 두 번째는 현재의 이 몸을 버린 뒤에 도솔천에 왕생하는 부류이고, 세 번째는 이 몸을 버린 뒤에도 곧바로 도솔천에 왕생하지 못하고 계속 이승에 인간으로 태어나서 수행을 계속하다가 미륵보살이 이 세상에 하생하여 용화수 아래서 세 번의 설법을 할 때 비로소 구제되는 부류를 말한다.

『미륵상생경』은 첫 번째와 두 번째 부류의 사람들을 위한 경이다.

바늘의 가치를 크기에 관계없이 용도에 따라 평가하라

옷을 짓는 데는 짧은 바늘이 필요한 것이니 비록 긴 창이 있더라도 소용이 없고, 비를 피하는 데는 작은 우산이 요긴하니 비록 하늘을 덮을 큰 천막이 좋을지라도 구할 수가 없네. 이렇기 때문에 작다고 하여 가볍게 여길 수 없는 것이니 그 근기(根氣)에 따라 크고 작은 것이 모두 다 값진 것이네.(미륵상생경종요 5)

* * * 원문

然縫衣之時 短針爲要 雖有長戟 而無所用 避雨之日 小蓋是用 普天雖覆 而無所救 是故 不可以小爲輕 隨其根性 大小皆珍者也

해설　위에서 언급한 경(經)들은 그 자체가 우열이 있거나 장단이 있는 것은 아니다.

수행자의 근기와 능력에 가장 합당한 경이 각각의 수행자에게는 최고의 경전이요, 최적의 경전이 된다.

원효의 눈에는 모든 존재들은 나름대로의 쓰임이 있으며 법계를 장식하는 저마다의 아름다운 꽃을 갖추고 있다.

이를 두고 『열반경』에서는 '일체중생 실유불성(一切衆生 悉有佛性)'이라 하고 법계 내의 모든 존재의 가치와 효용을 인정했다.

한 올의 선한 빛으로
주변을 밝혀라

미륵불의 생신(生身)의 처소(處所)에 대해서는 경에 따라 다른데, 『현우경(賢愚經)』 제12권에서는 다음과 같이 말하고 있네.

"당시 파라나왕(波羅奈王)의 이름은 파라도달(波羅度達)이었는데, 왕에게는 한 보상(輔相), 즉 정승이 있었다. 보상이 한 남아를 낳았는데 이 남아는 32상(相)의 여러 가지 좋은 상호를 다 구비하였다. 보상이 기뻐 관상 보는 사람을 불러 상을 보게 하고 합당한 이름을 짓게 하였다.

관상 보는 사람이 "아기를 낳기 이전에 무슨 이상한 일이 있었습니까?"라고 물으니, 보상이 대답하기를 "평소에는 나는 성품이 어질고 착하지 않았는데, 이 아기를 회임(懷妊)한 이후에는 고통과 액난에 빠진 사람을 불쌍히 여기고 백성을 사랑하고 구제하려는 생각이 떠올랐다."고 했다.

관상 보는 이가 이 말에 기뻐하며 "이는 이 아기의 뜻이기 때문입니다."라고 말하며 미륵(彌勒)이라는 이름을 지어 주었네. (미륵상생경종요 6)

· · · 원문

生身處所者 說處不同

賢愚經第十二卷云 爾時 波羅奈王 名波羅度達 王有輔相 生一男兒 三十二相 衆好備滿 輔相增悅 卽召相師 令占相之 因爲立字 相師問言 自從生來 有何異事 輔相答言 其母素性 不能良善 懷妊已來 悲矜苦厄 慈潤黎元 相師喜曰 此是兒志 因爲立字 號曰彌勒

해설

한 선인이 인연에 의해 태어나면 그 주변의 수많은 사람들이 은혜를 입는다. 거미줄같이 얽힌 골목길에 밝은 가로 등 하나가 설치되면 모든 골목이 밝아지고, 넓은 산하에 단비가 내리면 모든 종류의 식물 동물들이 저마다 단비를 마시며 기쁨을 누린다.

그러나 어느 특정한 시간에, 어느 특정한 공간에, 어느 특정한 선인이 나타나는 것은 결코 우연은 아니다. 수없는 겁 동안에 얽히고 얽힌 인연 줄의 소산이다.

온갖 더러움에서
벗어나라

아득한 과거세에 수행 높은 비구 있어 그 이름 일러 법장이라 하였네.

위없는 보리심 처음으로 내고 세속을 떠나 도에 들어가 가지가지 상(相)들을 남김없이 없앴네.

뉘라서 알랴, 일심(一心)의 둘 없는 모습을. 뭇 중생 어여삐 여겨 스스로 고해(苦海)에 뛰어 들었네. 육입(六入)에서 크게 해탈하기를 서원하여 청정행 두루 닦아 온갖 더러움에서 벗어났네.

만유(萬有)의 모습은 논하기 어려우니 고요하여 함도 없고 하지 않음도 없네.

아미타불 부처님의 크나큰 서원 지극히 받아들여 고통의 몸 훌훌 떠나 극락정토 왕생하세.(증성가 1)

・・・원문

乃往過去久遠世 有一高師號法藏 初發無上菩提心 世俗入道破諸相 雖知一心無二相 而愍群生沒苦海 起六入大超誓願 具修淨業離諸穢

法界身相難思議 寂然無爲無不爲 至以順彼佛身心 故必不獲己生彼國

해설 위 증성가(證性歌)는 원효대사가 대중 불교운동을 행할 때 불렀던 노랫말로 일명 징성가(澄性歌)라고도 한다.

먼저 아미타불 부처님이 어떤 분인지 설명하고, 아미타불 부처님의 크나 큰 서원을 믿고 의지하여 극락정토에 왕생할 것을 권장하는 내용이다.

원효는 『화엄경』, 『대승기신론』, 『금강삼매경』 등의 화엄사상과 유식사상 및 일심사상을 중심으로 상류 귀족들의 정신 교화에 힘썼고, 문자를 모르는 서민대중을 위해서는 『아미타경』, 『미륵경』 등의 정토사상과 염불수행 중심으로 중생을 교화해 간 것으로 여겨진다.

특히 이 노래는 또한 고려의 요세(了世)대사가 입적 시 불렀던 노래이며 당시 고려시대까지 민간인들 가운데 널리 유행했던 것으로 여겨진다.

열 번째 여행

수행의 귀일처

우리는 이 열 번째 여행에서 원효로부터
다섯 가지의 조언(助言)을 얻음으로써 드디어 수행의 귀결처인
한 생명의 출렁거림, 즉 일심의 바다에 들어가
상즉상입(相卽相入)의 묘미를 맛보게 된다.

『십문화쟁론』

『십문화쟁론(十門和諍論)』은 원효의 대표적 화쟁서로 한국불교의 특성인 원융사상이 잘 드러나 있다. 이 책에서 원효는 대소(大小), 성상(性相)의 모든 종류의 분분(紛紛)한 불교 이론(異論)들을 십 문으로 분류 정리하여 일미(一味)의 불법대해(佛法大海)로 귀일(歸一)시키고 있다. 화쟁십문은, 첫째 문은 삼승일승화쟁문(三乘一乘和諍門)이고, 둘째 문은 공유이집화쟁문(空有二執和諍門)이고, 셋째 문은 불성유무화쟁문(佛性有無和諍門)이고, 넷째 문은 인법이집화쟁문(人法二執和諍門)이고, 다섯째 문은 삼성이의화쟁문(三性異義和諍門)이고, 여섯째 문은 오성성불의화쟁문(五性成佛義和諍門)이고, 일곱째 문은 이장의화쟁문(二障義和諍門)이고, 여덟째 문은 열반이의화쟁문(涅槃異義和諍門)이고, 아홉째 문은 불신이의화쟁문(佛身異義和諍門)이고, 열째 문은 불성이의화쟁문(佛性異義和諍門)으로 추정된다.

나무의 잎과 뿌리는
원래 하나이다

『십문화쟁론』이라 함은 여래가 이 세상에 살아 계실 때는 세존의 원음(原音)에 의거하여 대부분의 중생들이 곧바로 불법(佛法)의 대해로 들어갔지만 세상이 혼탁하여져 중생들의 근기가 하열(下劣)해지니 공공(空空)의 논설(論說)들이 구름같이 일어나 저마다 자기네들의 종파(宗派)는 옳고 다른 종파(宗派)는 틀리다고 말하며 혹은 자기네들의 언설(言說)은 그러하고 다른 이들의 언설은 그러하지 않다고 주장하면서 저마다 자기 아집으로 기울어져 결국에는 황하(黃河)와 한강(漢江)의 차이로 벌어지게 되었네.

크고 작은 산들이 형형색색으로 즐비하게 늘어서 있지만 그들은 모두 돌고 도는 계곡을 끼고 서로 만나네.

유(有)를 증오하고 공(空)에 애착함은 나무를 두고 다시 숲 속에서 나무를 찾는 것과 다름없는 일이네.

비유컨대 색상(色相)을 보아서는 청색(靑色)과 남색(藍色)이 서로 다르지만 그 바탕으로 보아서는 같은 것이고 얼음과 물은 외부의 조건에 따라 다양한 형상을 보이지만 전체적으로는 같은 바탕으로 하나 되네.(십문화쟁론 1)

··· 원문
十門論者 如來在世 己賴圓音 衆生等…… 雨驟 空空之論雲奔 或言我是 言他不是 或說我然 說他不然 遂成河漢矣 大…… 山而投廻谷 憎有愛空 猶捨樹以赴長林 譬如靑藍共體 冰水同源 鏡納萬形 水分……通融

해설

화쟁은 본질은 상(相)과 용(用)에서 체(體)로의 귀(歸)와, 체(體)에서 상(相)과 용(用)으로의 기(起)를 자유자재로 원용하는 데 있다.
제각기 다른 수많은 나뭇잎이 뿌리로 돌아가면(歸) 하나로 연결되고 뿌리에서 나뭇잎으로 다시 돌아 나오면(起) 저마다의 특성을 지닌 수많은 나뭇잎으로 구분된다.

마찬가지로 모든 저마다 다른 상, 용의 도기(陶器)들이 흙의 체로 돌아가면 하나로 연결되고, 하나의 흙의 체에서 저마다 다른 상, 용을 갖춘 도기로 나오면 제각기 다른 개별자로 구분된다. 왜냐하면 모든 존재의 동일한 체는 일심(一心)이고, 일심이 일어나 여러 가지 모습으로 형상화된 것이 만물이기 때문이다.

원효의 화쟁논리는 일심을 화쟁의 근원처와 귀일처로 삼은 귀(歸), 기(起)의 자유자재한 원융에 있다.

오랜 건물을 제거하고
그 자리에 드러난 허공을 즐겨라

보살이 만약에 모든 망상과 분별을 떠나고 변계소집(遍計所執)의 모습을 다 없애 버리면 그때에 곧 언설을 떠난 법(法)이 앞에 나타나 그것을 관조할 수 있게 되네.

그때야 비로소 법이 언설을 떠난 모습 그대로 나타나게 되네.

비유하자면 마치 모든 형색의 모습들을 제거해 없애 버리게 되면 그때 그 없앤 곳을 따라 형상을 떠난 허공이 나타나는 것과 같네.(십문화쟁론 2)

• • • 원문

菩薩 若離妄想分別 除遣遍計所執相時 便得現照離言之法 爾時諸法離言相顯 喩如除遣諸色相時 隨其除處 離色空顯

해설

변계소집성은 망념에 젖은 주관이 객관 사물을 바라볼 때 잘못된 망상을 일으켜 실제 객관 모습이 아닌 엉뚱한 상을 일으켜 실제 모습이라고 착각하는 현상을 말한다.

예컨대 길 가에 놓인 노끈을 뱀인 줄 잘못 볼 때에 노끈은 객관, 즉 소변계가 되고, 뱀이라고 분별하는 마음은 주관, 즉 능변계가 되고, 그때 눈앞에 떠오르는 뱀의 그림자가 곧 변계소집성이 된다.

이 변계소집성은 주관과 객관 사이에 잘못 그려 놓은 그림자이므로 중간존경이라고도 한다.

누구나 바른 눈으로 바로 보면 노끈은 노끈으로 아무런 논란이 없다. 다만 변계소집성에 걸리다 보니까 저마다 노끈을 달리 보고 의견이 분분하게 갈라진다.

언설 또한 길옆에 놓인 노끈과 같이 변계소집성의 대상이 된다.

그러므로 모든 언설을 떠나 진리를 정견(正見)할 때 비로소 모든 분분한 논쟁은 사라지고 하나의 바른 도리로 화쟁된다.

바람처럼
그물에서 벗어나라

언설을 가지고 언설이 끊어진 법을 내어 보이는데 이것은 마치 손가락을 가지고 손가락을 떠난 달을 내보이는 것과 같네.

그런데도 중생들은 말끝에만 묶여 말꼬리나 붙들고 시비를 일삼으며 언설을 떠난 법을 힐난하네.

이는 다만 손가락 끝을 보고 손가락 끝이 달이 아니라고 문책을 하는 것과 다름없네.

이러한 문책은 문제를 더욱더 어렵게 하여 그 근본의 이치를 잃게 하여 본래 자리로부터 더욱더 멀어지게 할 뿐이네.(십문화쟁론 3)

• • • 원문

寄言說 以示絕言之法 如寄手指 以示離指之月 汝今直爾 如言取義 引可言喩 難離言法 但看指端 責其非月 故責難彌精 失理彌遠矣

해설

진리의 본원은 언설을 떠난 데 있다. 그렇다고 언설과 별개의 것은 아니다. 다만 언설 그 자체가 진리가 아니다. 그러므로 모든 언설을 진리의 달을 가리키는 손가락과 같다.

따라서 달을 가리키는 수많은 학파의 손가락들 그 자체는 아무리 분석해 보고 온갖 교묘한 언쟁을 비교해 본들, 손가락과 언쟁 가운데서는 달의 모습을 찾아볼 수 없다. 그러나 손가락을 떠나 손가락이 지향하는 방향으로 허공을 뛰어넘어 먼 창공을 바라보면 거기에는 모든 손가락이 지향하는 진리의 달의 모습을 볼 수 있다.

그러므로 세상의 모든 학파간의 언쟁들은, 다만 손가락이 지향하는 방향이 옳은 한, 모두 다 그렇다고 인정할 수 있다.

좁게는 우리들이 일상생활에서 일어나는 시비논쟁도 알고 보면 저마다 사용하는 언어의 차이에서 오는 것임을 알 수 있다.

화쟁의 본질은 체와 용을 두루 섭렵하고 귀(歸)와 기(起)를 동시에 비추어 볼 때, 비로소 여태까지는 그렇지 않은 것이 그러한 것으로 원용된다.

침묵으로
모든 논쟁을 잠재워라

일체의 법은 모두 언설로 인하여 있게 되는 것으로서 그 언설에 의거하여 그러한 법이 존재하네.

이런 논리에서 비추어 보면 자성(自性)도 이 언설로 가히 설할 수 있을 것 같지만, 제일의(第一義)에 의거해 보면 그 자성은 사실 자성이 아니네.

비유하자면 허공 가운데 온갖 종류의 많은 색상(色相) 등의 색업(色業)이 있어서 허공이 그것들을 남김없이 수용하는 것과 같네.

말하자면 허공 가운데 현실적으로 온갖 종류의 사상(事像)이 있어서 가고 오고 구부러지고 펴지는 등의 일이 있지만, 만약 이러한 때에 모든 색상과 색업을 허공 가운데서 제거해 버리면 곧 그 제거한 자리를 따라 형체가 없는 청정한 허공(虛空)이 맑게 드러나는 것과 같네.

이와 같이 맑게 나타나는 허공은 모든 언설의 표현을 떠난 자리이네. (십문화쟁론 4)

···원문

雖有一切所言說事 依止彼故諸言說轉 然彼所說可說自性 據第一義非其自性 譬知空中有衆多色色業 可得容受一切諸色色業 謂虛空中現有種種若往若來屈申等事 若於爾時諸色色業皆悉諸遣 卽於爾時唯無色性清淨虛空相似顯現 如是卽於相似虛空離言說事

해설

모든 언설을 앞에서도 말했듯이 달은 가리키는 손가락이요, 진리를 싸는 보자기이다.

손가락을 아무리 분석해 본들 달의 모습은 볼 수 없으며, 보자기를 아무리 살펴보아도 그 내용물은 정확히 알 수는 없다.

눈을 돌려 손가락이 지향하는 방향으로 바라볼 때 달의 모습은 드러나고 보자기를 풀어헤칠 때 그 내용물의 참모습이 드러난다.

이같이 세상의 모든 논쟁들은 실체를 모르고 실체 주변의 잡다한 겉모습에 집착하는 데서 비롯된다.

수행자는 진리의 벗어던진 옷이나 집어 들고 이를 분석하고 다투는 어리석음은 저질러서는 아니 된다. 진리의 바다에 풍덩 뛰어들어 온몸으로 느끼고 호흡할 때 비로소 진리의 본체를 증득하고 더 이상 허상에 놀아나는 어리석음에서 벗어날 수 있다.

거울을 없애고
오직 하나로 충만하라

경(經)에 말씀하시길, "주관적인 아(我)도 없고 그에 상대되는 조아(造我)도 없으며, 그 사이에 일어나는 어떤 감수 작용(感受作用)도 없네. 다만 인연으로 말미암아 모든 법(法)이 일어난다."고 했네.

또 말씀하시길, "그것은 제3의 손과 같고, 제2의 머리와 같은 것이다. 오온(五蘊) 가운데의 아(我)도 또한 이와 같은 것이다."고 했네.

그것은 진아를 떠난 그 바깥에 오온이라는 것이 따로 없기 때문이네.

경(經)에게 말씀하시길, "이 법계가 오도(五道)에 유전함을 일러 중생이다."고 하신 것과 같고, 또한 "일체 중생에게 모두 부처의 성품이 있다. 이 아(我)라는 것은 곧 여래장(如來藏)을 뜻한다."는 말과도 같네. (십문화쟁론 5)

* * * 원문

無我無造無受者以因緣故諸法生又言如第三手如第二頭五蘊中我亦如是
無五蘊離眞我

해설

모든 존재들이 저마다 가지고 있는 현재의 모습, 즉 고정관념은, 일상의 인연에 의해서 만들어진 가아(假我)이다.

따라서 나니, 내 민족이니, 내 나라니 따위의 형상은 고집할 것도 없다.

한 생각 돌이키면, 모두가 한 여울 속에 파동 치는 한 물결 그 자체이다.

여기에는 오늘날 세계를 경악케 하는 인종차별도, 민족우월주의도, 세계경제전쟁도, 무역전쟁도, 기아도, 질병도 없다.

오직 한 생명인, 한 인류가 있을 뿐이다.

여기에 원효 사상이 다시 살아나야 나라가 살고, 인류가 산다는 논리가 성립되는 것이다.

부록

원효의 예언

『원효결서(元曉訣書)』
이 글은 1967년 정미년 7월에 당시 박정희 대통령의 지시를 받은 경주시 기획실장 한달조 씨에 의해 동해 문무대왕 해중능 돌판에서 발견된 자료이다.
한달조 씨 말에 의하면 석실을 덮고 있는 2톤짜리 상석을 배에 설치한 기중기로 들어 올리고 석실 안으로 들어가 보니 왕의 어체(御體)는 보이지 않고 다섯 개의 돌판이 마치 책상서랍처럼 나란히 손잡이가 달린 채 놓여 있었다 한다. 이 중 한 개를 빼어 보니 반듯한 돌판에 많은 한자가 새겨져 있어 이를 준비한 수중카메라로 찍고 다른 손잡이를 잡는 순간 갑자기 하늘에서 벼락이 떨어져 허둥지둥 나와 버렸다 한다. 이후 이 글은 윤관의 후손 윤태첨 노인에게 비밀리 전달되고 윤태첨 노인은 다시 이 글을 김중태에게 전하여 비로소 세상에 공개되기에 이르렀다 한다.
이 사건의 진위는 오직 독자 여러분의 판단에 맡길 뿐이다.

청정한 그릇이 되어
천기(天氣)를 받아라

해도금묘장(海島金卯章)

* 다가오는 후천세계는 천지개벽으로 대 지각변동이 일어나 우리나라의 지형
도 크게 바뀐다. 이때 동서양의 기운을 일심으로 조화시킨 금묘진인(金卯眞人)
이 우리산천에 나타나 부도복본사상(符都復本思想)을 바탕으로 지상낙원세계
를 건설한다.*

하늘에는 오성이 있고 땅에는 오행이 있네.

하늘은 별자리로 나누어지고 땅위로 산천이 달리네.

땅에서 기가 운행되어 하늘을 본받아 여러 가지 아름다운 형체를 이루네.

천지에 운행되는 맑은 기가 묘합되어 사람의 기(氣)가 서네.

천(天)의 일신진기(一神眞氣)가 화(火)-목(木)-토(土)-금(金)-수(水)의 오행
(五行)을 거쳐 마침내 땅(地)으로 엉기는 일곱 단계의 칠신기화(七神氣化)를 축
으로 시작과 끝이 고리처럼 맞물러 만물이 끝없이 순환하네.

땅의 덕은 끝없이 받들어 위로 올려 주는 데 있고 하늘의 덕은 끝없이 베풀어
내려주는 데 있네.

밤의 음기가 화(化)하여 아침의 양기가 일어나고 음양이 마주 보니 복록이 무한
하고 음양의 상승 속에 의로운 마음이 태동하네.

하늘과 땅은 그 기운이 고르지 않고 기운이 두껍게 쌓인 곳을 따라 만물이 화
생하고 그 번성함이 복이 되어 인간에 이르네.

이 천(天) 지(地) 인(人) 삼태극의 조화로운 운행 속에 일체의 존재가 이루어지
니 이 모두가 영묘한 일신진기의 조화이네.

국조가 변천하여 영웅이 나와 왕조를 세워 송악을 중심으로 400년을 이어 가네.

이때는 불사가 성행되고 원나라가 강세하여 조공을 바치네.

나라는 약하고 백성을 내버리니 하늘과 땅이 등을 돌리고 조정과 백성이 서로 반목하네.

남쪽 푸른 비둘기별이 밝으니 신하가 위 그릇을 차지하여 왕이 되니 곧 새로운 왕조네.

이때는 학문이란 미명으로 백성을 구제한다고 말만 앞세우나 겉은 화려하되 실천은 없고, 문은 숭배하나 무는 천시하네.

왜침 8년에 백성은 도탄에 빠지고 임사년 간에 강산이 초토화되네.

권력 다툼으로 골육상쟁이 일어나고 파벌싸움이 끝이 없네.

경술년이 무르익을 때 왜침으로 국권을 잃으니 일월이 무색하네.

기미년 중에 강산이 만세소리로 진동하니 일제의 탄압은 더욱 거세어지고 백성은 빈손으로 어디로 가야 하나?

민족대표 33인이 누구인가?

자미궁의 난새들이 내려와 솔선하여 시운을 개척하네.

그러나 이후 이들의 운세는 저마다 다르게 전개되네.

병자년 당년에 자미원의 천시(天市)를 개원하니 왜가 망할 징조가 보이고 정축년으로부터 6년 동안 왜가 중원을 침공하여 을유년 가을에 대패하여 스스로 물러가네.

외로운 뿔 한반도가 이분되어 동서 이데올로기 경쟁 터가 되니 마침내 38선을 중심으로 분열되네……

기축년 가을에 자미궁에서 자미 개원하여 남한정부가 들어서고 자시 개원하여 북한정부가 들어서네.

하늘에서 사람을 내어 하늘의 기운을 보태니 저마다 자신을 드러내어 나라를 바로 세우기 위해 의견이 분분하네.

남한은 가히 활로를 찾아가는 데 경인 신묘년에 동란이 터져 형제가 서로 싸우네.

경자 신축년에 남한에 박이 등장하여 큰일을 도모하네.

경술 신해년에 남북이 상충하여 피가 흘려 절굿공이가 다 떠내려가네.

임자 계축년에 ……살 곳이 어디인고. 음이 창궐하니 팔괘가 서로 끓어 시대가 극도의 혼란에 빠지네……

다섯 별이 다시 빛나니 갑인 을묘년에 흐름이 순조로워지고 만물이 자연스럽게 제자리를 잡아 무오 기미년에 자미원의 빛이 극도로 빛나네.

천지운행도수가 동방으로 넘어오니 상제가 백성에 임하여 만물이 화려하게 번성하네.

화려한 겉치레 물질문명이 삼세, 즉 90년 동안 유지되다가 하늘 기운이 사람에 임하니 천지 음양을 조화하는 진인이 나와 '천지인 삼태극'의 도(一道)로써 세상을 이끌어가네.

푸른 용과 북두칠성의 변화를 통해 드디어 하늘에 준비된 말씀의 각본에 따라 자미원이 개원하여 19번째 정미년에 하늘의 큰 뜻을 세상에 미리 알리네.

때가 이르면 비장되어 온 돌판에 새긴 천서(天書)가 세상 밖에 나와 후천개벽의 새 시대를 알리고 기이한 명인들과 숨은 은사들이 등장하여 새로운 나라 금도에 금묘진인을 왕으로 모셔 만인이 보필하여 일천방면 온 누리에 천지의 흐름과 하나 되는 지상낙원세계를 펼치네…….(원효결서 1)

• • • 원문

元曉大師訣書

海島金卯章

天有五星 地有五行 天分星宿 地舟山川

氣行於地 形麗於天 因行察氣 以立人氣

七政樞機 流通終始 地德上載 天光下溢
陰用朝陽 陰陽相見 福祿永貴 陰陽之昇
楊毅距心 天地所險 地之所盛 形之氣畜
萬物化生 氣盛以應 貴福及人 此有圖形
上下相須 而成一體 諸之化氣

國朝變遷 王朝出雄 松岳四百 佛事盛行
春秋元風 可謂朝貢 國弱民刲 乾剛坤柔

靑鷗星照 貴色上器 美濟能出 文崇武賤
倭侵八年 蒼生塗炭 壬巳之間 江山焦土
骨肉相爭 四色無色 富哉庚戌 倭侵倂土
日月無色

己未中分 江山震動 空手何坊 三三何人
鸞率始運 福祿殊塗 丙子當年 天市開垣
倭亡之兆 丁丑六年 倭侵中原 乙酉立秋
倭賊自退
孤角分土 金木上昇 中分之理 三八中分
＊＊＊＊己丑之秋 紫微開垣 紫市開垣
天賜海金 天極太乙 帝溢四正 南可以活
庚寅辛卯 兄弟相鬪

庚子辛丑 南於亂朴 庚戌辛亥 南北相冲
血流漂杵 壬子癸丑 ＊＊＊＊生處何方
昌陰之化 八卦相盪 ＊＊＊＊五曜之光
甲寅乙卯 流氣於下 物化自然 戊午己未
紫微極熙

始於東方 聖帝臨民 萬物化被 金冠三世

天氣歸人 有哉日月 眞人於世 宰物一道
蒼龍七宿 備言天體 紫微開垣 十九丁未
始有世播 鴻志大殿 敢不閑石
奇於名人 張之隱士 金島玉冕 輔弼滿堂

—千方面 光陰同流 ****
(위 원문 부분에서 ****친 곳은 손상되었거나 한달조 씨가 고의로 삭제한 것으로 전함)

 해설

위 원효대사의 비언(秘言)은 우리나라의 미래 모습뿐만 아니라 세계 인류의 앞날을 예언한 천언(天言)이다.
이 시대는 우주의 늦여름으로 결실의 가을 세계로 접어드는 길목에 있다.
그런데 여름은 오행으로 화(火)이고 가을은 금(金)이다.
화는 금과 상극이므로 순조롭게 가을로 넘어갈 수 없다.
여기에 화와 금을 연결시키는 토(土)의 출현이 필요하다.
이 토(土)가 누구인가?
바로 금묘진인이요 메시아요 미륵이다.
이 금묘진인이 바로 이 땅에 출현한다고 원효대사는 예언하고 있다.
이 금묘진인과 더불어 우리 민족이 해야 할 역사적 사명은 대단하다.
오직 이 사명을 위해 우리 민족은 그 긴긴 세월 동안 수많은 고난을 겪으며
홍익인간 재세이화 부도복본사상을 면면히 이어 왔다고 해도 과언은 아니다.
21세기 우리 민족의 한걸음 한걸음은 곧바로 인류전체의 운명과 직결된다.
지금 이 순간에도 하늘은 우리 민족의 발걸음을 면밀히 주시하고 있다.

마무리하며

원효대사 일심의 바다에서
건져 올린
광명의 구슬들을
닦고 문질러 광채를 더하려 했는데
오히려 손때만 묻혔는지 두려운 생각이 앞섭니다.

아무튼 이 책자가
여러 도반들의 홀로 가는 길에
한 모금의 청수(淸水)가 되기를 발원하며
일체 유정 무정을 위해 두 손을 모읍니다.

山河大地現眞光
個個面前明月白

朴庠柱 合掌

박 상 주

약력
경남 함안 출생
교육학 박사(한국교육철학 및 교육사 부문)
영남대학교, 창원대학교 대학원 강사
현) 부산대학교 강사

주요 저서
『고경중마방－퇴계선생의 마음공부』, 예문서원, 2004.
『원효, 그의 삶과 사상』, 한국문화사, 2006.

힘이 부족하면 배를 빌려
저 언덕에 이르라

초판인쇄 | 2010년 1월 8일
초판발행 | 2010년 1월 8일

지은이 | 박상주
펴낸이 | 채종준
기 획 | 권성용
디자인 | 장선희 양은정
마케팅 | 김봉환

펴낸곳 | 한국학술정보㈜
주 소 | 경기도 파주시 교하읍 문발리 파주출판문화정보산업단지 513-5
전 화 | 031) 908-3181(대표)
팩 스 | 031) 908-3189
홈페이지 | http://www.kstudy.com
E-mail | 출판사업부 publish@kstudy.com
등 록 | 제일산-115호(2000. 6. 19)

ISBN   978-89-268-0635-7   03150 (Paper Book)
        978-89-268-0636-4   08150 (e-Book)

이담
Books 는 한국학술정보㈜의 지식실용서 브랜드입니다.